T&p BOOKS

I0150850

# ARMÉNIO
## VOCABULÁRIO

# PORTUGUÊS
# ARMÉNIO

Para alargar o seu léxico e apurar
as suas competências linguísticas

**7000 palavras**

# Vocabulário Português-Arménio - 7000 palavras

Por Andrey Taranov

Os vocabulários da T&P Books destinam-se a ajudar a aprender, a memorizar, e a rever palavras estrangeiras. O dicionário é dividido em temas, cobrindo todas as principais esferas de atividades quotidianas, negócios, ciência, cultura, etc.

O processo de aprendizagem, utilizando os dicionários baseados em temáticas da T&P Books dá-lhe as seguintes vantagens:

- Informação de origem corretamente agrupada predetermina o sucesso em fases subsequentes da memorização de palavras
- Disponibilização de palavras derivadas da mesma raiz, o que permite a memorização de unidades de texto (em vez de palavras separadas)
- Pequenas unidades de palavras facilitam o processo de estabelecimento de vínculos associativos necessários para a consolidação do vocabulário
- O nível de conhecimento da língua pode ser estimado pelo número de palavras aprendidas

T&P Books Publishing
www.tpbooks.com

ISBN: 978-1-78400-877-2

Este livro também está disponível em formato E-book.
Por favor visite www.tpbooks.com ou as principais livrarias on-line.

# VOCABULÁRIO ARMÉNIO
## palavras mais úteis

Os vocabulários da T&P Books destinam-se a ajudar a aprender, a memorizar, e a rever palavras estrangeiras. O vocabulário contém mais de 7000 palavras de uso comum organizadas tematicamente.

O vocabulário contém as palavras mais comummente usadas
Recomendado como adicional para qualquer curso de línguas
Satisfaz as necessidades dos iniciados e dos alunos avançados de línguas estrangeiras
Conveniente para o uso diário, sessões de revisão e atividades de auto-teste
Permite avaliar o seu vocabulário

## Características especias do vocabulário

*   As palavras estão organizadas de acordo com o seu significado, e não por ordem alfabética
*   As palavras são apresentadas em três colunas para facilitar os processos de revisão e auto-teste
*   As palavras compostas são divididas em pequenos blocos para facilitar o processo de aprendizagem
*   O vocabulário oferece uma transcrição simples e adequada de cada palavra estrangeira

## O vocabulário contém 198 tópicos incluindo:

Conceitos básicos, Números, Cores, Meses, Estações do ano, Unidades de medida, Roupas & Acessórios, Alimentos & Nutrição, Restaurante, Membros da Família, Parentes, Caráter, Sentimentos, Emoções, Doenças, Cidade, Passeios, Compras, Dinheiro, Casa, Lar, Escritório, Trabalho no Escritório, Importação & Exportação, Marketing, Pesquisa de Emprego, Desportos, Educação, Computador, Internet, Ferramentas, Natureza, Países, Nacionalidades e muito mais ...

# TABELA DE CONTEÚDOS

# GUIA DE PRONUNCIAÇÃO

| Letra | Exemplo Arménio | Alfabeto fonético T&P | Exemplo Português |
|---|---|---|---|

## Vogais

| Letra | Exemplo Arménio | Alfabeto fonético T&P | Exemplo Português |
|---|---|---|---|
| ա | սազ | [a] | chamar |
| ե [1] | եյակ | [e] | metal |
| է [2] | մելիսակ | [ɛ] | mesquita |
| է | էժան | [ɛ] | mesquita |
| ի | միս | [i] | sinónimo |
| ո [3] | ոգեի | [vɔ] | voleibol |
| ո [4] | բողոքել | [o] | lobo |
| ու | թօշուն | [u] | bonita |
| օ [5] | օգտվել | [o] | lobo |
| ը | ընտրել | [ə] | milagre |

## Consoantes

| Letra | Exemplo Arménio | Alfabeto fonético T&P | Exemplo Português |
|---|---|---|---|
| բ | բարձր | [b] | barril |
| գ | գագաթ | [g] | gosto |
| դ | դերանուն | [d] | dentista |
| զ | զվարճանալ | [z] | sésamo |
| թ | թեն | [th] | [t] aspirada |
| ժ | ժամանցույց | [ʒ] | talvez |
| լ | լվացվել | [l] | libra |
| խ | ախտորոշում | [ħ], [x] | [h] suave |
| ծ | ծիածան | [ts] | tsé-tsé |
| կ | փակել | [k] | kiwi |
| հ | նիհարել | [h] | [h] aspirada |
| ձ | ծանրաձող | [dz] | pizza |
| ղ | մեղք | [ɣ] | agora |
| ճ | ճահիճ | [ʧ] | Tchau! |
| մ | ամայի | [m] | magnólia |
| յ | եայել | [j] | géiser |
| ն | կանգառ | [n] | natureza |
| շ | շուն | [ʃ] | mês |
| չ | կրակայրիչ | [ʧh] | [tsch] aspirado |
| պ | ամպ | [p] | presente |
| ջ | գիջել | [dʒ] | adjetivo |
| ռ | տառ | [r] | riscar |
| ս | մաս | [s] | sanita |
| վ | ավլել | [v] | fava |

| Letra | Exemplo Arménio | Alfabeto fonético T&P | Exemplo Português |
|-------|-----------------|------------------------|--------------------|
| տ | պատուհան | [t] | tulipa |
| ր | կարել | [r] | riscar |
| g | բաց | [tsh] | [ts] aspirado |
| փ | սարսափ | [ph] | [p] aspirada |
| ք | դեմք | [k] | kiwi |
| ֆ | սաֆալտ | [f] | safári |

## Comentários

[1] no início de uma palavra
[2] no meio
[3] no início de uma palavra
[4] no meio
[5] usualmente no início de uma palavra

# ABREVIATURAS
## usadas no vocabulário

## Abreviaturas do Português

| | | |
|---|---|---|
| adj | - | adjetivo |
| adv | - | advérbio |
| anim. | - | animado |
| conj. | - | conjunção |
| desp. | - | desporto |
| etc. | - | etecetra |
| ex. | - | por exemplo |
| f | - | nome feminino |
| f pl | - | feminino plural |
| fem. | - | feminino |
| inanim. | - | inanimado |
| m | - | nome masculino |
| m pl | - | masculino plural |
| m, f | - | masculino, feminino |
| masc. | - | masculino |
| mat. | - | matemática |
| mil. | - | militar |
| pl | - | plural |
| prep. | - | preposição |
| pron. | - | pronome |
| sb. | - | sobre |
| sing. | - | singular |
| v aux | - | verbo auxiliar |
| vi | - | verbo intransitivo |
| vi, vt | - | verbo intransitivo, transitivo |
| vr | - | verbo reflexivo |
| vt | - | verbo transitivo |

## Pontuação do Arménio

| | | |
|---|---|---|
| ́ | - | Ponto de exclamação |
| ՞ | - | Ponto de interrogação |
| , | - | Vírgula |

# CONCEITOS BÁSICOS

## Conceitos básicos. Parte 1

### 1. Pronomes

| | | |
|---|---|---|
| eu | ես | [es] |
| tu | դու | [du] |
| ele, ela | նա | [na] |

| | | |
|---|---|---|
| nós | մենք | [meŋk] |
| vocês | դուք | [duk] |
| eles, elas | նրանք | [nraŋk] |

### 2. Cumprimentos. Saudações. Despedidas

| | | |
|---|---|---|
| Olá! | Բարև | [ba'rɛv] |
| Bom dia! (formal) | Բարև ձեզ | [ba'rɛv 'dzɛz] |
| Bom dia! (de manhã) | Բարի լույս | [ba'ri 'lujs] |
| Boa tarde! | Բարի օր | [ba'ri 'or] |
| Boa noite! | Բարի երեկո | [ba'ri jere'ko] |

| | | |
|---|---|---|
| cumprimentar (vt) | բարևել | [bare'vel] |
| Olá! | Ողջույն | [voh'dʒujn] |
| saudação (f) | ողջույն | [voh'dʒujn] |
| saudar (vt) | ողջունել | [vohdʒu'nel] |
| Como vai? | Ո՞նց ես գործերդ | ['vonts ɛn gor'tserd] |
| O que há de novo? | Ի՞նչ նորություն | ['intʃ noru'tsyn] |

| | | |
|---|---|---|
| Até à vista! | Ցտեսություն | ['tsyn] |
| Até breve! | Մինչ նոր հանդիպում | ['mintʃ 'nor andi'pum] |
| Adeus! (sing.) | Մնաս բարով | [m'nas ba'rov] |
| Adeus! (pl) | Մնաք բարով | [m'nak ba'rov] |
| despedir-se (vr) | հրաժեշտ տալ | [ɛra'ʒeʃt 'tal] |
| Até logo! | Առա յժմ | [a'rajʒm] |

| | | |
|---|---|---|
| Obrigado! -a! | Շնորհակալություն | [ʃnorakalu'tsyn] |
| Muito obrigado! -a! | Շատ շնորհակալ լ եմ | ['ʃʌt ʃnora'kal em] |
| De nada | Խնդրեմ | [hndrem] |
| Não tem de quê | Հոգ չէ | [og 'tʃe] |
| De nada | չարժե | [tʃar'ʒɛ] |

| | | |
|---|---|---|
| Desculpa! | Ներողություն | [nerohu'tsyn] |
| Desculpe! | Ներեցե՛ք | [nere'tsek] |
| desculpar (vt) | ներել | [ne'rel] |
| desculpar-se (vr) | ներողություն խնդրել | [nerohu'tsyn hnd'rel] |
| As minhas desculpas | Ներեցեք | [nere'tsek] |

| Desculpe! | Ներեցե՛ք | [nere'tsek] |
| perdoar (vt) | ներել | [ne'rel] |
| por favor | խնդրում եմ | [hnd'rum em] |

| Não se esqueça! | Չմոռանա՛ք | [tʃmora'nak] |
| Certamente! Claro! | Իհա՛րկե | [i'arke] |
| Claro que não! | Իհարկե ո՛չ | [i'arke 'votʃ] |
| Está bem! De acordo! | Համաձա՛յն եմ | [ama'dzajn em] |
| Basta! | Բավակա՛ն է | [bava'kan ɛ] |

## 3. Números cardinais. Parte 1

| zero | զրո | [zro] |
| um | մեկ | [mek] |
| dois | երկու | [er'ku] |
| três | երեք | [e'rek] |
| quatro | չորս | [tʃors] |

| cinco | հինգ | [hiŋ] |
| seis | վեց | [vets] |
| sete | յոթ | [jot] |
| oito | ութ | [ut] |
| nove | ինը | ['inɛ] |

| dez | տաս | [tas] |
| onze | տասնմեկ | [tasn'mek] |
| doze | տասներկու | [tasner'ku] |
| treze | տասներեք | [tasne'rek] |
| catorze | տասնչորս | [tasn'tʃors] |

| quinze | տասնհինգ | [tas'niŋ] |
| dezasseis | տասնվեց | [tasn'vets] |
| dezassete | տասնյոթ | [tasn'jot] |
| dezoito | տասնութ | [tas'nut] |
| dezanove | տասնինը | [tas'ninɛ] |

| vinte | քսան | [ksan] |
| vinte e um | քսանմեկ | [ksan'mek] |
| vinte e dois | քսաներկու | [ksaner'ku] |
| vinte e três | քսաներեք | [ksane'rek] |

| trinta | երեսուն | [ere'sun] |
| trinta e um | երեսունմեկ | [eresun'mek] |
| trinta e dois | երեսուներկու | [eresuner'ku] |
| trinta e três | երեսուներեք | [eresune'rek] |

| quarenta | քառասուն | [kara'sun] |
| quarenta e um | քառասունմեկ | [karasun'mek] |
| quarenta e dois | քառասուներկու | [karasuner'ku] |
| quarenta e três | քառասուներեք | [karasune'rek] |

| cinquenta | հիսուն | [i'sun] |
| cinquenta e um | հիսունմեկ | [isun'mek] |
| cinquenta e dois | հիսուներկու | [isuner'ku] |

| | | |
|---|---|---|
| cinquenta e três | հիսուներեք | [isune'rek] |
| sessenta | վաթսուն | [va'tsun] |
| sessenta e um | վաթսունմեկ | [vatsun'mek] |
| sessenta e dois | վաթսուներկու | [vatsuner'ku] |
| sessenta e três | վաթսուներեք | [vatsune'rek] |

| | | |
|---|---|---|
| setenta | յոթանասուն | [jotana'sun] |
| setenta e um | յոթանասունմեկ | [jotanasun'mek] |
| setenta e dois | յոթանասուներկու | [jotanasuner'ku] |
| setenta e três | յոթանասուներեք | [jotanasune'rek] |

| | | |
|---|---|---|
| oitenta | ութսուն | [u'tsun] |
| oitenta e um | ութսունմեկ | [utsun'mek] |
| oitenta e dois | ութսուներկու | [utsuner'ku] |
| oitenta e três | ութսուներեք | [utsune'rek] |

| | | |
|---|---|---|
| noventa | իննսուն | [iŋ'sun] |
| noventa e um | իննսունմեկ | [iŋsun'mek] |
| noventa e dois | իննսուներկու | [iŋsuner'ku] |
| noventa e três | իննսուներեք | [iŋsune'rek] |

## 4. Números cardinais. Parte 2

| | | |
|---|---|---|
| cem | հարյուր | [ar'jur] |
| duzentos | երկու հարյուր | [er'ku ar'jur] |
| trezentos | երեք հարյուր | [e'rek ar'jur] |
| quatrocentos | չորս հարյուր | ['tʃors ar'jur] |
| quinhentos | հինգ հարյուր | ['hiŋ ar'jur] |

| | | |
|---|---|---|
| seiscentos | վեց հարյուր | ['vets ar'jur] |
| setecentos | յոթ հարյուր | ['jot ar'jur] |
| oitocentos | ութ հարյուր | ['ut ar'jur] |
| novecentos | իննը հարյուր | ['inɛ ar'jur] |

| | | |
|---|---|---|
| mil | հազար | [a'zar] |
| dois mil | երկու հազար | [er'ku a'zar] |
| três mil | երեք հազար | [e'rek a'zar] |
| dez mil | տաս հազար | ['tas a'zar] |
| cem mil | հարյուր հազար | [ar'jur a'zar] |
| um milhão | միլիոն | [mili'on] |
| mil milhões | միլիարդ | [mili'ard] |

## 5. Números. Frações

| | | |
|---|---|---|
| fração (f) | կոտորակ | [koto'rak] |
| um meio | մեկ երկրորդ | ['mek erk'rord] |
| um terço | մեկ երրորդ | ['mek er'rord] |
| um quarto | մեկ չորրորդ | ['mek tʃor'rord] |
| um oitavo | մեկ ութերորդ | ['mek 'uterord] |
| um décimo | մեկ տասներորդ | ['mek 'tasnerord] |
| dois terços | երկու երրորդ | [er'ku er'rord] |
| três quartos | երեք չորրորդ | [e'rek tʃor'rord] |

## 6. Números. Operações básicas

| subtração (f) | հանում | [a'num] |
|---|---|---|
| subtrair (vi, vt) | հանել | [a'nel] |
| divisão (f) | բաժանում | [baʒa'num] |
| dividir (vt) | բաժանել | [baʒa'nel] |

| adição (f) | գումարում | [guma'rum] |
|---|---|---|
| somar (vt) | գումարել | [guma'rel] |
| adicionar (vt) | գումարել | [guma'rel] |
| multiplicação (f) | բազմապատկում | [bazmapat'kum] |
| multiplicar (vt) | բազմապատկել | [bazmapat'kel] |

## 7. Números. Diversos

| algarismo, dígito (m) | թիվ | [tiv] |
|---|---|---|
| número (m) | թիվ | [tiv] |
| numeral (m) | համարիշ | [ama'ritʃ] |
| menos (m) | մինուս | ['minus] |
| mais (m) | պլյուս | [plys] |
| fórmula (f) | բանաձև | [bana'dzev] |

| cálculo (m) | հաշվարկ | [aʃ'vark] |
|---|---|---|
| contar (vt) | հաշվել | [aʃ'vel] |
| calcular (vt) | հաշվարկ անել | [aʃ'vark a'nel] |
| comparar (vt) | համեմատել | [amema'tel] |

| Quanto, -os, -as? | քանի՞ | [ka'ni] |
|---|---|---|
| soma (f) | գումար | [gu'mar] |
| resultado (m) | արդյունք | [ar'dyŋk] |
| resto (m) | մնացորդ | [mna'tsord] |

| alguns, algumas ... | մի քանի | ['mi ka'ni] |
|---|---|---|
| poucos, -as (~ pessoas) | մի փոքր ... | ['mi pokr] |
| um pouco (~ de vinho) | մի քիչ ... | [mi 'kitʃ] |
| resto (m) | մնացածը | [mna'tsatsı] |
| um e meio | մեկ ու կես | [mek u 'kes] |
| dúzia (f) | դյուժին | [dy'ʒin] |

| ao meio | կես | [kes] |
|---|---|---|
| em partes iguais | հավասար | [ava'sar] |
| metade (f) | կես | [kes] |
| vez (f) | անգամ | [a'ŋam] |

## 8. Os verbos mais importantes. Parte 1

| abrir (vt) | բացել | [ba'tsel] |
|---|---|---|
| acabar, terminar (vt) | ավարտել | [avar'tel] |
| aconselhar (vt) | խորհուրդ տալ | [ho'rurd 'tal] |
| adivinhar (vt) | գուշակել | [guʃʌ'kel] |
| advertir (vt) | զգուշացնել | [zguʃʌts'nel] |

| ajudar (vt) | oգնել | [og'nel] |
| almoçar (vi) | ճաշել | [tʃa'ʃəl] |
| alugar (~ um apartamento) | վարձել | [var'dzel] |
| amar (vt) | սիրել | [si'rel] |
| ameaçar (vt) | սպառնալ | [spar'nal] |

| anotar (escrever) | գրառել | [gra'rel] |
| apanhar (vt) | բռնել | [brnel] |
| apressar-se (vr) | շտապել | [ʃta'pel] |
| arrepender-se (vr) | ափսոսալ | [apso'sal] |
| assinar (vt) | ստորագրել | [storag'rel] |

| atirar, disparar (vi) | կրակել | [kra'kel] |
| brincar (vi) | կատակել | [kata'kel] |
| brincar, jogar (crianças) | խաղալ | [ha'hal] |
| buscar (vt) | փնտրել | [pntrel] |
| caçar (vi) | որս անել | ['vors a'nel] |

| cair (vi) | ընկնել | [ɛŋk'nel] |
| cavar (vt) | փորել | [po'rel] |
| cessar (vt) | դադարեցնել | [dadarets'nel] |
| chamar (~ por socorro) | կանչել | [kan'tʃel] |
| chegar (vi) | ժամանել | [ʒama'nel] |
| chorar (vi) | լացել | [la'tsel] |

| começar (vt) | սկսել | [sksel] |
| comparar (vt) | համեմատել | [amema'tel] |
| compreender (vt) | հասկանալ | [aska'nal] |
| concordar (vi) | համաձայնվել | [amadzajn'vel] |
| confiar (vt) | վստահել | [vsta'ɛl] |

| confundir (equivocar-se) | շփոթել | [ʃpo'tel] |
| conhecer (vt) | ճանաչել | [tʃana'tʃel] |
| contar (fazer contas) | հաշվել | [aʃ'vel] |
| contar com (esperar) | հույս դնել ... վրա | [ujs dnel v'ra] |
| continuar (vt) | շարունակել | [ʃʌruna'kel] |

| controlar (vt) | վերահսկել | [veraɛs'kel] |
| convidar (vt) | հրավիրել | [ɛravi'rel] |
| correr (vi) | վազել | [va'zel] |
| criar (vt) | ստեղծել | [steh'tsel] |
| custar (vt) | արժենալ | [arʒe'nal] |

## 9. Os verbos mais importantes. Parte 2

| dar (vt) | տալ | [tal] |
| dar uma dica | ակնարկել | [aknar'kel] |
| decorar (enfeitar) | զարդարել | [zarda'rel] |
| defender (vt) | պաշտպանել | [paʃtpa'nel] |
| deixar cair (vt) | վայր գցել | ['vajr gtsel] |

| descer (para baixo) | իջնել | [idʒ'nel] |
| desculpar-se (vr) | ներողություն խնդրել | [nerohu'tsyn hnd'rel] |
| dirigir (~ uma empresa) | ղեկավարել | [hekava'rel] |

17

| | | |
|---|---|---|
| discutir (notícias, etc.) | քննարկել | [kŋar'kel] |
| dizer (vt) | ասել | [a'sel] |

| | | |
|---|---|---|
| duvidar (vt) | կասկածել | [kaska'tsel] |
| encontrar (achar) | գտնել | [gtnel] |
| enganar (vt) | խաբել | [ha'bel] |
| entrar (na sala, etc.) | մտնել | [mtnel] |
| enviar (uma carta) | ուղարկել | [uhar'kel] |

| | | |
|---|---|---|
| errar (equivocar-se) | սխալվել | [shal'vel] |
| escolher (vt) | ընտրել | [ɪnt'rel] |
| esconder (vt) | թաքցնել | [takts'nel] |
| escrever (vt) | գրել | [grel] |
| esperar (o autocarro, etc.) | սպասել | [spa'sel] |

| | | |
|---|---|---|
| esperar (ter esperança) | հուսալ | [u'sal] |
| esquecer (vt) | մոռանալ | [mora'nal] |
| estudar (vt) | ուսումնասիրել | [usumnasi'rel] |
| exigir (vt) | պահանջել | [pa:n'dʒel] |
| existir (vi) | գոյություն ունենալ | [goju'tsyn une'nal] |

| | | |
|---|---|---|
| explicar (vt) | բացատրել | [batsat'rel] |
| falar (vi) | խոսել | [ho'sel] |
| faltar (clases, etc.) | բաց թողնել | ['bats toh'nel] |
| fazer (vt) | անել | [a'nel] |
| ficar em silêncio | լռել | [lrel] |
| gabar-se, jactar-se (vr) | պարծենալ | [partse'nal] |

| | | |
|---|---|---|
| gostar (apreciar) | դուր գալ | ['dur gal] |
| gritar (vi) | բղավել | [bha'vel] |
| guardar (cartas, etc.) | պահպանել | [pahpa'nel] |
| informar (vt) | տեղեկացնել | [tehekats'nel] |
| insistir (vi) | պնդել | [pndel] |

| | | |
|---|---|---|
| insultar (vt) | վիրավորել | [viravo'rel] |
| interessar-se (vr) | հետաքրքրվել | [ɛtakrkr'vel] |
| ir (a pé) | գնալ | [gnal] |
| ir nadar | լողալ | [lo'hal] |
| jantar (vi) | ընթրել | [ɪnt'rel] |

## 10. Os verbos mais importantes. Parte 3

| | | |
|---|---|---|
| ler (vt) | կարդալ | [kar'dal] |
| libertar (cidade, etc.) | ազատագրել | [azatag'rel] |
| matar (vt) | սպանել | [spa'nel] |
| mencionar (vt) | հիշատակել | [iʃʌta'kel] |
| mostrar (vt) | ցույց տալ | ['tsujts tal] |

| | | |
|---|---|---|
| mudar (modificar) | փոխել | [po'hel] |
| nadar (vi) | լողալ | [lo'hal] |
| negar-se (vt) | հրաժարվել | [eraʒar'vel] |
| objetar (vt) | հակաճառել | [akatʃa'rel] |
| observar (vt) | հետևել | [ɛte'vel] |
| ordenar (mil.) | հրամայել | [ɛrama'jel] |

| ouvir (vt) | լսել | [lsel] |
|---|---|---|
| pagar (vt) | վճարել | [vtʃa'rel] |
| parar (vi) | կանգ առնել | ['kaŋ ar'nel] |

| participar (vi) | մասնակցել | [masnak'tsel] |
|---|---|---|
| pedir (comida) | պատվիրել | [patvi'rel] |
| pedir (um favor, etc.) | խնդրել | [hndrel] |
| pegar (tomar) | վերցնել | [verts'nel] |
| pensar (vt) | մտածել | [mta'tsel] |

| perceber (ver) | ըկատել | [ŋka'tel] |
|---|---|---|
| perdoar (vt) | ներել | [ne'rel] |
| perguntar (vt) | հարցնել | [arts'nel] |
| permitir (vt) | թույլատրել | [tujlat'rel] |
| pertencer (vt) | պատկանել | [patka'nel] |

| planear (vt) | պլանավորել | [planavo'rel] |
|---|---|---|
| poder (vi) | կարողանալ | [karoha'nal] |
| possuir (vt) | ունենալ | [une'nal] |
| preferir (vt) | նախընտրել | [nahɛnt'rel] |
| preparar (vt) | պատրաստել | [patras'tel] |

| prever (vt) | կանխատեսել | [kanhate'sel] |
|---|---|---|
| prometer (vt) | խոստանալ | [hosta'nal] |
| pronunciar (vt) | արտասանել | [artasa'nel] |
| propor (vt) | առաջարկել | [aradʒar'kel] |
| punir (castigar) | պատժել | [pat'ʒel] |

## 11. Os verbos mais importantes. Parte 4

| quebrar (vt) | կոտրել | [kot'rel] |
|---|---|---|
| queixar-se (vr) | գանգատվել | [gaŋat'vel] |
| querer (desejar) | ուզենալ | [uze'nal] |
| recomendar (vt) | երաշխավորել | [eraʃhavo'rel] |
| repetir (dizer outra vez) | կրկնել | [krknel] |

| repreender (vt) | կշտամբել | [kʃtam'bel] |
|---|---|---|
| reservar (~ um quarto) | ամրագրել | [amrag'rel] |
| responder (vt) | պատասխանել | [patasha'nel] |
| rezar, orar (vi) | աղոթել | [aho'tel] |
| rir (vi) | ծիծաղել | [tsitsa'hel] |

| roubar (vt) | գողանալ | [goha'nal] |
|---|---|---|
| saber (vt) | իմանալ | [ima'nal] |
| sair (~ de casa) | դուրս գալ | ['durs gal] |
| salvar (vt) | փրկել | [prkel] |
| seguir ... | գնալ ... հետևից | [gnal ɛte'vits] |

| sentar-se (vr) | նստել | [nstel] |
|---|---|---|
| ser necessário | պետք լինել | ['petk li'nel] |
| ser, estar | լինել | [li'nel] |
| significar (vt) | նշանակել | [nʃna'kel] |
| sorrir (vi) | ժպտal | [ʒptal] |
| subestimar (vt) | թերագնահատել | [teragna:'tel] |

19

| surpreender-se (vr) | զարմանալ | [zarma'nal] |
| tentar (vt) | փորձել | [por'dzel] |

| ter (vt) | ունենալ | [une'nal] |
| ter fome | սոված ունել | [uze'nal u'tel] |
| ter medo | վախենալ | [vahe'nal] |
| ter sede | ունենալ խմել | [uze'nal h'mel] |

| tocar (com as mãos) | ձեռք տալ | ['dzerk tal] |
| tomar o pequeno-almoço | նախաձաշել | [nahatʃa'ʃəl] |
| trabalhar (vi) | աշխատել | [aʃha'tel] |
| traduzir (vt) | թարգմանել | [targma'nel] |
| unir (vt) | միավորել | [miavo'rel] |

| vender (vt) | վաճառել | [vatʃa'rel] |
| ver (vt) | տեսնել | [tes'nel] |
| virar (ex. ~ à direita) | թեքվել | [tɛk'vel] |
| voar (vi) | թռչել | [trtʃel] |

## 12. Cores

| cor (f) | գույն | [gujn] |
| matiz (m) | երանգ | [e'raŋ] |
| tom (m) | գուներանգ | [gunɛ'raŋ] |
| arco-íris (m) | ծիածան | [tsia'tsan] |

| branco | սպիտակ | [spi'tak] |
| preto | սև | [sev] |
| cinzento | մոխրագույն | [mohra'gujn] |

| verde | կանաչ | [ka'natʃ] |
| amarelo | դեղին | [de'hin] |
| vermelho | կարմիր | [kar'mir] |

| azul | կապույտ | [ka'pujt] |
| azul claro | երկնագույն | [erkna'gujn] |
| rosa | վարդագույն | [varda'gujn] |
| laranja | նարնջագույն | [narndʒa'gujn] |
| violeta | մանուշակագույն | [manuʃʌka'gujn] |
| castanho | շագանակագույն | [ʃʌganaka'gujn] |

| dourado | ոսկե | [vos'ke] |
| prateado | արծաթագույն | [artsata'gujn] |

| bege | բեժ | [beʒ] |
| creme | կրեմագույն | [krema'gujn] |
| turquesa | փիրուզագույն | [piruza'gujn] |
| vermelho cereja | բալագույն | [bala'gujn] |
| lilás | բաց մանուշակագույն | ['bats manuʃʌka'gujn] |
| carmesim | մորեգույն | [more'gujn] |

| claro | բաց | [bats] |
| escuro | մուգ | [mug] |
| vivo | վառ | [var] |

| de cor | զունավոր | [guna'vor] |
|---|---|---|
| a cores | զունավոր | [guna'vor] |
| preto e branco | սև ու սպիտակ | ['sev u spi'tak] |
| unicolor | միագույն | [mia'gujn] |
| multicor | գունեգգույն | [gujnz'gujn] |

## 13. Questões

| Quem? | Ո՞վ | [ov] |
|---|---|---|
| Que? | Ի՞նչ | [intʃ] |
| Onde? | Որտե՞ղ | [vor'teh] |
| Para onde? | Ո՞ւր | [ur] |
| De onde? | Որտեղի՞ց | [vorte'hits] |
| Quando? | Ե՞րբ | [erb] |
| Para quê? | Ինչու՞ | [in'tʃu] |
| Porquê? | Ինչու՞ | [in'tʃu] |

| Para quê? | Ինչի՞ համար | [in'tʃi a'mar] |
|---|---|---|
| Como? | Ինչպե՞ս | [intʃ'pes] |
| Qual? | Ինչպիսի՞ | [intʃpi'si] |
| Qual? (entre dois ou mais) | Ո՞րը | [vo're] |

| A quem? | Ո՞ւմ | [um] |
|---|---|---|
| Sobre quem? | Ո՞ւմ մասին | ['um ma'sin] |
| Do quê? | Ինչի՞ մասին | [in'tʃi ma'sin] |
| Com quem? | Ո՞ւմ հետ | ['um 'ɛt] |

| Quanto, -os, -as? | քանի՞ | [ka'ni] |
|---|---|---|
| De quem? (masc.) | Ո՞ւմ | [um] |

## 14. Palavras funcionais. Advérbios. Parte 1

| Onde? | Որտե՞ղ | [vor'teh] |
|---|---|---|
| aqui | այստեղ | [ajs'teh] |
| lá, ali | այնտեղ | [ajn'teh] |

| em algum lugar | որևէ տեղ | [vore've 'teh] |
|---|---|---|
| em lugar nenhum | ոչ մի տեղ | [votʃ mi 'teh] |

| ao pé de ... | ... մոտ | [mot] |
|---|---|---|
| ao pé da janela | պատուհանի մոտ | [patua'ni 'mot] |

| Para onde? | Ո՞ւր | [ur] |
|---|---|---|
| para cá | այստեղ | [ajs'teh] |
| para lá | այնտեղ | [ajn'teh] |
| daqui | այստեղից | [ajste'hits] |
| de lá, dali | այնտեղից | [ajnte'hits] |

| perto | մոտ | [mot] |
|---|---|---|
| longe | հեռու | [ɛ'ru] |
| perto de ... | մոտ | [mot] |
| ao lado de | մոտակայքում | [motakaj'kum] |

| perto, não fica longe | մոտիկ | [mo'tik] |
| esquerdo | ձախ | [dzah] |
| à esquerda | ձախ կողմից | ['dzah koh'mits] |
| para esquerda | դեպի ձախ | [de'pi 'dzah] |

| direito | աջ | [adʒ] |
| à direita | աջ կողմից | ['adʒ koh'mits] |
| para direita | դեպի աջ | [de'pi 'adʒ] |

| à frente | առջևից | [ardʒe'vits] |
| da frente | առջևի | [ardʒe'vi] |
| em frente (para a frente) | առաջ | [a'radʒ] |

| atrás de ... | հետևում | [ɛte'vum] |
| por detrás (vir ~) | հետևից | [ɛte'vits] |
| para trás | հետ | [ɛt] |

| meio (m), metade (f) | մեջտեղ | [medʒ'teh] |
| no meio | մեջտեղում | [medʒte'hum] |

| de lado | կողքից | [koh'kits] |
| em todo lugar | ամենուր | [ame'nur] |
| ao redor (olhar ~) | շուրջը | ['ʃurdʒɛ] |

| de dentro | միջից | [mi'dʒits] |
| para algum lugar | որևէ տեղ | [vore'vɛ 'teh] |
| diretamente | ուղիղ | [u'hih] |
| de volta | ետ | [et] |

| de algum lugar | որևէ տեղից | [vore'vɛ te'hits] |
| de um lugar | ինչ-որ տեղից | ['intʃ 'vor te'hits] |

| em primeiro lugar | առաջինը | [ara'dʒinɛ] |
| em segundo lugar | երկրորդը | [erk'rordɛ] |
| em terceiro lugar | երրորդը | [er'rordɛ] |

| de repente | հանկարծակի | [aŋkar'tsaki] |
| no início | սկզբում | [skzbum] |
| pela primeira vez | առաջին անգամ | [ara'dʒin a'ŋam] |
| muito antes de ... | ... շատ առաջ | ['ʃʌt a'radʒ] |
| de novo, novamente | կրկին | [krkin] |
| para sempre | ընդմիշտ | [ınd'miʃt] |

| nunca | երբեք | [er'bek] |
| de novo | նորից | [no'rits] |
| agora | այժմ | [ajʒm] |
| frequentemente | հաճախ | [a'tʃah] |
| então | այն ժամանակ | ['ajn ʒama'nak] |
| urgentemente | շտապ | [ʃtap] |
| usualmente | սովորաբար | [sovora'bar] |

| a propósito, ... | ի դեպ, ... | [i 'dep] |
| é possível | հնարավոր է | [ɛnara'vor ɛ] |
| provavelmente | հավանաբար | [avana'bar] |
| talvez | միգուցե | [migu'tse] |
| além disso, ... | բացի այդ, ... | [ba'tsi 'ajd] |

| por isso ... | այդ պատճառով | ['ajd patʃa'rov] |
| apesar de ... | չնայած ... | [tʃna'jats] |
| graças a ... | շնորհիվ ... | [ʃno'riv] |

| que (pron.) | ինչ | [intʃ] |
| que (conj.) | որ | [vor] |
| algo | ինչ-որ բան | [intʃ vor 'ban] |
| alguma coisa | որևէ բան | ['voreve 'ban] |
| nada | ոչ մի բան | [votʃ mi 'ban] |

| quem | ով | [ov] |
| alguém (~ teve uma ideia ...) | ինչ-որ մեկը | ['intʃ 'vor 'mekı] |
| alguém | որևէ մեկը | ['voreve 'mekı] |

| ninguém | ոչ մեկ | [votʃ 'mek] |
| para lugar nenhum | ոչ մի տեղ | [votʃ mi 'teh] |
| de ninguém | ոչ մեկիհեր | ['votʃ me'kını] |
| de alguém | որևէ մեկիհեր | ['voreve me'kını] |

| tão | այնպես | [ajn'pes] |
| também (gostaria ~ de ...) | նմանապես | [nmana'pes] |
| também (~ eu) | նույնպես | ['nujnpes] |

## 15. Palavras funcionais. Advérbios. Parte 2

| Porquê? | Ինչո՞ւ | [in'tʃu] |
| por alguma razão | չգիտես ինչու | [tʃgi'tes in'tʃu] |
| porque ... | որովհետև, ... | [vorove'tev] |
| por qualquer razão | ինչ-որ պատատակով | ['intʃ 'vor npata'kov] |

| e (tu ~ eu) | և | [ev] |
| ou (ser ~ não ser) | կամ | [kam] |
| mas (porém) | բայց | [bajts] |
| para (~ a minha mãe) | համար | [a'mar] |

| demasiado, muito | չափազանց | [tʃapa'zants] |
| só, somente | միայն | [mi'ajn] |
| exatamente | ճիշտ | [tʃiʃt] |
| cerca de (~ 10 kg) | մոտ | [mot] |

| aproximadamente | մոտավորապես | [motavora'pes] |
| aproximado | մոտավոր | [mota'vor] |
| quase | գրեթե | [g'rete] |
| resto (m) | մնացածը | [mna'tsatsı] |

| cada | յուրաքանչյուր | [jurakan'tʃur] |
| qualquer | ցանկացած | [tsanka'tsats] |
| muito | շատ | [ʃʌt] |
| muitas pessoas | շատերը | [ʃʌ'terı] |
| todos | բոլորը | [bo'lorı] |

| em troca de ... | ի փոխարեն ... | [i poha'ren] |
| em troca | փոխարեն | [poha'ren] |
| à mão | ձեռքով | [dzer'kov] |

23

| | | |
|---|---|---|
| pouco provável | հազիվ թե | [a'ziv te] |
| provavelmente | երևի | [ere'vi] |
| de propósito | դիտմամբ | [dit'mamb] |
| por acidente | պատահաբար | [pata:'bar] |

| | | |
|---|---|---|
| muito | շատ | [ʃʌt] |
| por exemplo | օրինակ | [ori'nak] |
| entre | միջև | [mi'dʒev] |
| entre (no meio de) | միջավայրում | [midʒavaj'rum] |
| tanto | այնքան | [aj'ŋkan] |
| especialmente | հատկապես | [atka'pes] |

# Conceitos básicos. Parte 2

## 16. Dias da semana

| | | |
|---|---|---|
| segunda-feira (f) | երկուշաբթի | [erkuʃʌb'ti] |
| terça-feira (f) | երեքշաբթի | [erekʃʌb'ti] |
| quarta-feira (f) | չորեքշաբթի | [tʃorekʃʌb'ti] |
| quinta-feira (f) | հինգշաբթի | [inʃʌb'ti] |
| sexta-feira (f) | ուրբաթ | [ur'bat] |
| sábado (m) | շաբաթ | [ʃʌ'bat] |
| domingo (m) | կիրակի | [kira'ki] |

| | | |
|---|---|---|
| hoje | այսօր | [aj'sor] |
| amanhã | վաղը | ['vahı] |
| depois de amanhã | վաղը չէ մյուս օրը | ['vahı 'tʃe 'mys 'orı] |
| ontem | երեկ | [e'rek] |
| anteontem | նախանցյալ օրը | [nahan'tsʲal 'orı] |

| | | |
|---|---|---|
| dia (m) | օր | [or] |
| dia (m) de trabalho | աշխատանքային օր | [aʃhataŋka'jın 'or] |
| feriado (m) | տոնական օր | [tona'kan 'or] |
| dia (m) de folga | հանգստյան օր | [aŋs'tʲan 'or] |
| fim (m) de semana | շաբաթ, կիրակի | [ʃʌ'bat], [kira'ki] |

| | | |
|---|---|---|
| o dia todo | ամբողջ օր | [am'bohdʒ 'or] |
| no dia seguinte | մյուս օրը | ['mys 'orı] |
| há dois dias | երկու օր առաջ | [er'ku 'or a'radʒ] |
| na véspera | նախորդ օրը | [na'hord 'orı] |
| diário | ամենօրյա | [ameno'rʲa] |
| todos os dias | ամեն օր | [a'men 'or] |

| | | |
|---|---|---|
| semana (f) | շաբաթ | [ʃʌ'bat] |
| na semana passada | անցյալ շաբաթ | [an'tsʲal ʃʌ'bat] |
| na próxima semana | հաջորդ շաբաթ | [a'dʒort 'orı] |
| semanal | շաբաթական | [ʃʌbata'kan] |
| cada semana | շաբաթական | [ʃʌbata'kan] |
| duas vezes por semana | շաբաթը երկու անգամ | [ʃʌ'batı er'ku a'ŋam] |
| cada terça-feira | ամեն երեքշաբթի | [a'men erekʃʌb'ti] |

## 17. Horas. Dia e noite

| | | |
|---|---|---|
| manhã (f) | առավոտ | [ara'vot] |
| de manhã | առավոտյան | [aravo'tʲan] |
| meio-dia (m) | կեսօր | [ke'sor] |
| à tarde | ճաշից հետո | [tʃa'ʃits ɛ'to] |

| | | |
|---|---|---|
| noite (f) | երեկո | [ere'ko] |
| à noite (noitinha) | երեկոյան | [ereko'jan] |

| noite (f) | գիշեր | [gi'ʃər] |
|---|---|---|
| à noite | գիշերը | [gi'ʃərı] |
| meia-noite (f) | կեսգիշեր | [kesgi'ʃər] |

| segundo (m) | վայրկյան | [vajr'kʲan] |
|---|---|---|
| minuto (m) | րոպե | [ro'pɛ] |
| hora (f) | ժամ | [ʒam] |
| meia hora (f) | կես ժամ | [kes 'ʒam] |
| quarto (m) de hora | քառորդ ժամ | [ka'rord 'ʒam] |
| quinze minutos | տասնհինգ րոպե | [tas'niŋ ro'pɛ] |
| vinte e quatro horas | օր | [or] |

| nascer (m) do sol | արևածագ | [areva'tsag] |
|---|---|---|
| amanhecer (m) | արևածագ | [areva'tsag] |
| madrugada (f) | վաղ առավոտ | ['vah ara'vot] |
| pôr do sol (m) | մայրամուտ | [majra'mut] |

| de madrugada | վաղ առավոտյան | ['vah aravo'tʲan] |
|---|---|---|
| hoje de manhã | այսօր առավոտյան | [aj'sor aravo'tʲan] |
| amanhã de manhã | վաղը առավոտյան | ['vahı aravo'tʲan] |
| hoje à tarde | այսօր ցերեկը | [aj'sor tse'rekı] |
| à tarde | ճաշից հետո | [tʃa'ʃits ɛ'to] |
| amanhã à tarde | վաղը ճաշից հետո | ['vahı tʃa'ʃits ɛ'to] |
| hoje à noite | այսօր երեկոյան | [aj'sor ereko'jan] |
| amanhã à noite | վաղը երեկոյան | ['vahı ereko'jan] |

| às três horas em ponto | ուղիղ ժամը երեքին | [u'hih 'ʒamı ere'kin] |
|---|---|---|
| por volta das quatro | մոտ ժամը չորսին | ['mot 'ʒamı tʃor'sin] |
| às doze | մոտ ժամը տասներկուսին | ['mot 'ʒamı tasnerku'sin] |

| dentro de vinte minutos | քսան րոպեից | [k'san ropɛ'its] |
|---|---|---|
| dentro duma hora | մեկ ժամից | ['mek ʒa'mits] |
| a tempo | ժամանակին | [ʒamana'kin] |

| menos um quarto | տասնհինգ պակաս | [tas'niŋ pa'kas] |
|---|---|---|
| durante uma hora | մեկ ժամվա ընթացքում | ['mek ʒam'va ıntats'kum] |
| a cada quinze minutos | տասնհինգ րոպեն մեկ | [tas'niŋ ro'pen 'mek] |
| as vinte e quatro horas | ողջ օրը | ['vohdʒ 'orı] |

## 18. Meses. Estações

| janeiro (m) | հունվար | [un'var] |
|---|---|---|
| fevereiro (m) | փետրվար | [petr'var] |
| março (m) | մարտ | [mart] |
| abril (m) | ապրիլ | [ap'ril] |
| maio (m) | մայիս | [ma'jıs] |
| junho (m) | հունիս | [u'nis] |

| julho (m) | հուլիս | [u'lis] |
|---|---|---|
| agosto (m) | օգոստոս | [ogos'tos] |
| setembro (m) | սեպտեմբեր | [septem'ber] |
| outubro (m) | հոկտեմբեր | [oktem'ber] |
| novembro (m) | նոյեմբեր | [noem'ber] |
| dezembro (m) | դեկտեմբեր | [dektem'ber] |

| | | |
|---|---|---|
| primavera (f) | գարուն | [ga'run] |
| na primavera | գարնանը | [gar'nanı] |
| primaveril | գարնանային | [garnana'jın] |
| | | |
| verão (m) | ամառ | [a'mar] |
| no verão | ամռանը | [am'ranı] |
| de verão | ամարային | [amara'jın] |
| | | |
| outono (m) | աշուն | [a'ʃun] |
| no outono | աշնանը | [aʃ'nanı] |
| outonal | աշնանային | [aʃnana'jın] |
| | | |
| inverno (m) | ձմեռ | [dzmer] |
| no inverno | ձմռանը | [dzm'ranı] |
| de inverno | ձմեռային | [dzmera'jın] |
| | | |
| mês (m) | ամիս | [a'mis] |
| este mês | այս ամիս | ['ajs a'mis] |
| no próximo mês | մյուս ամիս | ['mys a'mis] |
| no mês passado | անցյալ ամիս | [an'tsʲal a'mis] |
| | | |
| há um mês | մեկ ամիս առաջ | ['mek a'mis a'radʒ] |
| dentro de um mês | մեկ ամիս հետո | ['mek a'mis ɛ'to] |
| dentro de dois meses | երկու ամիս հետո | [er'ku a'mis ɛ'to] |
| todo o mês | ամբողջ ամիս | [am'bohdʒ a'mis] |
| um mês inteiro | ողջ ամիս | ['vohdʒ a'mis] |
| | | |
| mensal | ամսական | [amsa'kan] |
| mensalmente | ամեն ամիս | [a'men a'mis] |
| cada mês | ամեն ամիս | [a'men a'mis] |
| duas vezes por mês | ամսական երկու անգամ | [amsa'kan er'ku a'ŋam] |
| | | |
| ano (m) | տարի | [ta'ri] |
| este ano | այս տարի | ['ajs ta'ri] |
| no próximo ano | մյուս տարի | ['mys ta'ri] |
| no ano passado | անցյալ տարի | [an'tsʲal ta'ri] |
| | | |
| há um ano | մեկ տարի առաջ | ['mek ta'ri a'radʒ] |
| dentro dum ano | մեկ տարի անց | ['mek ta'ri 'ants] |
| dentro de 2 anos | երկու տարի անց | [er'ku ta'ri 'ants] |
| todo o ano | ամբողջ տարի | [am'bohdʒ ta'ri] |
| um ano inteiro | ողջ տարի | ['vohdʒ ta'ri] |
| | | |
| cada ano | ամեն տարի | [a'men ta'ri] |
| anual | տարեկան | [tare'kan] |
| anualmente | ամեն տարի | [a'men ta'ri] |
| quatro vezes por ano | տարեկան չորս անգամ | [tare'kan 'tʃors a'ŋam] |
| | | |
| data (~ de hoje) | ամսաթիվ | [amsa'tiv] |
| data (ex. ~ de nascimento) | ամսաթիվ | [amsa'tiv] |
| calendário (m) | օրացույց | [ora'tsujts] |
| | | |
| meio ano | կես տարի | ['kes ta'ri] |
| seis meses | կիսամյակ | [kisa'mʲak] |
| estação (f) | սեզոն | [se'zon] |
| século (m) | դար | [dar] |

27

## 19. Tempo. Diversos

| tempo (m) | ժամանակ | [ʒama'nak] |
|---|---|---|
| momento (m) | ակնթարթ | [akn'tart] |
| instante (m) | ակնթարթ | [akn'tart] |
| instantâneo | ակնթարթային | [akntart'jɪn] |
| lapso (m) de tempo | ժամանակահատված | [ʒamanaka:t'vats] |
| vida (f) | կյանք | [kʲaŋk] |
| eternidade (f) | հավերժություն | [averʒu'tsyn] |

| época (f) | դարաշրջան | [daraʃr'dʒan] |
|---|---|---|
| era (f) | դարաշրջան | [daraʃr'dʒan] |
| ciclo (m) | ցիկլ | [tsikl] |
| período (m) | ժամանակահատված | [ʒamanaka:t'vats] |
| prazo (m) | ժամկետ | [ʒam'ket] |

| futuro (m) | ապագա | [apa'ga] |
|---|---|---|
| futuro | ապագա | [apa'ga] |
| da próxima vez | հաջորդ անգամ | [a'dʒord a'ŋam] |
| passado (m) | անցյալ | [an'tsʲal] |
| passado | անցյալ | [an'tsʲal] |
| na vez passada | անցյալ անգամ | [an'tsʲal a'ŋam] |

| mais tarde | քիչ անց | [kitʃ 'ants] |
|---|---|---|
| depois | հետո | [ɛ'to] |
| atualmente | այժմ | [ajʒm] |
| agora | հիմա | [i'ma] |
| imediatamente | անմիջապես | [anmidʒa'pes] |
| em breve, brevemente | շուտով | [ʃu'tov] |
| de antemão | նախորոք | [naho'rok] |

| há muito tempo | վաղուց | [va'huts] |
|---|---|---|
| há pouco tempo | վերջերս | [ver'dʒers] |
| destino (m) | ճակատագիր | [tʃakata'gir] |
| recordações (f pl) | հիշողություններ | [iʃohu'tsy'ŋer] |
| arquivo (m) | արխիվ | [ar'hiv] |

| durante ... | ... ժամանակ | [ʒama'nak] |
|---|---|---|
| durante muito tempo | երկար ժամանակ | [er'kar ʒama'nak] |
| pouco tempo | կարճ ժամանակ | ['kartʃ ʒama'nak] |
| cedo (levantar-se ~) | շուտ | [ʃut] |
| tarde (deitar-se ~) | ուշ | [uʃ] |

| para sempre | ընդմիշտ | [ɪnd'miʃt] |
|---|---|---|
| começar (vt) | սկսել | [sksel] |
| adiar (vt) | տեղափոխել | [tehapo'hel] |

| simultaneamente | միաժամանակ | [miaʒama'nak] |
|---|---|---|
| permanentemente | անընդհատ | [anɪn'dat] |
| constante (ruído, etc.) | անընդմեջ | [anɪnd'medʒ] |
| temporário | ժամանակավոր | [ʒamanaka'vor] |

| às vezes | երբեմն | [er'bemn] |
|---|---|---|
| raramente | հազվադեպ | [azva'dep] |
| frequentemente | հաճախ | [a'tʃah] |

## 20. Opostos

| rico | հարուստ | [a'rust] |
|---|---|---|
| pobre | աղքատ | [ah'kat] |

| doente | հիվանդ | [i'vand] |
| são | առողջ | [a'rohdʒ] |

| grande | մեծ | [mets] |
| pequeno | փոքր | [pokr] |

| rapidamente | արագ | [a'rag] |
| lentamente | դանդաղ | [dan'dah] |

| rápido | արագ | [a'rag] |
| lento | դանդաղ | [dan'dah] |

| alegre | ուրախ | [u'rah] |
| triste | տխուր | [thur] |

| juntos | միասին | [mia'sin] |
| separadamente | առանձին | [aran'dzin] |

| em voz alta (ler ~) | բարձրաձայն | [bardzra'dzajn] |
| para si (em silêncio) | մտքում | [mtkum] |

| alto | բարձր | [bardzr] |
| baixo | ցածրահասակ | [tsatsra:'sak] |

| profundo | խորը | ['hori] |
| pouco fundo | ծանծաղ | [tsan'tsah] |

| sim | այո | [a'jo] |
| não | ոչ | [votʃ] |

| distante (no espaço) | հեռու | [ɛ'ru] |
| próximo | մոտիկ | [mo'tik] |

| longe | հեռու | [ɛ'ru] |
| perto | մոտ | [mot] |

| longo | երկար | [er'kar] |
| curto | կարճ | [kartʃ] |

| bom, bondoso | բարի | [ba'ri] |
| mau | չար | [tʃar] |

| casado | ամուսնացած | [amusna'tsats] |
| solteiro | ամուրի | [amu'ri] |

| proibir (vt) | արգելել | [arge'lel] |
| permitir (vt) | թույլատրել | [tujlat'rel] |

| fim (m) | վերջ | [verdʒ] |
| começo (m) | սկիզբ | [skizb] |

29

| esquerdo | ձախ | [dzah] |
| direito | աջ | [adʒ] |

| primeiro | առաջին | [ara'dʒin] |
| último | վերջին | [ver'dʒin] |

| crime (m) | հանցագործություն | [antsagortsu'tsyn] |
| castigo (m) | պատիժ | [pa'tiʒ] |

| ordenar (vt) | հրամայել | [ɛrama'jel] |
| obedecer (vt) | ենթարկվել | [entark'vel] |

| reto | ուղիղ | [u'hih] |
| curvo | ծուռ | [tsur] |

| paraíso (m) | դրախտ | [draht] |
| inferno (m) | դժոխք | [dʒohk] |

| nascer (vi) | ծնվել | [tsnvel] |
| morrer (vi) | մահանալ | [maː'nal] |

| forte | ուժեղ | [u'ʒeh] |
| fraco, débil | թույլ | [tujl] |

| idoso | ծեր | [tser] |
| jovem | երիտասարդ | [erita'sard] |

| velho | հին | [in] |
| novo | նոր | [nor] |

| duro | կոշտ | [koʃt] |
| mole | փափուկ | [pa'puk] |

| tépido | տաք | [tak] |
| frio | սառը | ['sarɪ] |

| gordo | գեր | [ger] |
| magro | նիհար | [ni'ar] |

| estreito | նեղ | [neh] |
| largo | լայն | [lajn] |

| bom | լավ | [lav] |
| mau | վատ | [vat] |

| valente | քաջ | [kadʒ] |
| cobarde | վախկոտ | [vah'kot] |

## 21. Linhas e formas

| quadrado (m) | քառակուսի | [karaku'si] |
| quadrado | քառակուսի | [karaku'si] |
| círculo (m) | շրջան | [ʃrdʒan] |
| redondo | կլոր | [klor] |

| | | |
|---|---|---|
| triângulo (m) | եռանկյունի | [eraŋkju'ni] |
| triangular | եռանկյունաձև | [eraŋkjuna'dzev] |
| | | |
| oval (f) | օվալ | [o'val] |
| oval | օվալաձև | [ovala'dzev] |
| retângulo (m) | ուղղանկյուն | [uha'ŋkyn] |
| retangular | ուղղանկյունաձև | [uha'ŋkyna'dzev] |
| | | |
| pirâmide (f) | բուրգ | [burg] |
| rombo, losango (m) | շեղանկյուն | [ʃəha'ŋkyn] |
| trapézio (m) | սեղանակերպ | [sehana'kerp] |
| cubo (m) | խորանարդ | [hora'nard] |
| prisma (m) | հատվածակողմ | [atvatsa'kohm] |
| | | |
| circunferência (f) | շրջագիծ | [ʃrdʒa'gits] |
| esfera (f) | գունդ | [gund] |
| globo (m) | գունդ | [gund] |
| diâmetro (m) | տրամագիծ | [trama'gits] |
| raio (m) | շառավիղ | [ʃʌra'vih] |
| perímetro (m) | պարագիծ | [para'gits] |
| centro (m) | կենտրոն | [kent'ron] |
| | | |
| horizontal | հորիզոնական | [orizona'kan] |
| vertical | ուղղաձիգ | [uha'gits] |
| | | |
| paralela (f) | զուգահեռ | [zuga'ɛr] |
| paralelo | զուգահեռ | [zuga'ɛr] |
| | | |
| linha (f) | գիծ | [gits] |
| traço (m) | գիծ | [gits] |
| reta (f) | ուղիղ | [u'hih] |
| curva (f) | կոր | [kor] |
| fino (linha ~a) | բարակ | [ba'rak] |
| contorno (m) | ուրվագիծ | [urva'gits] |
| | | |
| interseção (f) | հատում | [a'tum] |
| ângulo (m) reto | ուղիղ անկյուն | [u'hih a'ŋkyn] |
| segmento (m) | հատված | [at'vats] |
| setor (m) | հատված | [at'vats] |
| lado (de um triângulo, etc.) | կողմ | [kohm] |
| ângulo (m) | անկյուն | [a'ŋkyn] |

## 22. Unidades de medida

| | | |
|---|---|---|
| peso (m) | քաշ | [kaʃ] |
| comprimento (m) | երկարություն | [erkaru'tsyn] |
| largura (f) | լայնություն | [lajnu'tsyn] |
| altura (f) | բարձրություն | [bardzru'tsyn] |
| profundidade (f) | խորություն | [horu'tsyn] |
| volume (m) | ծավալ | [tsa'val] |
| área (f) | մակերես | [make'res] |
| | | |
| grama (m) | գրամ | [gram] |
| miligrama (m) | միլիգրամ | [milig'ram] |

| | | |
|---|---|---|
| quilograma (m) | կիլոգրամ | [kilog'ram] |
| tonelada (f) | տոննա | ['toɳa] |
| libra (453,6 gramas) | ֆունտ | [funt] |
| onça (f) | ունցիա | ['untsija] |

| | | |
|---|---|---|
| metro (m) | մետր | [metr] |
| milímetro (m) | միլիմետր | [mili'metr] |
| centímetro (m) | սանտիմետր | [santi'metr] |
| quilómetro (m) | կիլոմետր | [kilo'metr] |
| milha (f) | մղոն | [mhon] |

| | | |
|---|---|---|
| polegada (f) | դյույմ | [dyjm] |
| pé (304,74 mm) | ֆուտ | [fut] |
| jarda (914,383 mm) | յարդ | [jard] |

| | | |
|---|---|---|
| metro (m) quadrado | քառակուսի մետր | [karaku'si 'metr] |
| hectare (m) | հեկտար | [ɛk'tar] |

| | | |
|---|---|---|
| litro (m) | լիտր | [litr] |
| grau (m) | աստիճան | [asti'tʃan] |
| volt (m) | վոլտ | [voʌt] |
| ampere (m) | ամպեր | [am'per] |
| cavalo-vapor (m) | ձիաուժ | [dzia'uʒ] |

| | | |
|---|---|---|
| quantidade (f) | քանակ | [ka'nak] |
| um pouco de ... | մի փոքր ... | ['mi pokr] |
| metade (f) | կես | [kes] |
| dúzia (f) | դյուժին | [dy'ʒin] |
| peça (f) | հատ | [at] |

| | | |
|---|---|---|
| dimensão (f) | չափս | [tʃaps] |
| escala (f) | մասշտաբ | [masʃ'tab] |

| | | |
|---|---|---|
| mínimo | նվազագույն | [nvaza'gujn] |
| menor, mais pequeno | փոքրագույն | [pokra'gujn] |
| médio | միջին | [mi'dʒin] |
| máximo | առավելագույն | [aravela'gujn] |
| maior, mais grande | մեծագույն | [metsa'gujn] |

## 23. Recipientes

| | | |
|---|---|---|
| boião (m) de vidro | բանկա | [ba'ŋka] |
| lata (~ de cerveja) | տարա | [ta'ra] |
| balde (m) | դույլ | [dujl] |
| barril (m) | տակառ | [ta'kar] |

| | | |
|---|---|---|
| bacia (~ de plástico) | թաս | [tas] |
| tanque (m) | բաք | [bak] |
| cantil (m) de bolso | տափական շիշ | [tapaka'ʃiʃ] |
| bidão (m) de gasolina | թիթեղ | [ti'teh] |
| cisterna (f) | ցիստերն | [tsis'tern] |

| | | |
|---|---|---|
| caneca (f) | գավաթ | [ga'vat] |
| chávena (f) | բաժակ | [ba'ʒak] |

| pires (m) | պնակ | [pnak] |
|---|---|---|
| copo (m) | բաժակ | [ba'ʒak] |
| taça (f) de vinho | գավաթ | [ga'vat] |
| panela, caçarola (f) | կաթսա | [ka'tsa] |

| garrafa (f) | շիշ | [ʃiʃ] |
|---|---|---|
| gargalo (m) | բերան | [be'ran] |

| jarro, garrafa (f) | գրաֆին | [gra'fin] |
|---|---|---|
| jarro (m) de barro | սափոր | [sa'por] |
| recipiente (m) | անոթ | [a'not] |
| pote (m) | կճուճ | [ktʃutʃ] |
| vaso (m) | վազա | ['vaza] |

| frasco (~ de perfume) | սրվակ | [srvak] |
|---|---|---|
| frasquinho (ex. ~ de iodo) | սրվակիկ | [srva'kik] |
| tubo (~ de pasta dentífrica) | պարկուճ | [par'kutʃ] |

| saca (ex. ~ de açúcar) | պարկ | [park] |
|---|---|---|
| saco (~ de plástico) | տոպրակ | [top'rak] |
| maço (m) | տուփ | [tup] |

| caixa (~ de sapatos, etc.) | տուփ | [tup] |
|---|---|---|
| caixa (~ de madeira) | դարակ | [da'rak] |
| cesta (f) | զամբյուղ | [zam'byh] |

## 24. Materiais

| material (m) | նյութ | [nyt] |
|---|---|---|
| madeira (f) | փայտ | [pajt] |
| de madeira | փայտյա | [paj'tⁱa] |

| vidro (m) | ապակի | [apa'ki] |
|---|---|---|
| de vidro | ապակյա | [apa'kⁱa] |

| pedra (f) | քար | [kar] |
|---|---|---|
| de pedra | քարե | [ka're] |

| plástico (m) | պլաստիկ | [plas'tik] |
|---|---|---|
| de plástico | պլաստմասե | [plastma'sɛ] |

| borracha (f) | ռետին | [re'tin] |
|---|---|---|
| de borracha | ռետինե | [reti'nɛ] |

| tecido, pano (m) | գործվածք | [gorts'vatsk] |
|---|---|---|
| de tecido | գործվածքից | [gortsvats'kits] |

| papel (m) | թուղթ | [tuht] |
|---|---|---|
| de papel | թղթե | [thtɛ] |

| cartão (m) | ստվարաթուղթ | [stvara'tuht] |
|---|---|---|
| de cartão | ստվարաթղթե | [stvarath'tɛ] |
| polietileno (m) | պոլիէթիլեն | [poliɛti'len] |
| celofane (m) | ցելոֆան | [tselo'fan] |

33

| contraplacado (m) | փանելա | [fa'nera] |
| porcelana (f) | ճենապակի | [t͡ʃenapa'ki] |
| de porcelana | ճենապակե | [t͡ʃenapa'kɛ] |
| barro (f) | կավ | [kav] |
| de barro | կավե | [ka'vɛ] |
| cerâmica (f) | կերամիկա | [ke'ramika] |
| de cerâmica | կերամիկական | [keramika'kan] |

## 25. Metais

| metal (m) | մետաղ | [me'tah] |
| metálico | մետաղյա | [meta'ha] |
| liga (f) | ձուլվածք | [dzul'vatsk] |

| ouro (m) | ոսկի | [vos'ki] |
| de ouro | ոսկյա | [vos'kia] |
| prata (f) | արծաթ | [ar'tsat] |
| de prata | արծաթյա | [artsa'tia] |

| ferro (m) | երկաթ | [er'kat] |
| de ferro | երկաթյա | [erka'tia] |
| aço (m) | պողպատ | [poh'pat] |
| de aço | պողպատյա | [pohpa'tia] |
| cobre (m) | պղինձ | [phindz] |
| de cobre | պղնձե | [phndzɛ] |

| alumínio (m) | ալյումին | [aly'min] |
| de alumínio | ալյումինե | [alymi'nɛ] |
| bronze (m) | բրոնզ | [bronz] |
| de bronze | բրոնզե | [bron'zɛ] |

| latão (m) | արույր | [a'rujr] |
| níquel (m) | նիկել | [ni'kel] |
| platina (f) | պլատին | [pla'tin] |
| mercúrio (m) | սնդիկ | [sndik] |
| estanho (m) | անագ | [a'nag] |
| chumbo (m) | կապար | [ka'par] |
| zinco (m) | ցինկ | [tsiŋk] |

# O SER HUMANO

## O ser humano. O corpo

### 26. Humanos. Conceitos básicos

| | | |
|---|---|---|
| ser (m) humano | մարդ | [mard] |
| homem (m) | տղամարդ | [tha'mard] |
| mulher (f) | կին | [kin] |
| criança (f) | երեխա | [ere'ha] |
| menina (f) | աղջիկ | [ah'dʒik] |
| menino (m) | տղա | [tha] |
| adolescente (m) | դեռահաս | [dera'as] |
| velho, ancião (m) | ծերունի | [tseru'ni] |
| velha, anciã (f) | պառավ | [pa'rav] |

### 27. Anatomia humana

| | | |
|---|---|---|
| organismo (m) | օրգանիզմ | [orga'nizm] |
| coração (m) | սիրտ | [sirt] |
| sangue (m) | արյուն | [a'ryn] |
| artéria (f) | զարկերակ | [zarke'rak] |
| veia (f) | երակ | [e'rak] |
| cérebro (m) | ուղեղ | [u'heh] |
| nervo (m) | ներվ | [nerv] |
| nervos (m pl) | ներվեր | [ner'ver] |
| vértebra (f) | ող | [voh] |
| coluna (f) vertebral | ողնաշար | [vohna'ʃʌr] |
| estômago (m) | ստամոքս | [sta'moks] |
| intestinos (m pl) | աղիքներ | [ahik'ner] |
| intestino (m) | աղիք | [a'hik] |
| fígado (m) | լյարդ | [ʎard] |
| rim (m) | երիկամ | [eri'kam] |
| osso (m) | ոսկոր | [vos'kor] |
| esqueleto (m) | կմախք | [kmahk] |
| costela (f) | կողոսկր | [ko'hoskr] |
| crânio (m) | գանգ | [gaŋ] |
| músculo (m) | մկան | [mkan] |
| bíceps (m) | բիցեպս | ['bitseps] |
| tríceps (m) | տրիցեպս | [t'ritseps] |
| tendão (m) | ջիլ | [dʒil] |
| articulação (f) | հոդ | [od] |

| pulmões (m pl) | թոքեր | [to'ker] |
| órgãos (m pl) genitais | սեռական օրգաններ | [sera'kan orga'ŋer] |
| pele (f) | մաշկ | [maʃk] |

## 28. Cabeça

| cabeça (f) | գլուխ | [gluh] |
| cara (f) | երես | [e'res] |
| nariz (m) | քիթ | [kit] |
| boca (f) | բերան | [be'ran] |

| olho (m) | աչք | [atʃk] |
| olhos (m pl) | աչքեր | [atʃ'ker] |
| pupila (f) | բիբ | [bib] |
| sobrancelha (f) | ունք | [uŋk] |
| pestana (f) | թարթիչ | [tar'titʃ] |
| pálpebra (f) | կոպ | [kap] |

| língua (f) | լեզու | [le'zu] |
| dente (m) | ատամ | [a'tam] |
| lábios (m pl) | շրթունքներ | [ʃrtuŋk'ner] |
| maçãs (f pl) do rosto | այտոսկրեր | [ajtosk'rer] |
| gengiva (f) | լինդ | [lind] |
| paladar (m) | քիմք | [kimk] |

| narinas (f pl) | քթածակեր | [ktatsa'ker] |
| queixo (m) | կզակ | [kzak] |
| mandíbula (f) | ծնոտ | [tsnot] |
| bochecha (f) | այտ | [ajt] |

| testa (f) | ճակատ | [tʃa'kat] |
| têmpora (f) | քներակ | [kne'rak] |
| orelha (f) | ականջ | [a'kandʒ] |
| nuca (f) | ծոծրակ | [tsots'rak] |
| pescoço (m) | պարանոց | [para'nots] |
| garganta (f) | կոկորդ | [ko'kord] |

| cabelos (m pl) | մազեր | [ma'zer] |
| penteado (m) | սանրվածք | [sanr'vatsk] |
| corte (m) de cabelo | սանրվածք | [sanr'vatsk] |
| peruca (f) | կեղծամ | [keh'tsam] |

| bigode (m) | բեղեր | [be'her] |
| barba (f) | մորուք | [mo'ruk] |
| usar, ter (~ barba, etc.) | կրել | [krel] |
| trança (f) | հյուս | [hjus] |
| suíças (f pl) | այտամորուք | [ajtamo'ruk] |

| ruivo | շիկահեր | [ʃika'ɛr] |
| grisalho | ալեհեր | [ale'ɛr] |
| calvo | ճաղատ | [tʃa'hat] |
| calva (f) | ճաղատ | [tʃa'hat] |
| rabo-de-cavalo (m) | պոչ | [potʃ] |
| franja (f) | մազափունջ | [maza'pundʒ] |

## 29. Corpo humano

| | | |
|---|---|---|
| mão (f) | դաստակ | [das'tak] |
| braço (m) | թև | [tev] |
| | | |
| dedo (m) | մատ | [mat] |
| polegar (m) | բութ մատ | [but 'mat] |
| dedo (m) mindinho | ճկույթ | [tʃkujt] |
| unha (f) | եղունգ | [e'huŋ] |
| | | |
| punho (m) | բռունցք | [bruntsk] |
| palma (f) da mão | ափ | [ap] |
| pulso (m) | դաստակ | [das'tak] |
| antebraço (m) | նախաբազուկ | [nahaba'zuk] |
| cotovelo (m) | արմունկ | [ar'muŋk] |
| ombro (m) | ուս | [us] |
| | | |
| perna (f) | ոտք | [votk] |
| pé (m) | ոտնաթաթ | [votna'tat] |
| joelho (m) | ծունկ | [tsuŋk] |
| barriga (f) da perna | սրունք | [sruŋk] |
| anca (f) | ազդր | [azdr] |
| calcanhar (m) | կրունկ | [kruŋk] |
| | | |
| corpo (m) | մարմին | [mar'min] |
| barriga (f) | փոր | [por] |
| peito (m) | կրծքավանդակ | [krtskavan'dak] |
| seio (m) | կուրծք | [kurtsk] |
| lado (m) | կող | [koh] |
| costas (f pl) | մեջք | [medʒk] |
| região (f) lombar | գոտկատեղ | [gotka'teh] |
| cintura (f) | գոտկատեղ | [gotka'teh] |
| | | |
| umbigo (m) | պորտ | [port] |
| nádegas (f pl) | նստատեղ | [nsta'teh] |
| traseiro (m) | հետույք | [ɛ'tujk] |
| | | |
| sinal (m) | խալ | [hal] |
| tatuagem (f) | դաջվածք | [dadʒ'vatsk] |
| cicatriz (f) | սպի | [spi] |

37

# Vestuário & Acessórios

## 30. Roupa exterior. Casacos

| roupa (f) | hագուստ | [a'gust] |
| roupa (f) exterior | վերնագգեստ | [vernaz'gest] |
| roupa (f) de inverno | ձմեռային hագուստ | [dzmera'jın a'gust] |

| sobretudo (m) | վերարկու | [verar'ku] |
| casaco (m) de peles | մուշտակ | [muʃ'tak] |
| casaco curto (m) de peles | կիսամուշտակ | [kisamuʃ'tak] |
| casaco (m) acolchoado | բմբուլե բաճկոն | [bmbu'lɛ batʃ'kon] |

| casaco, blusão (m) | բաճկոն | [batʃ'kon] |
| impermeável (m) | թիկնոց | [tik'nots] |
| impermeável | անջրանցիկ | [andʒran'tsik] |

## 31. Vestuário de homem & mulher

| camisa (f) | վերնաշապիկ | [vernaʃʌ'pik] |
| calças (f pl) | տաբատ | [ta'bat] |
| calças (f pl) de ganga | ջինսեր | [dʒin'ser] |
| casaco (m) de fato | պիջակ | [pi'dʒak] |
| fato (m) | կոստյում | [kos'tym] |

| vestido (ex. ~ vermelho) | զգեստ | [zgest] |
| saia (f) | շրջազգեստ | [ʃrdʒaz'gest] |
| blusa (f) | բլուզ | [bluz] |
| casaco (m) de malha | կոֆտա | [kof'ta] |
| casaco, blazer (m) | ժակետ | [ʒa'ket] |

| T-shirt, camiseta (f) | մարզաշապիկ | [marzaʃʌ'pik] |
| calções (Bermudas, etc.) | կարճ տաբատ | ['kartʃ ta'bat] |
| fato (m) de treino | մարզազգեստ | [marzaz'gest] |
| roupão (m) de banho | խալաթ | [ha'lat] |
| pijama (m) | նեgազգեստ | [ŋdʒaz'gest] |
| suéter (m) | սվիտեր | [svi'ter] |
| pulôver (m) | պուլովեր | [pu'lover] |

| colete (m) | բաճկոնակ | [batʃko'nak] |
| fraque (m) | ֆրակ | [frak] |
| smoking (m) | սմոկինգ | [s'mokiŋ] |

| uniforme (m) | համազգեստ | [amaz'gest] |
| roupa (f) de trabalho | աշխատանքային համազգեստ | [aʃhataŋka'jın amaz'gest] |
| fato-macaco (m) | կոմբինեզոն | [kombine'zon] |
| bata (~ branca, etc.) | խալաթ | [ha'lat] |

## 32. Vestuário. Roupa interior

| | | |
|---|---|---|
| roupa (f) interior | ներքնազգեստ | [nerknaz'gest] |
| camisola (f) interior | ներքնաշապիկ | [nerknaʃʌ'pik] |
| peúgas (f pl) | կիսագուլպա | [kisagul'pa] |
| camisa (f) de noite | գիշերանոց | [giʃera'nots] |
| sutiã (m) | կրծկալ | [krtskal] |
| meias longas (f pl) | կարճ գուլպաներ | ['kartʃ gulpa'ner] |
| meias-calças (f pl) | զուգագուլպա | [zugagul'pa] |
| meias (f pl) | գուլպաներ | [gulpa'ner] |
| fato (m) de banho | լողազգեստ | [lohaz'gest] |

## 33. Adereços de cabeça

| | | |
|---|---|---|
| chapéu (m) | գլխարկ | [glhark] |
| chapéu (m) de feltro | էզրավոր գլխարկ | [ezra'vor gl'hark] |
| boné (m) de beisebol | մարզագլխարկ | [marzagl'hark] |
| boné (m) | կեպի | ['kepi] |
| boina (f) | բերետ | [be'ret] |
| capuz (m) | գլխանոց | [glha'nots] |
| panamá (m) | պանամա | [pa'nama] |
| gorro (m) de malha | գործած գլխարկ | [gor'tsats gl'hark] |
| lenço (m) | գլխաշոր | [glha'ʃor] |
| chapéu (m) de mulher | գլխարկիկ | [glhar'kik] |
| capacete (m) de proteção | սաղավարտ | [saha'vart] |
| bivaque (m) | պիլոտկա | [pi'lotka] |
| capacete (m) | սաղավարտ | [saha'vart] |
| chapéu-coco (m) | կոտելոկ | [kote'lok] |
| chapéu (m) alto | գլանագլխարկ | [glanagl'hark] |

## 34. Calçado

| | | |
|---|---|---|
| calçado (m) | կոշիկ | [ko'ʃik] |
| botinas (f pl) | ճտքավոր կոշիկներ | [tʃtka'vor koʃik'ner] |
| sapatos (de salto alto, etc.) | կոշիկներ | [koʃik'ner] |
| botas (f pl) | երկարաճիտ կոշիկներ | [erkara'tʃit koʃik'ner] |
| pantufas (f pl) | հողաթափեր | [ohata'per] |
| ténis (m pl) | բոթասներ | [botas'ner] |
| sapatilhas (f pl) | մարզական կոշիկներ | [marza'kan koʃik'ner] |
| sandálias (f pl) | սանդալներ | [sandal'ner] |
| sapateiro (m) | կոշկակար | [koʃka'kar] |
| salto (m) | կրունկ | [kruŋk] |
| par (m) | զույգ | [zujg] |
| atacador (m) | կոշկակապ | [koʃka'kap] |

| apertar os atacadores | կոշկակապել | [koʃkaka'pel] |
| calçadeira (f) | թիակ | [ti'ak] |
| graxa (f) para calçado | կոշիկի քսուք | [koʃi'ki k'suk] |

## 35. Têxtil. Tecidos

| algodão (m) | բամբակ | [bam'bak] |
| de algodão | բամբակից | [bamba'kits] |
| linho (m) | կտավատ | [kta'vat] |
| de linho | կտավատից | [ktava'tits] |

| seda (f) | մետաքս | [me'taks] |
| de seda | մետաքսյա | [metak'sʲa] |
| lã (f) | բուրդ | [burd] |
| de lã | բրդյա | [brdʲa] |

| veludo (m) | թավիշ | [ta'viʃ] |
| camurça (f) | թավշակաշի | [tavʃʌka'ʃi] |
| bombazina (f) | վելվետ | [veʎ'vet] |

| náilon (m) | նեյլոն | [nej'lon] |
| de náilon | նեյլոնից | [nejlo'nits] |
| poliéster (m) | պոլիէստեր | [poliɛs'ter] |
| de poliéster | պոլիէստերից | [poliɛste'rits] |

| couro (m) | կաշի | [ka'ʃi] |
| de couro | կաշվից | [kaʃ'vits] |
| pele (f) | մորթի | [mor'ti] |
| de peles, de pele | մորթյա | [mor'tʲa] |

## 36. Acessórios pessoais

| luvas (f pl) | ձեռնոցներ | [dzernots'ner] |
| mitenes (f pl) | ձեռնոց | [dzer'nots] |
| cachecol (m) | շարֆ | [ʃʌrf] |

| óculos (m pl) | ակնոց | [ak'nots] |
| armação (f) de óculos | շրջանակ | [ʃrdʒa'nak] |
| guarda-chuva (m) | հովանոց | [ova'nots] |
| bengala (f) | ձեռնափայտ | [dzerna'pajt] |
| escova (f) para o cabelo | մազերի խոզանակ | [maze'ri hoza'nak] |
| leque (m) | հովհար | [o'var] |

| gravata (f) | փողկապ | [poh'kap] |
| gravata-borboleta (f) | փողկապ-թիթեռնիկ | [poh'kap titer'nik] |
| suspensórios (m pl) | տաբատակալ | [tabata'kal] |
| lenço (m) | թաշկինակ | [taʃki'nak] |

| pente (m) | սանր | [sanr] |
| travessão (m) | մազակալ | [maza'kal] |
| gancho (m) de cabelo | ծամկալ | [tsam'kal] |
| fivela (f) | ճարմանդ | [tʃar'mand] |

| cinto (m) | զոտի | [go'ti] |
|---|---|---|
| correia (f) | փոկ | [pok] |

| mala (f) | պայուսակ | [paju'sak] |
|---|---|---|
| mala (f) de senhora | կանացի պայուսակ | [kana'tsi paju'sak] |
| mochila (f) | ուղեպարկ | [uhe'park] |

## 37. Vestuário. Diversos

| moda (f) | նորաձևություն | [noradzevu'tsyn] |
|---|---|---|
| na moda | նորաձև | [nora'dzev] |
| estilista (m) | մոդելյեր | [mode'ʎjer] |

| colarinho (m), gola (f) | օձիք | [o'dzik] |
|---|---|---|
| bolso (m) | գրպան | [grpan] |
| de bolso | գրպանի | [grpa'ni] |
| manga (f) | թևք | [tevk] |
| presilha (f) | կախիչ | [ka'hitʃ] |
| braguilha (f) | լայնույթ | [laj'nujt] |

| fecho (m) de correr | կայծակաճարմանդ | [kajsaka tʃar'mand] |
|---|---|---|
| fecho (m), colchete (m) | ճարմանդ | [tʃar'mand] |
| botão (m) | կոճակ | [ko'tʃak] |
| casa (f) de botão | հանգույց | [a'ŋujts] |
| saltar (vi) (botão, etc.) | պոկվել | [pok'vel] |

| coser, costurar (vi) | կարել | [ka'rel] |
|---|---|---|
| bordar (vt) | ասեղնագործել | [asehnagor'tsel] |
| bordado (m) | ասեղնագործություն | [asehnagortsu'tsyn] |
| agulha (f) | ասեղ | [a'seh] |
| fio (m) | թել | [tel] |
| costura (f) | կար | [kar] |

| sujar-se (vr) | կեղտոտվել | [kehtot'vel] |
|---|---|---|
| mancha (f) | բիծ | [bits] |
| engelhar-se (vr) | ճմրթվել | [tʃmrtel] |
| rasgar (vt) | ճղվել | [tʃhvel] |
| traça (f) | ցեց | [tsets] |

## 38. Cuidados pessoais. Cosméticos

| pasta (f) de dentes | ատամի մածուկ | [ata'mi ma'tsuk] |
|---|---|---|
| escova (f) de dentes | ատամի խոզանակ | [ata'mi hoza'nak] |
| escovar os dentes | ատամները մաքրել | [atam'neri mak'rel] |

| máquina (f) de barbear | ածելի | [atse'li] |
|---|---|---|
| creme (m) de barbear | սափրվելու կրեմ | [saprve'lu k'rem] |
| barbear-se (vr) | սափրվել | [sapr'vel] |

| sabonete (m) | օճառ | [o'tʃar] |
|---|---|---|
| champô (m) | շամպուն | [ʃʌm'pun] |
| tesoura (f) | մկրատ | [mkrat] |

41

| | | |
|---|---|---|
| lima (f) de unhas | խարտոց | [har'tots] |
| corta-unhas (m) | ունելիք | [une'lik] |
| pinça (f) | ունելի | [une'li] |

| | | |
|---|---|---|
| cosméticos (m pl) | կոսմետիկա | [kos'metika] |
| máscara (f) facial | դիմակ | [di'mak] |
| manicura (f) | մանիկյուր | [mani'kyr] |
| fazer a manicura | մատնահարդարում | [matna:rda'rum] |
| pedicure (f) | պեդիկյուր | [pedi'kyr] |

| | | |
|---|---|---|
| mala (f) de maquilhagem | կոսմետիկայի պայուսակ | [kosmetika'jı paju'sak] |
| pó (m) | դիմափոշի | [dimapo'ʃi] |
| caixa (f) de pó | դիմափոշու աման | [dimapo'ʃu a'man] |
| blush (m) | կարմրաներկ | [karmra'nerk] |

| | | |
|---|---|---|
| perfume (m) | օծանելիք | [otsane'lik] |
| água (f) de toilette | անուշահոտ ջուր | [anuʃʌ'ot 'dʒur] |
| loção (f) | լոսյոն | [lo'sıon] |
| água-de-colónia (f) | օդեկոլոն | [odeko'lon] |

| | | |
|---|---|---|
| sombra (f) de olhos | կոպերի ներկ | [kope'ri 'nerk] |
| lápis (m) delineador | աչքի մատիտ | [atʃ'ki ma'tit] |
| máscara (f), rímel (m) | տուշ | [tuʃ] |

| | | |
|---|---|---|
| batom (m) | շրթներկ | [ʃrtnerk] |
| verniz (m) de unhas | եղունգների լաք | [ehuŋe'ri 'lak] |
| laca (f) para cabelos | մազերի լաք | [maze'ri 'lak] |
| desodorizante (m) | դեզոդորանտ | [dezodo'rant] |

| | | |
|---|---|---|
| creme (m) | կրեմ | [krem] |
| creme (m) de rosto | դեմքի կրեմ | [dem'ki k'rem] |
| creme (m) de mãos | ձեռքի կրեմ | [dzer'ki k'rem] |
| creme (m) antirrugas | կնճիռների դեմ կրեմ | [kntʃirne'ri 'dem k'rem] |
| de dia | ցերեկային | [tsereka'jın] |
| da noite | գիշերային | [giʃera'jın] |

| | | |
|---|---|---|
| tampão (m) | տամպոն | [tam'pon] |
| papel (m) higiénico | զուգարանի թուղթ | [zugara'ni 'tuht] |
| secador (m) elétrico | ֆեն | [fen] |

## 39. Joalheria

| | | |
|---|---|---|
| joias (f pl) | ոսկերչական զարդեր | [voskertʃa'kan zar'der] |
| precioso | թանկարժեք | [taŋkar'ʒek] |
| marca (f) de contraste | հարգ | [arg] |

| | | |
|---|---|---|
| anel (m) | մատանի | [mata'ni] |
| aliança (f) | նշանի մատանի | [nʃʌ'ni mata'ni] |
| pulseira (f) | ապարանջան | [aparan'dʒan] |

| | | |
|---|---|---|
| brincos (m pl) | ականջողեր | [akandʒo'her] |
| colar (m) | մանյակ | [ma'njak] |
| coroa (f) | թագ | [tag] |
| colar (m) de contas | ուլունքներ | [uluŋk'ner] |

| diamante (m) | ադամանդ | [ada'mand] |
|---|---|---|
| esmeralda (f) | զմրուխտ | [zmruht] |
| rubi (m) | սուտակ | [su'tak] |
| safira (f) | շափյուղա | [ʃʌpy'ha] |
| pérola (f) | մարգարիտ | [marga'rit] |
| âmbar (m) | սաթ | [sat] |

## 40. Relógios de pulso. Relógios

| relógio (m) de pulso | ձեռքի ժամացույց | [dzer'ki ʒama'tsujts] |
|---|---|---|
| mostrador (m) | թվահարթակ | [tvaːr'tak] |
| ponteiro (m) | սլաք | [slak] |
| bracelete (f) em aço | շղթա | [ʃhta] |
| bracelete (f) em pele | փոկ | [pok] |

| pilha (f) | մարտկոց | [mart'kots] |
|---|---|---|
| descarregar-se | նստել | [nstel] |
| trocar a pilha | մարտկոցը փոխել | [mart'kotsɪ po'hel] |
| estar adiantado | առաջ ընկնել | [a'radʒ ɪŋk'nel] |
| estar atrasado | ետ ընկնել | ['et ɪŋk'nel] |

| relógio (m) de parede | պատի ժամացույց | [pa'ti ʒama'tsujts] |
|---|---|---|
| ampulheta (f) | ավազի ժամացույց | [ava'zi ʒama'tsujts] |
| relógio (m) de sol | արևի ժամացույց | [are'vi ʒama'tsujts] |
| despertador (m) | զարթուցիչ | [zartu'tsiʃ] |
| relojoeiro (m) | ժամագործ | [ʒama'gorts] |
| reparar (vt) | նորոգել | [noro'gel] |

# Alimantaçáo. Nutriçáo

## 41. Comida

| carne (f) | միս | [mis] |
|---|---|---|
| galinha (f) | հավ | [av] |
| frango (m) | ճուտ | [ʧut] |
| pato (m) | բադ | [bad] |
| ganso (m) | սագ | [sag] |
| caça (f) | որսամիս | [vorsa'mis] |
| peru (m) | հնդկահավ | [ındka'av] |

| carne (f) de porco | խոզի միս | [ho'zi 'mis] |
|---|---|---|
| carne (f) de vitela | հորթի միս | [or'ti 'mis] |
| carne (f) de carneiro | ոչխարի միս | [votʃha'ri 'mis] |
| carne (f) de vaca | տավարի միս | [tava'ri 'mis] |
| carne (f) de coelho | ճագար | [ʧa'gar] |

| chouriço, salsichão (m) | երշիկ | [er'ʃik] |
|---|---|---|
| salsicha (f) | նրբերշիկ | [nrber'ʃik] |
| bacon (m) | բեկոն | [be'kon] |
| fiambre (f) | խոզապուխտ | [hoza'puht] |
| presunto (m) | ապուր | [azdr] |

| patê (m) | պաշտետ | [paʃ'tet] |
|---|---|---|
| fígado (m) | լյարդ | [ʎard] |
| carne (f) moída | աղացած միս | [aha'ʦaʦ 'mis] |
| língua (f) | լեզու | [le'zu] |

| ovo (m) | ձու | [dzu] |
|---|---|---|
| ovos (m pl) | ձվեր | [dzver] |
| clara (f) do ovo | սպիտակուց | [spita'kuʦ] |
| gema (f) do ovo | դեղնուց | [deh'nuʦ] |

| peixe (m) | ձուկ | [dzuk] |
|---|---|---|
| marisco (m) | ծովամթերքներ | [ʦovamterk'ner] |
| caviar (m) | ձկնկիթ | [dzkŋkit] |

| caranguejo (m) | ծovախեցգետին | [ʦovahetsge'tin] |
|---|---|---|
| camarão (m) | մանր ծovախեցգետին | ['manr ʦovahetsge'tin] |
| ostra (f) | ոստրե | [vost're] |
| lagosta (f) | լանգուստ | [la'ŋust] |
| polvo (m) | ութոտնուկ | [utvot'nuk] |
| lula (f) | կաղամար | [kaha'mar] |

| esturjão (m) | թառափ | [ta'rap] |
|---|---|---|
| salmão (m) | սաղման | [sah'man] |
| halibute (m) | վախախաձուկ | [va:na'dzuk] |
| bacalhau (m) | ձողաձուկ | [dzoha'dzuk] |
| cavala, sarda (f) | թյունիկ | [ty'nik] |

| atum (m) | թյունու | [ty'ŋos] |
|---|---|---|
| enguia (f) | օձամուկ | [odza'dzuk] |

| truta (f) | իշխան | [iʃ'han] |
|---|---|---|
| sardinha (f) | սարդինա | [sar'dina] |
| lúcio (m) | գայլամուկ | [gajla'dzuk] |
| arenque (m) | ծովատառեխ | [tsovata'reh] |

| pão (m) | հաց | [hats] |
|---|---|---|
| queijo (m) | պանիր | [pa'nir] |
| açúcar (m) | շաքար | [ʃʌ'kar] |
| sal (m) | աղ | [ah] |

| arroz (m) | բրինձ | [brindz] |
|---|---|---|
| massas (f pl) | մակարոն | [maka'ron] |
| talharim (m) | լապշա | [lap'ʃʌ] |

| manteiga (f) | կերուցքային կարագ | [serutska'jın ka'rag] |
|---|---|---|
| óleo (m) vegetal | բուսական յուղ | [busa'kan 'juh] |
| óleo (m) de girassol | արևածաղկի ձեթ | [arevatsah'ki 'dzet] |
| margarina (f) | մարգարին | [marga'rin] |

| azeitonas (f pl) | ձիթապտուղ | [dzitap'tuh] |
|---|---|---|
| azeite (m) | ձիթապտղի ձեթ | [dzitapt'hi 'dzet] |

| leite (m) | կաթ | [kat] |
|---|---|---|
| leite (m) condensado | խտացրած կաթ | [htats'rats 'kat] |
| iogurte (m) | յոգուրտ | [jo'gurt] |
| nata (f) | թթվասեր | [ttva'ser] |
| nata (f) do leite | սերուցք | [se'rutsk] |

| maionese (f) | մայոնեզ | [majo'nez] |
|---|---|---|
| creme (m) | կրեմ | [krem] |

| grãos (m pl) de cereais | ձավար | [dza'var] |
|---|---|---|
| farinha (f) | ալյուր | [a'lyr] |
| enlatados (m pl) | պահածոներ | [pa:tso'ner] |

| flocos (m pl) de milho | եգիպտացորենի փաթիլներ | [egiptatsore'ni patil'ner] |
|---|---|---|
| mel (m) | մեղր | [mehr] |
| doce (m) | ջեմ | [dʒem] |
| pastilha (f) elástica | մաստակ | [mas'tak] |

## 42. Bebidas

| água (f) | ջուր | [dʒur] |
|---|---|---|
| água (f) potável | խմելու ջուր | [hme'lu 'dʒur] |
| água (f) mineral | հանքային ջուր | [aŋka'jın 'dʒur] |

| sem gás | առանց գազի | [a'rants ga'zi] |
|---|---|---|
| gaseificada | գազավորված | [gazavor'vats] |
| com gás | գազով | [ga'zov] |
| gelo (m) | սառույց | [sa'rujts] |
| com gelo | սառույցով | [saru'tsov] |

45

| sem álcool | ոչ ալկոհոլային | ['votʃ alko:la'jın] |
| bebida (f) sem álcool | ոչ ալկոհոլային ըմպելիք | ['votʃ alko:la'jın ımpe'lik] |
| refresco (m) | զովացուցիչ ըմպելիք | [zovatsu'tsitʃ ımpe'lik] |
| limonada (f) | լիմոնադ | [limo'nad] |

| bebidas (f pl) alcoólicas | ալկոհոլային խմիչքներ | [alko:la'jın hmitʃk'ner] |
| vinho (m) | գինի | [gi'ni] |
| vinho (m) branco | սպիտակ գինի | [spi'tak gi'ni] |
| vinho (m) tinto | կարմիր գինի | [kar'mir gi'ni] |

| licor (m) | լիկյոր | [li'kɜr] |
| champanhe (m) | շամպայն | [ʃʌm'pajn] |
| vermute (m) | վերմուտ | ['vermut] |

| uísque (m) | վիսկի | ['viski] |
| vodka (f) | օղի | [o'hi] |
| gim (m) | ջին | [dʒin] |
| conhaque (m) | կոնյակ | [ko'njak] |
| rum (m) | ռոմ | [rom] |

| café (m) | սուրճ | [surtʃ] |
| café (m) puro | սև սուրճ | [sev 'surtʃ] |
| café (m) com leite | կաթով սուրճ | [ka'tov 'surtʃ] |
| cappuccino (m) | սերուցքով սուրճ | [seruts'kov 'surtʃ] |
| café (m) solúvel | լուծվող սուրճ | [luts'voh 'surtʃ] |

| leite (m) | կաթ | [kat] |
| coquetel (m) | կոկտեյլ | [kok'tejʌ] |
| batido (m) de leite | կաթնային կոկտեյլ | [katna'jın kok'tejʌ] |

| sumo (m) | հյութ | [hjut] |
| sumo (m) de tomate | տոմատի հյութ | [toma'ti h'jut] |
| sumo (m) de laranja | նարնջի հյութ | [narn'dʒi h'jut] |
| sumo (m) fresco | թարմ քամված հյութ | ['tarm kam'vats h'jut] |

| cerveja (f) | գարեջուր | [gare'dʒur] |
| cerveja (f) clara | բաց գարեջուր | ['bats gare'dʒur] |
| cerveja (f) preta | մուգ գարեջուր | ['mug gare'dʒur] |

| chá (m) | թեյ | [tej] |
| chá (m) preto | սև թեյ | [sev 'tej] |
| chá (m) verde | կանաչ թեյ | [ka'natʃ 'tej] |

## 43. Vegetais

| legumes (m pl) | բանջարեղեն | [bandʒare'hen] |
| verduras (f pl) | կանաչի | [kana'tʃi] |

| tomate (m) | լոլիկ | [lo'lik] |
| pepino (m) | վարունգ | [va'ruŋ] |
| cenoura (f) | գազար | [ga'zar] |
| batata (f) | կարտոֆիլ | [karto'fil] |
| cebola (f) | սոխ | [soh] |
| alho (m) | սխտոր | [shtor] |

| couve (f) | կաղամբ | [ka'hamb] |
|---|---|---|
| couve-flor (f) | ծաղկակաղամբ | [tsahkaka'hamb] |
| couve-de-bruxelas (f) | բրյուսելյան կաղամբ | [bryse'ʎan ka'hamb] |
| brócolos (m pl) | կաղամբ բրոկոլի | [ka'hamb bro'koli] |

| beterraba (f) | բազուկ | [ba'zuk] |
|---|---|---|
| beringela (f) | սմբուկ | [smbuk] |
| curgete (f) | դդմիկ | [ddmik] |
| abóbora (f) | դդում | [ddum] |
| nabo (m) | շաղգամ | [ʃʌh'gam] |

| salsa (f) | մաղադանոս | [mahada'nos] |
|---|---|---|
| funcho, endro (m) | սամիթ | [sa'mit] |
| alface (f) | սալաթ | [sa'lat] |
| aipo (m) | նեխուր | [ne'hur] |
| espargo (m) | ծնեբեկ | [tsne'bek] |
| espinafre (m) | սպինատ | [spi'nat] |

| ervilha (f) | սիսեռ | [si'ser] |
|---|---|---|
| fava (f) | լոբի | [lo'bi] |
| milho (m) | եգիպտացորեն | [egiptatso'ren] |
| feijão (m) | լոբի | [lo'bi] |

| pimentão (m) | պղպեղ | [phpeh] |
|---|---|---|
| rabanete (m) | բողկ | [bohk] |
| alcachofra (f) | արտիճուկ | [arti'tʃuk] |

## 44. Frutos. Nozes

| fruta (f) | միրգ | [mirg] |
|---|---|---|
| maçã (f) | խնձոր | [hndzor] |
| pera (f) | տանձ | [tandz] |
| limão (m) | կիտրոն | [kit'ron] |
| laranja (f) | նարինջ | [na'rindʒ] |
| morango (m) | ելակ | [e'lak] |

| tangerina (f) | մանդարին | [manda'rin] |
|---|---|---|
| ameixa (f) | սալոր | [sa'lor] |
| pêssego (m) | դեղձ | [dehdz] |
| damasco (m) | ծիրան | [tsi'ran] |
| framboesa (f) | մորի | [mo'ri] |
| ananás (m) | արքայախնձոր | [arkajahn'dzor] |

| banana (f) | բանան | [ba'nan] |
|---|---|---|
| melancia (f) | ձմերուկ | [dzme'ruk] |
| uva (f) | խաղող | [ha'hoh] |
| ginja (f) | բալ | [bal] |
| cereja (f) | կեռաս | [ke'ras] |
| meloa (f) | սեխ | [seh] |

| toranja (f) | գրեյպֆրուտ | [grejpf'rut] |
|---|---|---|
| abacate (m) | ավոկադո | [avo'kado] |
| papaia (f) | պապայա | [pa'paja] |
| manga (f) | մանգո | ['maŋo] |

| romã (f) | նուռ | [nur] |
| groselha (f) vermelha | կարմիր հաղարջ | [kar'mir a'hardʒ] |
| groselha (f) preta | սև հաղարջ | ['sev a'hardʒ] |
| groselha (f) espinhosa | հաղարջ | [a'hardʒ] |
| mirtilo (m) | հապալաս | [apa'las] |
| amora silvestre (f) | մոշ | [moʃ] |

| uvas (f pl) passas | չամիչ | [tʃa'mitʃ] |
| figo (m) | թուզ | [tuz] |
| tâmara (f) | արմավ | [ar'mav] |

| amendoim (m) | գետնընկույզ | [getnɪ'ŋkujz] |
| amêndoa (f) | նուշ | [nuʃ] |
| noz (f) | ընկույզ | [ɪ'ŋkujz] |
| avelã (f) | պնդուկ | [pnduk] |
| coco (m) | կոկոսի ընկույզ | [ko'kosi ɪ'ŋkujz] |
| pistáchios (m pl) | պիստակ | [pis'tak] |

## 45. Páo. Bolaria

| pastelaria (f) | հրուշակեղեն | [ɛruʃʌke'hen] |
| pão (m) | հաց | [hats] |
| bolacha (f) | թխվածքաբլիթ | [thvatskab'lit] |

| chocolate (m) | շոկոլադ | [ʃoko'lad] |
| de chocolate | շոկոլադե | [ʃokola'dɛ] |
| rebuçado (m) | կոնֆետ | [kon'fet] |
| bolo (cupcake, etc.) | հրուշակ | [ɛru'ʃʌk] |
| bolo (m) de aniversário | տորթ | [tort] |

| tarte (~ de maçã) | կարկանդակ | [karkan'dak] |
| recheio (m) | լցոն | [ltson] |

| doce (m) | մուրաբա | [mura'ba] |
| geleia (f) de frutas | մարմելադ | [marme'lad] |
| waffle (m) | վաֆլի | [vaf'li] |
| gelado (m) | պաղպաղակ | [pahpa'hak] |

## 46. Pratos cozinhados

| prato (m) | ճաշատեսակ | [tʃaʃʌte'sak] |
| cozinha (~ portuguesa) | խոհանոց | [hoa'nots] |
| receita (f) | բաղադրատոմս | [bahadra'toms] |
| porção (f) | բաժին | [ba'ʒin] |

| salada (f) | աղցան | [ah'tsan] |
| sopa (f) | ապուր | [a'pur] |

| caldo (m) | մսաջուր | [msa'dʒur] |
| sandes (f) | բրդուճ | [brdutʃ] |
| ovos (m pl) estrelados | ձվածեղ | [dzva'tseh] |
| hambúrguer (m) | համբուրգեր | [ambur'ger] |

| | | |
|---|---|---|
| bife (m) | բիֆշտեքս | [bifʃ'teks] |
| conduto (m) | գառնիր | [gar'nir] |
| espaguete (m) | սպագետի | [spa'getti] |
| puré (m) de batata | կարտոֆիլի պյուրե | [kartofi'li py're] |
| pizza (f) | պիցցա | ['pitsa] |
| papa (f) | շիլա | [ʃi'la] |
| omelete (f) | ձվածեղ | [dzva'tseh] |

| | | |
|---|---|---|
| cozido em água | եփած | [e'pats] |
| fumado | ապխտած | [aph'tats] |
| frito | տապակած | [tapa'kats] |
| seco | չորացրած | [tʃorats'rats] |
| congelado | սառեցված | [sarets'vats] |
| em conserva | մարինեցված | [marinats'vats] |

| | | |
|---|---|---|
| doce (açucarado) | քաղցր | [kahtsr] |
| salgado | աղի | [a'hi] |
| frio | սառը | ['sarı] |
| quente | տաք | [tak] |
| amargo | դառը | ['darı] |
| gostoso | համեղ | [a'meh] |

| | | |
|---|---|---|
| cozinhar (em água a ferver) | եփել | [e'pel] |
| fazer, preparar (vt) | պատրաստել | [patras'tel] |
| fritar (vt) | տապակել | [tapa'kel] |
| aquecer (vt) | տաքացնել | [takats'nel] |

| | | |
|---|---|---|
| salgar (vt) | աղ անել | ['ah a'nel] |
| apimentar (vt) | պղպեղ անել | [ph'peh a'nel] |
| ralar (vt) | քերել | [ke'rel] |
| casca (f) | կլեպ | [klep] |
| descascar (vt) | կլպել | [klpel] |

## 47. Especiarias

| | | |
|---|---|---|
| sal (m) | աղ | [ah] |
| salgado | աղի | [a'hi] |
| salgar (vt) | աղ անել | ['ah a'nel] |

| | | |
|---|---|---|
| pimenta (f) preta | սև պղպեղ | [sev ph'peh] |
| pimenta (f) vermelha | կարմիր պղպեղ | [kar'mir ph'peh] |
| mostarda (f) | մանանեխ | [mana'neh] |
| raiz-forte (f) | ծովաբողկ | [tsova'bohk] |

| | | |
|---|---|---|
| condimento (m) | համեմունք | [ame'muŋk] |
| especiaria (f) | համեմունք | [ame'muŋk] |
| molho (m) | սոուս | [so'us] |
| vinagre (m) | քացախ | [ka'tsah] |

| | | |
|---|---|---|
| anis (m) | անիսոն | [ani'son] |
| manjericão (m) | ռեհան | [re'han] |
| cravo (m) | մեխակ | [me'hak] |
| gengibre (m) | իմբիր | [im'birʲ] |
| coentro (m) | գինձ | [gindz] |

| canela (f) | դարչին | [dar'tʃin] |
| sésamo (m) | քնջութ | [kndʒut] |
| folhas (f pl) de louro | դափնու տերև | [dap'nu te'rev] |
| páprica (f) | պապրիկա | ['paprika] |
| cominho (m) | չաման | [tʃa'man] |
| açafrão (m) | շաֆրան | [ʃʌfran] |

## 48. Refeições

| comida (f) | կերակուր | [kera'kur] |
| comer (vt) | ուտել | [u'tel] |

| pequeno-almoço (m) | նախաճաշ | [naha'tʃaʃ] |
| tomar o pequeno-almoço | նախաճաշել | [nahatʃa'ʃel] |
| almoço (m) | ճաշ | [tʃaʃ] |
| almoçar (vi) | ճաշել | [tʃa'ʃel] |
| jantar (m) | ընթրիք | [ɪnt'rik] |
| jantar (vi) | ընթրել | [ɪnt'rel] |

| apetite (m) | ախորժակ | [ahor'ʒak] |
| Bom apetite! | Բարի ախորժակ | [ba'ri ahor'ʒak] |

| abrir (~ uma lata, etc.) | բացել | [ba'tsel] |
| derramar (vt) | թափել | [ta'pel] |
| derramar-se (vr) | թափվել | [tap'vel] |
| ferver (vi) | եռալ | [e'ral] |
| ferver (vt) | եռացնել | [erats'nel] |
| fervido | եռացրած | [erats'rats] |
| arrefecer (vt) | սառեցնել | [sarets'nel] |
| arrefecer-se (vr) | սառեցվել | [sarets'vel] |

| sabor, gosto (m) | համ | [am] |
| gostinho (m) | կողմնակի համ | [kohmna'ki 'am] |

| fazer dieta | դիհարել | [nia'rel] |
| dieta (f) | սննդակարգ | [snda'karg] |
| vitamina (f) | վիտամին | [vita'min] |
| caloria (f) | կալորիա | [ka'lorija] |
| vegetariano (m) | բուսակեր | [busa'ker] |
| vegetariano | բուսակերական | [busakera'kan] |

| gorduras (f pl) | ճարպեր | [tʃar'per] |
| proteínas (f pl) | սպիտակուցներ | [spitakuts'ner] |
| carboidratos (m pl) | ածխաջրեր | [atshadʒ'rer] |
| fatia (~ de limão, etc.) | պատառ | [pa'tar] |
| pedaço (~ de bolo) | կտոր | [ktor] |
| migalha (f) | փշուր | [pʃur] |

## 49. Por a mesa

| colher (f) | գդալ | [gdal] |
| faca (f) | դանակ | [da'nak] |

| garfo (m) | պատառաքաղ | [patara'kah] |
| chávena (f) | բաժակ | [ba'ʒak] |
| prato (m) | ափսե | [ap'se] |
| pires (m) | պնակ | [pnak] |
| guardanapo (m) | անձեռոցիկ | [andzero'tsik] |
| palito (m) | ատամնափորիչ | [atamnapo'ritʃ] |

## 50. Restaurante

| restaurante (m) | ռեստորան | [resto'ran] |
| café (m) | սրճարան | [srtʃa'ran] |
| bar (m), cervejaria (f) | բար | [bar] |
| salão (m) de chá | թեյարան | [teja'ran] |

| empregado (m) de mesa | մատուցող | [matu'tsoh] |
| empregada (f) de mesa | մատուցողուհի | [matutsohu'i] |
| barman (m) | բարմեն | [bar'men] |

| ementa (f) | մենյու | [me'ny] |
| lista (f) de vinhos | գինիների ցուցակ | [ginine'ri gra'tsaŋk] |
| reservar uma mesa | սեղան պատվիրել | [se'han patvi'rel] |

| prato (m) | ուտեստ | [u'test] |
| pedir (vt) | պատվիրել | [patvi'rel] |
| fazer o pedido | պատվեր կատարել | [pat'ver kata'rel] |

| aperitivo (m) | ապերիտիվ | [aperi'tiv] |
| entrada (f) | խորտիկ | [hor'tik] |
| sobremesa (f) | աղանդեր | [ahan'der] |

| conta (f) | հաշիվ | [a'ʃiv] |
| pagar a conta | հաշիվը փակել | [a'ʃivı pa'kel] |
| dar o troco | մանրը վերադարձնել | ['manrı veradarts'nel] |
| gorjeta (f) | թեյափող | [teja'poh] |

51

# Família, parentes e amigos

## 51. Informação pessoal. Formulários

| | | |
|---|---|---|
| nome (m) | անուն | [a'nun] |
| apelido (m) | ազգանուն | [azga'nun] |
| data (f) de nascimento | ծննդյան ամսաթիվ | [tsŋ'dʲan amsa'tiv] |
| local (m) de nascimento | ծննդավայր | [tsŋda'vajr] |
| | | |
| nacionalidade (f) | ազգություն | [azgu'tsyn] |
| lugar (m) de residência | բնակության վայրը | [bnaku'tsʲan 'vajrɪ] |
| país (m) | երկիր | [er'kir] |
| profissão (f) | մասնագիտություն | [masnagi'tsyn] |
| | | |
| sexo (m) | սեռ | [ser] |
| estatura (f) | հասակ | [a'sak] |
| peso (m) | քաշ | [kaʃ] |

## 52. Membros da família. Parentes

| | | |
|---|---|---|
| mãe (f) | մայր | [majr] |
| pai (m) | հայր | [ajr] |
| filho (m) | որդի | [vor'di] |
| filha (f) | դուստր | [dustr] |
| | | |
| filha (f) mais nova | կրտսեր դուստր | [kr'tser 'dustr] |
| filho (m) mais novo | կրտսեր որդի | [kr'tser vor'di] |
| filha (f) mais velha | ավագ դուստր | [a'vag 'dustr] |
| filho (m) mais velho | ավագ որդի | [a'vag vor'di] |
| | | |
| irmão (m) | եղբայր | [eh'bajr] |
| irmã (f) | քույր | [kujr] |
| | | |
| mamã (f) | մայրիկ | [maj'rik] |
| papá (m) | հայրիկ | [aj'rik] |
| pais (pl) | ծնողներ | [tsnoh'ner] |
| criança (f) | երեխա | [ere'ha] |
| crianças (f pl) | երեխաներ | [ereha'ner] |
| | | |
| avó (f) | տատիկ | [ta'tik] |
| avô (m) | պապիկ | [pa'pik] |
| neto (m) | թոռ | [tor] |
| neta (f) | թոռնունիկ | [tornu'i] |
| netos (pl) | թոռներ | [tor'ner] |
| | | |
| sobrinho (m) | քրոջորդի, քրոջ աղջիկ | [krodʒor'di], [k'rodʒ ah'dʒik] |
| sobrinha (f) | եղբորորդի, եղբոր աղջիկ | [ehboror'di], [eh'bor ah'dʒik] |
| sogra (f) | զոքանչ | [zo'kantʃ] |

| | | |
|---|---|---|
| sogro (m) | սկեսրայր | [skes'rajr] |
| genro (m) | փեսա | [pe'sa] |
| madrasta (f) | խորթ մայր | [hort 'majr] |
| padrasto (m) | խորթ հայր | [hort 'ajr] |

| | | |
|---|---|---|
| criança (f) de colo | ծծկեր երեխա | [ts'ker ere'ha] |
| bebé (m) | մանուկ | [ma'nuk] |
| menino (m) | պստիկ | [pstik] |

| | | |
|---|---|---|
| mulher (f) | կին | [kin] |
| marido (m) | ամուսին | [amu'sin] |
| esposo (m) | ամուսին | [amu'sin] |
| esposa (f) | կին | [kin] |

| | | |
|---|---|---|
| casado | ամուսնացած | [amusna'tsats] |
| casada | ամուսնացած | [amusna'tsats] |
| solteiro | ամուրի | [amu'ri] |
| solteirão (m) | ամուրի | [amu'ri] |
| divorciado | ամուսնալուծված | [amusnaluts'vats] |
| viúva (f) | այրի կին | [aj'ri 'kin] |
| viúvo (m) | այրի տղամարդ | [aj'ri tha'mard] |

| | | |
|---|---|---|
| parente (m) | ազգական | [azga'kan] |
| parente (m) próximo | մերձավոր ազգական | [merdza'vor azga'kan] |
| parente (m) distante | հեռավոր ազգական | [ɛra'vor azga'kan] |
| parentes (m pl) | հարազատներ | [arazat'ner] |

| | | |
|---|---|---|
| órfão (m), órfã (f) | որբ | [vorb] |
| tutor (m) | խնամակալ | [hnama'kal] |
| adotar (um filho) | որդեգրել | [vordeg'rel] |
| adotar (uma filha) | որդեգրել | [vordeg'rel] |

## 53. Amigos. Colegas de trabalho

| | | |
|---|---|---|
| amigo (m) | ընկեր | [ı'ŋker] |
| amiga (f) | ընկերուհի | [ıŋkeru'i] |
| amizade (f) | ընկերություն | [ıŋkeru'tsyn] |
| ser amigos | ընկերություն անել | [ıŋkeru'tsyn a'nel] |

| | | |
|---|---|---|
| amigo (m) | բարեկամ | [bare'kam] |
| amiga (f) | բարեկամուհի | [barekamu'i] |
| parceiro (m) | գործընկեր | [gortsı'ŋker] |
| chefe (m) | շեֆ | [ʃef] |
| superior (m) | պետ | [pet] |
| subordinado (m) | ենթակա | [enta'ka] |
| colega (m) | գործընկեր | [gortsı'ŋker] |

| | | |
|---|---|---|
| conhecido (m) | ծանոթ | [tsa'not] |
| companheiro (m) de viagem | ուղեկից | [uhe'kits] |
| colega (m) de classe | համադասարանցի | [amadasaran'tsi] |

| | | |
|---|---|---|
| vizinho (m) | հարևան | [are'van] |
| vizinha (f) | հարևանուհի | [arevanu'i] |
| vizinhos (pl) | հարևաններ | [areva'ŋer] |

## 54. Homem. Mulher

| | | |
|---|---|---|
| mulher (f) | կին | [kin] |
| rapariga (f) | օրիորդ | [ori'ord] |
| noiva (f) | հարսնացու | [arsna'tsu] |
| | | |
| bonita | գեղեցիկ | [gehe'tsik] |
| alta | բարձրահասակ | [bardzra:'sak] |
| esbelta | նրբակազմ | [nrba'kazm] |
| de estatura média | ցածրահասակ | [tsatsra:'sak] |
| | | |
| loura (f) | շիկահեր կին | [ʃika'ɛr 'kin] |
| morena (f) | թխահեր կին | [tha'ɛr 'kin] |
| | | |
| de senhora | կանացի | [kana'tsi] |
| virgem (f) | կույս | [kujs] |
| grávida | հղի | [ɛ'hi] |
| | | |
| homem (m) | տղամարդ | [tha'mard] |
| louro (m) | շիկահեր տղամարդ | [ʃika'ɛr tha'mard] |
| moreno (m) | թխահեր տղամարդ | [tha'ɛr tha'mard] |
| alto | բարձրահասակ | [bardzra:'sak] |
| de estatura média | ցածրահասակ | [tsatsra:'sak] |
| | | |
| rude | կոպիտ | [ko'pit] |
| atarracado | ամրակազմ | [amra'kazm] |
| robusto | ամրակազմ | [amra'kazm] |
| forte | ուժեղ | [u'ʒeh] |
| força (f) | ուժ | [uʒ] |
| | | |
| gordo | գեր | [ger] |
| moreno | թուխ | [tuh] |
| esbelto | բարեկազմ | [bare'kazm] |
| elegante | նրբագեղ | [nrba'geh] |

## 55. Idade

| | | |
|---|---|---|
| idade (f) | տարիք | [ta'rik] |
| juventude (f) | պատանեկություն | [pataneku'tyn] |
| jovem | երիտասարդ | [erita'sard] |
| | | |
| mais novo | փոքր | [pokr] |
| mais velho | մեծ | [mets] |
| | | |
| jovem (m) | պատանի | [pata'ni] |
| adolescente (m) | դեռահաս | [dera'as] |
| rapaz (m) | երիտասարդ | [erita'sard] |
| | | |
| velhote (m) | ծերունի | [tseru'ni] |
| velhota (f) | պառավ | [pa'rav] |
| | | |
| adulto | մեծահասակ | [metsa:'sak] |
| de meia-idade | միջին տարիքի | [mi'dʒin tari'ki] |

| de certa idade | տարեց | [ta'rets] |
| idoso | ծեր | [tser] |

| reforma (f) | թոշակ | [to'ʃak] |
| reformar-se (vr) | թոշակի գնալ | [toʃʌ'ki g'nal] |
| reformado (m) | թոշակառու | [toʃʌka'ru] |

## 56. Crianças

| criança (f) | երեխա | [ere'ha] |
| crianças (f pl) | երեխաներ | [ereha'ner] |
| gémeos (m pl) | երկվորյակներ | [erkvor'ak'ner] |

| berço (m) | օրորոց | [oro'rots] |
| guizo (m) | չխչխկան խաղալիք | [ʧhʧh'kan haha'lik] |
| fralda (f) | տակդիր | [tak'dir] |

| chupeta (f) | ծծակ | [tsak] |
| carrinho (m) de bebé | մանկասայլակ | [maŋkasaj'lak] |
| jardim (m) de infância | մանկապարտեզ | [maŋkapar'tez] |
| babysitter (f) | դայակ | [da'jak] |

| infância (f) | մանկություն | [maŋku'tsyn] |
| boneca (f) | տիկնիկ | [tik'nik] |
| brinquedo (m) | խաղալիք | [haha'lik] |
| jogo (m) de armar | կոնստրուկտոր | [konstruk'tor] |

| bem-educado | դաստիարակված | [dastiarak'vats] |
| mal-educado | անդաստիարակ | [andastia'rak] |
| mimado | երես առած | [e'res a'rats] |

| ser travesso | շարաճճություն անել | [ʧaraʧiʧiu'tsyn a'nel] |
| travesso, traquinas | շարաճճի | [ʧaratʃı'ʧi] |
| travessura (f) | շարաճճություն | [ʧaratʃiʧiu'tsyn] |
| criança (f) travessa | շարաճճի | [ʧaratʃı'ʧi] |

| obediente | լսող | [lsoh] |
| desobediente | չլսող | [ʧlsoh] |

| dócil | խելամիտ | [hela'mit] |
| inteligente | խելացի | [hela'tsi] |
| menino (m) prodígio | հրաշամանուկ | [ɛraʃʌma'nuk] |

## 57. Casais. Vida de família

| beijar (vt) | համբուրել | [ambu'rel] |
| beijar-se (vr) | համբուրվել | [ambur'vel] |
| família (f) | ընտանիք | [ınta'nik] |
| familiar | ընտանեկան | [ıntane'kan] |
| casal (m) | զույգ | [zujg] |
| matrimónio (m) | ամուսնություն | [amusnu'tsyn] |
| lar (m) | ընտանեկան օջախ | [ıntane'kan o'dʒah] |

| dinastia (f) | գեղ | [tseh] |
| encontro (m) | ժամադրություն | [ʒamadru'tsyn] |
| beijo (m) | համբույր | [am'bujr] |

| amor (m) | սեր | [ser] |
| amar (vt) | սիրել | [si'rel] |
| amado, querido | սիրած | [si'rats] |

| ternura (f) | քնքշանք | [knkʃʌŋk] |
| terno, afetuoso | քնքուշ | [knkuʃ] |
| fidelidade (f) | հավատարմություն | [avatarmu'tyn] |
| fiel | հավատարիմ | [avata'rim] |
| cuidado (m) | հոգատարություն | [ogataru'tsyn] |
| carinhoso | հոգատար | [oga'tar] |

| recém-casados (m pl) | նորապսակներ | [norapsak'ner] |
| lua de mel (f) | մեղրամիս | [mehra'mis] |
| casar-se (com um homem) | ամուսնանալ | [amusna'nal] |
| casar-se (com uma mulher) | ամուսնանալ | [amusna'nal] |

| boda (f) | հարսանիք | [arsa'nik] |
| bodas (f pl) de ouro | ոսկե հարսանիք | [vos'ke arsa'nik] |
| aniversário (m) | տարեդարձ | [tare'dardz] |

| amante (m) | սիրեկան | [sire'kan] |
| amante (f) | սիրուhi | [siru'i] |

| adultério (m) | դավաճանություն | [davatʃanu'tsyn] |
| cometer adultério | դավաճանել | [davatʃa'nel] |
| ciumento | խանդոտ | [han'dot] |
| ser ciumento | խանդել | [han'del] |
| divórcio (m) | ամուսնալուծություն | [amusnalutsu'tsyn] |
| divorciar-se (vr) | ամուսնալուծվել | [amusnaluts'vel] |

| brigar (discutir) | վիճել | [vi'tʃel] |
| fazer as pazes | հաշտվել | [aʃt'vel] |
| juntos | միասին | [mia'sin] |
| sexo (m) | սեքս | [seks] |

| felicidade (f) | երջանկություն | [erdʒaŋku'tsyn] |
| feliz | երջանիկ | [erdʒa'nik] |
| infelicidade (f) | դժբախտություն | [dʒbahtu'tyn] |
| infeliz | դժբախտ | [dʒbaht] |

# Caráter. Sentimentos. Emoções

## 58. Sentimentos. Emoções

| | | |
|---|---|---|
| sentimento (m) | qqացմունք | [zgats'muŋk] |
| sentimentos (m pl) | qqացմունքներ | [zgatsmuŋk'ner] |
| sentir (vt) | qqալ | [zgal] |

| | | |
|---|---|---|
| fome (f) | սով | [sov] |
| ter fome | սղենալ սոտել | [uze'nal u'tel] |
| sede (f) | պապակ | [pa'pak] |
| ter sede | սղենալ խմել | [uze'nal h'mel] |
| sonolência (f) | քնկոտություն | [kŋkotu'tyn] |
| estar sonolento | սղենալ քնել | [uze'nal k'nel] |

| | | |
|---|---|---|
| cansaço (m) | հոգնածություն | [ognatsu'tsyn] |
| cansado | հոգնած | [og'nats] |
| ficar cansado | հոգնել | [og'nel] |

| | | |
|---|---|---|
| humor (m) | տրամադրություն | [tramadru'tyn] |
| tédio (m) | ձանձրույթ | [dzandz'rujt] |
| isolamento (m) | մեկուսացում | [mekusa'tsum] |
| isolar-se | մեկուսանալ | [mekusa'nal] |

| | | |
|---|---|---|
| preocupar (vt) | անհանգստացնել | [anaŋstats'nel] |
| preocupar-se (vr) | անհանգստանալ | [anaŋsta'nal] |
| preocupação (f) | անհանգստություն | [anaŋstu'tyn] |
| ansiedade (f) | անհանգստություն | [anaŋstu'tyn] |
| preocupado | մտահոգված | [mtaog'vats] |
| estar nervoso | նյարդայնանալ | [ŋardajna'nal] |
| entrar em pânico | խուճապի մեջ ընկնել | [hutʃa'pi 'medʒ ıŋk'nel] |

| | | |
|---|---|---|
| esperança (f) | հույս | [ujs] |
| esperar (vt) | հուսալ | [u'sal] |

| | | |
|---|---|---|
| certeza (f) | վստահություն | [vstau'tsyn] |
| certo | վստահ | [vstah] |
| indecisão (f) | անվստահություն | [anvstau'tsyn] |
| indeciso | անվստահ | [anvs'tah] |

| | | |
|---|---|---|
| ébrio, bêbado | հարբած | [ar'bats] |
| sóbrio | զգոն | [zgon] |
| fraco | թույլ | [tujl] |
| feliz | հաջողակ | [adʒo'hak] |
| assustar (vt) | վախեցնել | [vahets'nel] |
| fúria (f) | կատաղություն | [katahu'tsyn] |
| ira, raiva (f) | կատաղություն | [katahu'tsyn] |

| | | |
|---|---|---|
| depressão (f) | դեպրեսիա | [dep'resia] |
| desconforto (m) | դիսկոմֆորտ | [diskom'fort] |

| | | |
|---|---|---|
| conforto (m) | կոմֆորտ | [kom'fort] |
| arrepender-se (vr) | ափսոսալ | [apso'sal] |
| arrependimento (m) | ափսոսանք | [apso'saŋk] |
| azar (m), má sorte (f) | անհաջողակություն | [anadʒohaku'tsyn] |
| tristeza (f) | վիշտ | [viʃt] |

| | | |
|---|---|---|
| vergonha (f) | ամոթ | [a'mot] |
| alegria (f) | ուրախություն | [urahu'tsyn] |
| entusiasmo (m) | խանդավառություն | [handavaru'tsyn] |
| entusiasta (m) | խանդավառ անձ | [handa'var 'andz] |
| mostrar entusiasmo | խանդավառություն ցուցաբերել | [handavaru'tsyn tsutsabe'rel] |

## 59. Caráter. Personalidade

| | | |
|---|---|---|
| caráter (m) | բնավորություն | [bnavoru'tsyn] |
| falha (f) de caráter | թերություն | [teru'tyn] |
| mente (f), razão (f) | խելք | [helk] |

| | | |
|---|---|---|
| consciência (f) | խիղճ | [hihtʃ] |
| hábito (m) | սովորություն | [sovoru'tsyn] |
| habilidade (f) | ընդունակություն | [ɪndunaku'tsyn] |
| saber (~ nadar, etc.) | կարողանալ | [karoha'nal] |

| | | |
|---|---|---|
| paciente | համբերատար | [ambera'tar] |
| impaciente | անհամբեր | [anam'ber] |
| curioso | հետաքրքրասեր | [ɛtakrkra'ser] |
| curiosidade (f) | հետաքրքրասիրություն | [ɛtakrkrasiru'tsyn] |

| | | |
|---|---|---|
| modéstia (f) | համեստություն | [amestu'tsyn] |
| modesto | համեստ | [a'mest] |
| imodesto | անհամեստ | [ana'mest] |

| | | |
|---|---|---|
| preguiça (f) | ծուլություն | [tsulu'tsyn] |
| preguiçoso | ծույլ | [tsujl] |
| preguiçoso (m) | ծույլիկ | [tsuj'lik] |

| | | |
|---|---|---|
| astúcia (f) | խորամանկություն | [horamaŋku'tsyn] |
| astuto | խորամանկ | [hora'maŋk] |
| desconfiança (f) | անվստահություն | [anvstau'tsyn] |
| desconfiado | անվստահ | [anvs'tah] |

| | | |
|---|---|---|
| generosidade (f) | ձեռնատուություն | [dzernaratu'tsyn] |
| generoso | ձեռնատու | [dzerna'rat] |
| talentoso | տաղանդավոր | [tahanda'vor] |
| talento (m) | տաղանդ | [ta'hand] |

| | | |
|---|---|---|
| corajoso | համարձակ | [amar'dzak] |
| coragem (f) | համարձակություն | [amardzaku'tsyn] |
| honesto | ազնիվ | [az'niv] |
| honestidade (f) | ազնվություն | [aznvu'tsyn] |

| | | |
|---|---|---|
| prudente | զգույշ | [zgujʃ] |
| valente | խիզախ | [hi'zah] |

| | | |
|---|---|---|
| sério | լուրջ | [lurdʒ] |
| severo | խիստ | [hist] |

| | | |
|---|---|---|
| decidido | վճռական | [vtʃra'kan] |
| indeciso | անորոշ | [ano'roʃ] |
| tímido | երկչոտ | [erk'tʃot] |
| timidez (f) | երկչոտություն | [erktʃotu'tsyn] |

| | | |
|---|---|---|
| confiança (f) | վստահություն | [vstau'tsyn] |
| confiar (vt) | վստահել | [vsta'ɛl] |
| crédulo | դյուրահավատ | [dyra:'vat] |

| | | |
|---|---|---|
| sinceramente | անկեղծ | [a'ŋkehts] |
| sincero | անկեղծ | [a'ŋkehts] |
| sinceridade (f) | անկեղծություն | [aŋkehtsu'tsyn] |
| aberto | սրտաբաց | [srta'bats] |

| | | |
|---|---|---|
| calmo | հանգիստ | [a'ŋist] |
| franco | անկեղծ | [a'ŋkehts] |
| ingénuo | միամիտ | [mia'mit] |
| distraído | ցրված | [tsrvats] |
| engraçado | զվարճալի | [zvartʃa'li] |

| | | |
|---|---|---|
| ganância (f) | ագահություն | [agau'tsyn] |
| ganancioso | ագահ | [a'gah] |
| avarento | ժլատ | [ʒlat] |
| mau | չար | [tʃar] |
| teimoso | կամակոր | [kama'kor] |
| desagradável | տհաճ | [thatʃ] |

| | | |
|---|---|---|
| egoísta (m) | եսասեր | [esa'ser] |
| egoísta | եսասեր | [esa'ser] |
| cobarde (m) | վախկոտ | [vah'kot] |
| cobarde | վախկոտ | [vah'kot] |

## 60. O sono. Sonhos

| | | |
|---|---|---|
| dormir (vi) | քնել | [knel] |
| sono (m) | քուն | [kun] |
| sonho (m) | երազ | [e'raz] |
| sonhar (vi) | երազներ տեսնել | [eraz'ner tes'nel] |
| sonolento | քնատապախ | [knata'tah] |

| | | |
|---|---|---|
| cama (f) | մահճակալ | [mahtʃa'kal] |
| colchão (m) | ներքնակ | [nerk'nak] |
| cobertor (m) | վերմակ | [ver'mak] |
| almofada (f) | բարձ | [bardz] |
| lençol (m) | սավան | [sa'van] |

| | | |
|---|---|---|
| insónia (f) | անքնություն | [aŋknu'tsyn] |
| insone | անքուն | [a'ŋkun] |
| sonífero (m) | քնաբեր դեղ | [kna'ber 'deh] |
| tomar um sonífero | քնաբեր ընդունել | [kna'ber ındu'nel] |
| estar sonolento | ուզենալ քնել | [uze'nal k'nel] |

| bocejar (vi) | hnpuuhpti | [oran'dʒel] |
|---|---|---|
| ir para a cama | qhuuy_phtinu | [g'nal kne'lu] |
| fazer a cama | uuhlnnhu qgti | [aŋko'hin g'tsel] |
| adormecer (vi) | phti | [knel] |

| pesadelo (m) | únáuuluuhp | [mhdza'vandʒ] |
|---|---|---|
| ronco (m) | huuíhng | [hrmpots] |
| roncar (vi) | huuíhuuguti | [hrmpats'nel] |

| despertador (m) | quuppnighs | [zartu'tsitʃ] |
|---|---|---|
| acordar, despertar (vt) | uuppuuguti | [artnats'nel] |
| acordar (vi) | quuppti | [zart'nel] |
| levantar-se (vr) | uti_ktuuy | ['ver ke'nal] |
| lavar-se (vr) | nuuguti | [lvats'vel] |

## 61. Humor. Riso. Alegria

| humor (m) | hnuínp | [u'mor] |
|---|---|---|
| sentido (m) de humor | qquuguíntp | [zgats'muŋk] |
| divertir-se (vr) | quuuráuuuuy | [zvartʃa'nal] |
| alegre | quuuráuuyh | [zvartʃa'li] |
| alegria (f) | quuuránupjnuu | [zvartʃu'tsyn] |

| sorriso (m) | dujhuu | [ʒpit] |
|---|---|---|
| sorrir (vi) | dujuuuy | [ʒptal] |
| começar a rir | óhóuuqti | [tsitsa'hel] |
| rir (vi) | óhóuuqti | [tsitsa'hel] |
| riso (m) | óhóuuq | [tsi'tsah] |

| anedota (f) | uuhtlqnuu | [anek'dot] |
|---|---|---|
| engraçado | óhóuuqtih | [tsitsahe'li] |
| ridículo | óhóuuqtih | [tsitsahe'li] |

| brincar, fazer piadas | luuuuuqti | [kata'kel] |
|---|---|---|
| piada (f) | luuuuuq | [ka'tak] |
| alegria (f) | nupuuhnupjnuu | [urahu'tsyn] |
| regozijar-se (vr) | nupuuhuuuuy | [uraha'nal] |
| alegre | nupuuhuuyh | [uraha'li] |

## 62. Discussão, conversação. Parte 1

| comunicação (f) | 2hnuí | [ʃpum] |
|---|---|---|
| comunicar-se (vr) | 2hupti | [ʃpvel] |

| conversa (f) | huuuuuqnupjnuu | [hosaktsu'tsyn] |
|---|---|---|
| diálogo (m) | tnlhunuupjnuu | [erkhosu'tsyn] |
| discussão (f) | uhóuupuuunupjnuu | [vitʃabanu'tsyn] |
| debate (m) | uhóuupuuunupjnuu | [vitʃabanu'tsyn] |
| debater (vt) | uhóti | [vi'tʃel] |

| interlocutor (m) | qpnuguulhg | [zrutsa'kits] |
|---|---|---|
| tema (m) | phíuu | [tɛ'ma] |

| | | |
|---|---|---|
| ponto (m) de vista | տեսակետ | [tesa'ket] |
| opinião (f) | կարծիք | [kar'tsik] |
| discurso (m) | ելույթ | [e'lujt] |
| | | |
| discussão (f) | քննարկում | [kŋar'kum] |
| discutir (vt) | քննարկել | [kŋar'kel] |
| conversa (f) | զրույց | [zrujts] |
| conversar (vi) | զրուցել | [zru'tsel] |
| encontro (m) | հանդիպում | [andi'pum] |
| encontrar-se (vr) | հանդիպել | [andi'pel] |
| | | |
| provérbio (m) | առած | [a'rats] |
| ditado (m) | ասացվածք | [asats'vatsk] |
| adivinha (f) | հանելուկ | [ane'luk] |
| dizer uma adivinha | հանելուկ ասել | [ane'luk a'sel] |
| senha (f) | նշաբառ | [nʃna'bar] |
| segredo (m) | գաղտնիք | [gaht'nik] |
| | | |
| juramento (m) | երդում | [er'dum] |
| jurar (vi) | երդվել | [erd'vel] |
| promessa (f) | խոստում | [hos'tum] |
| prometer (vt) | խոստանալ | [hosta'nal] |
| | | |
| conselho (m) | խորհուրդ | [ho'rurd] |
| aconselhar (vt) | խորհուրդ տալ | [ho'rurd 'tal] |
| escutar (~ os conselhos) | հետևել | [ɛte'vel] |
| | | |
| novidade, notícia (f) | նորություն | [noru'tsyn] |
| sensação (f) | սենսացիա | [sen'satsia] |
| informação (f) | տեղեկություններ | [tehekuty'ŋer] |
| conclusão (f) | եզրակացություն | [ezrakatsu'tsyn] |
| voz (f) | ձայն | [dzajn] |
| elogio (m) | հաճոյախոսություն | [atʃojahosu'tsyn] |
| amável | սիրալիր | [sira'lir] |
| | | |
| palavra (f) | բառ | [bar] |
| frase (f) | նախադասություն | [nahadasu'tsyn] |
| resposta (f) | պատասխան | [patas'han] |
| | | |
| verdade (f) | ճշմարտություն | [tʃʃmartu'tsyn] |
| mentira (f) | սուտ | [sut] |
| | | |
| pensamento (m) | միտք | [mitk] |
| ideia (f) | գաղափար | [gaha'par] |
| fantasia (f) | մտացածին | [mtatsa'tsin] |

## 63. Discussão, conversação. Parte 2

| | | |
|---|---|---|
| estimado | հարգելի | [arge'li] |
| respeitar (vt) | հարգել | [ar'gel] |
| respeito (m) | հարգանք | [ar'gaŋk] |
| Estimado ..., Caro ... | Հարգարժան ... | [argar'ʒan] |
| apresentar (vt) | ծանոթացնել | [tsanotats'nel] |
| intenção (f) | մտադրություն | [mtadru'tyn] |

61

| tencionar (vt) | մտադրություն ունենալ | [mtadru'tyn une'nal] |
| desejo (m) | ցանկություն | [tsaŋku'tsyn] |
| desejar (ex. ~ boa sorte) | ցանկանալ | [tsaŋka'nal] |

| surpresa (f) | զարմանք | [zar'maŋk] |
| surpreender (vt) | զարմացնել | [zarmats'nel] |
| surpreender-se (vr) | զարմանալ | [zarma'nal] |

| dar (vt) | տալ | [tal] |
| pegar (tomar) | վերցնել | [verts'nel] |
| devolver (vt) | վերադարձնել | [veradardz'nel] |
| dar de volta |ետ տալ | ['et tal] |

| desculpar-se (vr) | ներողություն խնդրել | [nerohu'tsyn hnd'rel] |
| desculpa (f) | ներողություն | [nerohu'tsyn] |
| perdoar (vt) | ներել | [ne'rel] |

| falar (vi) | խոսել | [ho'sel] |
| escutar (vt) | լսել | [lsel] |
| ouvir até o fim | լսել | [lsel] |
| compreender (vt) | հասկանալ | [aska'nal] |

| mostrar (vt) | ցույց տալ | ['tsujts tal] |
| olhar para ... | նայել | [na'el] |
| chamar (dizer em voz alta o nome) | կանչել | [kan'tʃel] |
| perturbar (vt) | խանգարել | [haŋa'rel] |
| entregar (~ em mãos) | փոխանցել | [pohan'tsel] |

| pedido (m) | խնդրանք | [hndraŋk] |
| pedir (ex. ~ ajuda) | խնդրել | [hndrel] |
| exigência (f) | պահանջ | [pa'andʒ] |
| exigir (vt) | պահանջել | [pa:n'dʒel] |

| chamar nomes (vt) | ձերք առնել | ['dzerk ar'nel] |
| zombar (vt) | ծաղրել | [tsah'rel] |
| zombaria (f) | ծաղր | [tsahr] |
| alcunha (f) | մականուն | [maka'nun] |

| insinuação (f) | ակնարկ | [ak'nark] |
| insinuar (vt) | ակնարկել | [aknar'kel] |
| subentender (vt) | նկատի ունենալ | [ŋka'ti une'nal] |

| descrição (f) | նկարագրություն | [ŋkaragru'tsyn] |
| descrever (vt) | նկարագրել | [ŋkarag'rel] |
| elogio (m) | գովեստ | [go'vest] |
| elogiar (vt) | գովալ | [go'val] |

| desapontamento (m) | հուսախաբություն | [usahabu'tsyn] |
| desapontar (vt) | հուսախաբ անել | [usa'hab a'nel] |
| desapontar-se (vr) | հուսախաբ լինել | [usa'hab li'nel] |

| suposição (f) | ենթադրություն | [entadru'tsyn] |
| supor (vt) | ենթադրել | [entad'rel] |
| advertência (f) | նախազգուշացում | [nahazguʃʌ'tsum] |
| advertir (vt) | նախազգուշացնել | [nahazguʃʌts'nel] |

## 64. Discussão, conversação. Parte 3

| | | |
|---|---|---|
| convencer (vt) | huıínqել | [amo'zel] |
| acalmar (vt) | huı<mark></mark>bquıuıughել | [aŋstats'nel] |

| | | |
|---|---|---|
| silêncio (o ~ é de ouro) | լռnιpjnιն | [lru'tsyn] |
| ficar em silêncio | լnել | [lrel] |
| sussurrar (vt) | փuıփuıuı | [pıspı'sal] |
| sussurro (m) | փuıփung | [psp'sots] |

| | | |
|---|---|---|
| francamente | uıնկեղò | [a'ŋkehts] |
| a meu ver ... | իմ կaրòիքnվ ... | ['im kartsi'kov] |

| | | |
|---|---|---|
| detalhe (~ da história) | մuıնpuıմuıսnιpjnιն | [manramasnu'tsyn] |
| detalhado | մuıնpuıմuıն | [manra'masn] |
| detalhadamente | մuıնpuıմuıն | [manra'masn] |

| | | |
|---|---|---|
| dica (f) | hnιӯnιմ | [u'ʃum] |
| dar uma dica | hnιӯել | [u'ʃel] |

| | | |
|---|---|---|
| olhar (m) | huıjuıgp | [a'jatsk] |
| dar uma vista de olhos | huıjuıgp qgbel | [a'jatsk g'tsel] |
| fixo (olhar ~) | uıuınuıò | [sa'rats] |
| piscar (vi) | puıpթbel | [tar'tel] |
| pestanejar (vt) | uıʒpnվ uıնel | [atʃ'kov a'nel] |
| acenar (com a cabeça) | qլխnվ uıնel | [gl'hov a'nel] |

| | | |
|---|---|---|
| suspiro (m) | hnqng | [o'gots] |
| suspirar (vi) | hnqng huıնel | [o'gots a'nel] |
| estremecer (vi) | gնgվել | [tsnts'vel] |
| gesto (m) | dbuıı | [ʒest] |
| tocar (com as mãos) | ŋhuıʒel | [dip'tʃel] |
| agarrar (algm pelo braço) | pnնel | [brnel] |
| bater de leve | խփel | [hpel] |

| | | |
|---|---|---|
| Cuidado! | Ꝗqnιӯuıgh´p | [zguʃʌ'tsir] |
| A sério? | Uȟ pb | ['mite] |
| Tens a certeza? | ƻuıնqվuı˚ò bu | [amoz'vats εs] |
| Boa sorte! | ƻuıõnŋnιpjnˊιն | [adʒohu'tsyn] |
| Compreendi! | Ꞁuı pq b | ['parz ε] |
| Que pena! | Uվuın u | [ap'sos] |

## 65. Acordo. Recusa

| | | |
|---|---|---|
| consentimento (~ mútuo) | huıմuıȝuıjնnιpjnιն | [amadzajnu'tsyn] |
| consentir (vi) | huıմuıȝuıjնվel | [amadzajn'vel] |
| aprovação (f) | huıվuıնnιpjnιն | [avanu'tsyn] |
| aprovar (vt) | huıվuıնnιpjnιն uıuıl | [avanu'tsyn 'tal] |
| recusa (f) | hpuıȝuıpnιմ | [εraʒa'rum] |
| negar-se (vt) | hpuıȝuıpվel | [εraʒar'vel] |

| | | |
|---|---|---|
| Está ótimo! | ƶnjuıkuı´ıq b | [oja'kap ε] |
| Muito bem! | Ꞁuı վ | [lav] |

| Está bem! De acordo! | Լավ | [lav] |
| proibido | արգելված | [argel'vats] |
| é proibido | չի կարելի | [tʃi kare'li] |
| é impossível | անհնարին է | [anɛna'rin ɛ] |
| incorreto | սխալ | [shal] |

| rejeitar (~ um pedido) | մերժել | [mer'ʒel] |
| apoiar (vt) | պաշտպանել | [paʃtpa'nel] |
| aceitar (desculpas, etc.) | ընդունել | [ɛndun'vel] |

| confirmar (vt) | հաստատել | [asta'tel] |
| confirmação (f) | հաստատում | [asta'tum] |
| permissão (f) | թույլտվություն | [tujltvu'tsyn] |
| permitir (vt) | թույլատրել | [tujlat'rel] |
| decisão (f) | որոշում | [voro'ʃum] |
| não dizer nada | լռել | [lrel] |

| condição (com uma ~) | պայման | [paj'man] |
| pretexto (m) | պատրվակ | [patr'vak] |
| elogio (m) | գովեստ | [go'vest] |
| elogiar (vt) | գովել | [go'vel] |

## 66. Sucesso. Boa sorte. Insucesso

| êxito, sucesso (m) | հաջողություն | [adʒohu'tsyn] |
| com êxito | հաջող | [a'dʒoh] |
| bem sucedido | հաջողակ | [adʒo'hak] |
| sorte (fortuna) | հաջողություն | [adʒohu'tsyn] |
| Boa sorte! | Հաջողությո՛ւն | [adʒohu'tsyn] |
| de sorte | հաջող | [a'dʒoh] |
| sortudo, felizardo | հաջողակ | [adʒo'hak] |

| fracasso (m) | անհաջողություն | [anadʒohu'tsyn] |
| pouca sorte (f) | ձախողություն | [dzahohu'tsyn] |
| azar (m), má sorte (f) | անհաջողակություն | [anadʒohaku'tsyn] |
| mal sucedido | անհաջող | [ana'dʒoh] |
| catástrofe (f) | աղետ | [a'het] |

| orgulho (m) | հպարտություն | [ɛpartu'tsyn] |
| orgulhoso | հպարտ | [ɛ'part] |
| estar orgulhoso | հպարտանալ | [ɛparta'nal] |
| vencedor (m) | հաղթող | [ah'toh] |
| vencer (vi) | հաղթել | [ah'tel] |
| perder (vt) | պարտվել | [part'vel] |
| tentativa (f) | փորձ | [pordz] |
| tentar (vt) | փորձել | [por'dzel] |
| chance (m) | շանս | [ʃʌns] |

## 67. Conflitos. Emoções negativas

| grito (m) | ճիչ | [tʃitʃ] |
| gritar (vi) | բղավել | [bha'vel] |

| | | |
|---|---|---|
| começar a gritar | ճչալ | [tʃi'tʃal] |
| discussão (f) | վեճ | [vetʃ] |
| discutir (vt) | վիճել | [vi'tʃel] |
| escândalo (m) | աղմկահարություն | [ahmkɑ:ru'tsyn] |
| criar escândalo | աղմկահարել | [ahmkɑ:'rel] |
| conflito (m) | ընդհարում | [ɛndɑ'rum] |
| mal-entendido (m) | թյուրիմացություն | [tyrimɑtsu'tsyn] |

| | | |
|---|---|---|
| insulto (m) | վիրավորանք | [virɑvo'raŋk] |
| insultar (vt) | վիրավորել | [virɑvo'rel] |
| insultado | վիրավորված | [virɑvor'vɑts] |
| ofensa (f) | վիրավորանք | [virɑvo'raŋk] |
| ofender (vt) | վիրավորել | [virɑvo'rel] |
| ofender-se (vr) | վիրավորվել | [virɑvor'vel] |

| | | |
|---|---|---|
| indignação (f) | վրդովմունք | [vrdov'muŋk] |
| indignar-se (vr) | վրդովվել | [vrdov'vel] |
| queixa (f) | բողոք | [bo'hok] |
| queixar-se (vr) | բողոքել | [boho'kel] |

| | | |
|---|---|---|
| desculpa (f) | ներողություն | [nerohu'tsyn] |
| desculpar-se (vr) | ներողություն խնդրել | [nerohu'tsyn hnd'rel] |
| pedir perdão | ներողություն խնդրել | [nerohu'tsyn hnd'rel] |

| | | |
|---|---|---|
| crítica (f) | քննադատություն | [kŋadatu'tyn] |
| criticar (vt) | քննադատել | [kŋada'tel] |
| acusação (f) | մեղադրանք | [mehad'raŋk] |
| acusar (vt) | մեղադրել | [mehad'rel] |

| | | |
|---|---|---|
| vingança (f) | վրեժ | [vreʒ] |
| vingar (vt) | վրեժ լուծել | [v'reʒ lu'tsel] |
| pagar de volta | վրեժ լուծել | [v'reʒ lu'tsel] |

| | | |
|---|---|---|
| desprezo (m) | արհամարանք | [arama'raŋk] |
| desprezar (vt) | արհամարհել | [arama'rel] |
| ódio (m) | ատելություն | [atelu'tsyn] |
| odiar (vt) | ատել | [a'tel] |

| | | |
|---|---|---|
| nervoso | նյարդային | [ʃarda'jın] |
| estar nervoso | նյարդայնանալ | [ʃardajna'nal] |
| zangado | բարկացած | [barka'tsats] |
| zangar (vt) | բարկացնել | [barkats'nel] |

| | | |
|---|---|---|
| humilhação (f) | ստորացում | [stora'tsum] |
| humilhar (vt) | ստորացնել | [storats'nel] |
| humilhar-se (vr) | ստորանալ | [stora'nal] |

| | | |
|---|---|---|
| choque (m) | ցնցահարում | [tsntsɑ:'rum] |
| chocar (vt) | ցնցահարել | [tsntsɑ:'rel] |

| | | |
|---|---|---|
| aborrecimento (m) | անախորժություն | [anahorʒu'tsyn] |
| desagradável | տհաճ | [thatʃ] |

| | | |
|---|---|---|
| medo (m) | վախ | [vah] |
| terrível (tempestade, etc.) | սարսափելի | [sarsape'li] |
| assustador (ex. história ~a) | վախենալի | [vahena'li] |

| | | |
|---|---|---|
| horror (m) | սարսափ | [sar'sap] |
| horrível (crime, etc.) | սոսկալի | [soska'li] |
| | | |
| chorar (vi) | լացել | [la'tsel] |
| começar a chorar | լաց լինել | ['lats li'nel] |
| lágrima (f) | արցունք | [ar'tsuŋk] |
| | | |
| falta (f) | մեղք | [mehk] |
| culpa (f) | մեղք | [mehk] |
| desonra (f) | խայտառակություն | [hajtaraku'tsyn] |
| protesto (m) | բողոք | [bo'hok] |
| stress (m) | սթրես | [stres] |
| | | |
| perturbar (vt) | անհանգստացնել | [anaŋstats'nel] |
| zangar-se com ... | զայրանալ | [zajra'nal] |
| zangado | զայրացած | [zajra'tsats] |
| terminar (vt) | դադարեցնել | [dadarets'nel] |
| praguejar | հայհոյել | [ajo'jel] |
| | | |
| assustar-se | վախենալ | [vahe'nal] |
| golpear (vt) | հարվածել | [arva'tsel] |
| brigar (na rua, etc.) | կռվել | [krvel] |
| | | |
| resolver (o conflito) | կարգավորել | [kargavo'rel] |
| descontente | դժգոհ | [dʒgoh] |
| furioso | կատաղի | [kata'hi] |
| | | |
| Não está bem! | Լավ չէ | ['lav tʃə] |
| É mau! | Վատ է | ['vat ɛ] |

# Medicina

## 68. Doenças

| | | |
|---|---|---|
| doença (f) | հիվանդություն | [ivandu'tsyn] |
| estar doente | հիվանդ լինել | [i'vand li'nel] |
| saúde (f) | առողջություն | [arohdʒu'tsyn] |

| | | |
|---|---|---|
| nariz (m) a escorrer | հարբուխ | [ar'buh] |
| amigdalite (f) | անգինա | [a'ŋina] |
| constipação (f) | մրսածություն | [mrsatsu'tsyn] |
| constipar-se (vr) | մրսել | [mrsel] |

| | | |
|---|---|---|
| bronquite (f) | բրոնխիտ | [bron'hit] |
| pneumonia (f) | թոքերի բորբոքում | [toke'ri borbo'kum] |
| gripe (f) | գրիպ | [grip] |

| | | |
|---|---|---|
| míope | կարճատես | [kartʃa'tes] |
| presbita | հեռատես | [ɛra'hos] |
| estrabismo (m) | շլություն | [ʃlu'tsyn] |
| estrábico | շլաչք | [ʃlatʃk] |
| catarata (f) | կատարակտա | [kata'rakta] |
| glaucoma (m) | գլաուկոմա | [glau'koma] |

| | | |
|---|---|---|
| AVC (m), apoplexia (f) | ուղեղի կաթված | [uhe'hi kat'vats] |
| ataque (m) cardíaco | ինֆարկտ | [in'farkt] |
| enfarte (m) do miocárdio | սրտամկանի կաթված | [srtamka'ni kat'vats] |
| paralisia (f) | կաթված | [kat'vats] |
| paralisar (vt) | կաթվածել | [katva'tsel] |

| | | |
|---|---|---|
| alergia (f) | ալերգիա | [aler'gia] |
| asma (f) | աստմա | [ast'ma] |
| diabetes (f) | շաքարախտ | [ʃʌka'raht] |

| | | |
|---|---|---|
| dor (f) de dentes | ատամնացավ | [atamna'tsav] |
| cárie (f) | կարիես | [ka'ries] |

| | | |
|---|---|---|
| diarreia (f) | լույծ | [lujts] |
| prisão (f) de ventre | փորկապություն | [porkapu'tsyn] |
| desarranjo (m) intestinal | ստամոքսի խանգարում | [stamok'si haŋa'rum] |
| intoxicação (f) alimentar | թունավորում | [tunavo'rum] |
| intoxicar-se | թունավորվել | [tunavor'vel] |

| | | |
|---|---|---|
| artrite (f) | հոդի բորբոքում | [o'di borbo'kum] |
| raquitismo (m) | ռախիտ | [ra'hit] |
| reumatismo (m) | հոդացավ | [oda'tsav] |
| arteriosclerose (f) | աթերոսկլերոզ | [ateroskle'roz] |

| | | |
|---|---|---|
| gastrite (f) | գաստրիտ | [gast'rit] |
| apendicite (f) | ապենդիցիտ | [apendi'tsit] |

| | | |
|---|---|---|
| colecistite (f) | խոլեցիստիտ | [holetsis'tit] |
| úlcera (f) | խոց | [hots] |

| | | |
|---|---|---|
| sarampo (m) | կարմրուկ | [karm'ruk] |
| rubéola (f) | կարմրախտ | [karm'raht] |
| iterícia (f) | դեղնախ | [deh'naht] |
| hepatite (f) | հեպատիտ | [ɛpa'tit] |

| | | |
|---|---|---|
| esquizofrenia (f) | շիզոֆրենիա | [ʃizofre'nia] |
| raiva (f) | կատաղություն | [katahu'tsyn] |
| neurose (f) | նեվրոզ | [nev'roz] |
| comoção (f) cerebral | ուղեղի ցնցում | [uhe'hi tsn'tsum] |

| | | |
|---|---|---|
| cancro (m) | քաղցկեղ | [kahts'keh] |
| esclerose (f) | կարծրախտ | [karts'raht] |
| esclerose (f) múltipla | գրված կարծրախտ | [tsr'vats karts'raht] |

| | | |
|---|---|---|
| alcoolismo (m) | հարբեցողություն | [arbetsohu'tsyn] |
| alcoólico (m) | հարբեցող | [arbe'tsoh] |
| sífilis (f) | սիֆիլիս | [sifi'lis] |
| SIDA (f) | ՁԻԱՀ | [dzi'ah] |

| | | |
|---|---|---|
| tumor (m) | ուռուցք | [u'rutsk] |
| maligno | չարորակ | [tʃaro'rak] |
| benigno | բարորակ | [baro'rak] |

| | | |
|---|---|---|
| febre (f) | տենդ | [tend] |
| malária (f) | մալարիա | [mala'ria] |
| gangrena (f) | փտախտ | [ptaht] |
| enjoo (m) | ծովային հիվանդություն | [tsova'jın ivandu'tsyn] |
| epilepsia (f) | ընկնավորություն | [ɛŋknavoru'tsyn] |

| | | |
|---|---|---|
| epidemia (f) | համաճարակ | [amatʃa'rak] |
| tifo (m) | տիֆ | [tif] |
| tuberculose (f) | պալարախտ | [pala'raht] |
| cólera (f) | խոլերա | [ho'lera] |
| peste (f) | ժանտախտ | [ʒan'taht] |

## 69. Simtomas. Tratamentos. Parte 1

| | | |
|---|---|---|
| sintoma (m) | նախանշան | [nahan'ʃʌn] |
| temperatura (f) | ջերմաստիճան | [dʒermasti'tʃan] |
| febre (f) | բարձր ջերմաստիճան | ['bardzr dʒermasti'tʃan] |
| pulso (m) | զարկերակ | [zarke'rak] |

| | | |
|---|---|---|
| vertigem (f) | գլխապտույտ | [glhap'tujt] |
| quente (testa, etc.) | տաք | [tak] |
| calafrio (m) | դողէրոցք | [dohɛ'rotsk] |
| pálido | գունատ | [gu'nat] |

| | | |
|---|---|---|
| tosse (f) | հազ | [az] |
| tossir (vi) | հազալ | [a'zal] |
| espirrar (vi) | փռշտալ | [prʃtal] |
| desmaio (m) | ուշագնացություն | [uʃʌgnatsu'tsyn] |

| | | |
|---|---|---|
| desmaiar (vi) | ուշաԳնաց լինել | [uʃʌgˈnats liˈnel] |
| nódoa (f) negra | կապտուկ | [kapˈtuk] |
| galo (m) | ունուցԳ | [uˈrutsk] |
| magoar-se (vr) | խփվել | [hpvel] |
| pisadura (f) | վնասվածք | [vnasˈvatsk] |
| aleijar-se (vr) | վնասվածք ստանալ | [vnasˈvatsk staˈnal] |

| | | |
|---|---|---|
| coxear (vi) | կաղալ | [kaˈhal] |
| deslocação (f) | հոդախախտում | [odahahˈtum] |
| deslocar (vt) | հոդախախտել | [odahahˈtel] |
| fratura (f) | կոտրվածք | [kotrˈvatsk] |
| fraturar (vt) | կոտրվածք ստանալ | [kotrˈvatsk staˈnal] |

| | | |
|---|---|---|
| corte (m) | կտրված վերք | [ktrvats ˈverk] |
| cortar-se (vr) | կտրել | [ktrel] |
| hemorragia (f) | արյունահոսություն | [arynaosuˈtsyn] |

| | | |
|---|---|---|
| queimadura (f) | այրվածք | [ajrˈvatsk] |
| queimar-se (vr) | այրվել | [ajrˈvel] |

| | | |
|---|---|---|
| picar (vt) | ծակել | [tsaˈkel] |
| picar-se (vr) | ծակել | [tsaˈkel] |
| lesionar (vt) | վնասել | [vnaˈsel] |
| lesão (m) | վնասվածք | [vnasˈvatsk] |
| ferida (f), ferimento (m) | վերք | [verk] |
| trauma (m) | վնասվածք | [vnasˈvatsk] |

| | | |
|---|---|---|
| delirar (vi) | զառանցել | [zaranˈtsel] |
| gaguejar (vi) | կակազել | [kakaˈzel] |
| insolação (f) | արևահարություն | [arevaːruˈtsyn] |

## 70. Simtomas. Tratamentos. Parte 2

| | | |
|---|---|---|
| dor (f) | ցավ | [tsav] |
| farpa (no dedo) | փուշ | [puʃ] |

| | | |
|---|---|---|
| suor (m) | քրտինք | [krtiŋk] |
| suar (vi) | քրտնել | [krtnel] |
| vómito (m) | փսխում | [pshum] |
| convulsões (f pl) | ջղաձգություն | [dʒhadzguˈtsyn] |

| | | |
|---|---|---|
| grávida | հղի | [ɛˈhi] |
| nascer (vi) | ծնվել | [tsnvel] |
| parto (m) | ծննդաբերություն | [tsŋdaberuˈtsyn] |
| dar â luz | ծննդաբերել | [tsŋdabeˈrel] |
| aborto (m) | արրրտ | [aˈbort] |

| | | |
|---|---|---|
| respiração (f) | շնչառություն | [ʃntʃaruˈtsyn] |
| inspiração (f) | ներշնչում | [nerʃnˈtʃum] |
| expiração (f) | արտաշնչում | [artaʃnˈtʃum] |
| expirar (vi) | արտաշնչել | [artaʃnˈtʃel] |
| inspirar (vi) | շնչել | [ʃntʃel] |
| inválido (m) | հաշմանդամ | [aʃmanˈdam] |
| aleijado (m) | խեղանդամ | [hehanˈdam] |

| | | |
|---|---|---|
| toxicodependente (m) | թմամոլ | [tmra'mol] |
| surdo | խուլ | [hul] |
| mudo | համր | [amr] |
| surdo-mudo | խուլ ու համր | ['hul u 'amr] |

| | | |
|---|---|---|
| louco (adj.) | խենթ | [hent] |
| ficar louco | խենթանալ | [henta'nal] |

| | | |
|---|---|---|
| gene (m) | գեն | [gen] |
| imunidade (f) | իմունիտետ | [imuni'tet] |
| hereditário | ժառանգական | [ʒaraŋa'kan] |
| congénito | բնածին | [bna'tsin] |

| | | |
|---|---|---|
| vírus (m) | վարակ | [va'rak] |
| micróbio (m) | մանրէ | [man'rɛ] |
| bactéria (f) | բակտերիա | [bak'teria] |
| infeção (f) | վարակ | [va'rak] |

## 71. Simtomas. Tratamentos. Parte 3

| | | |
|---|---|---|
| hospital (m) | հիվանդանոց | [ivanda'nots] |
| paciente (m) | հիվանդ | [i'vand] |

| | | |
|---|---|---|
| diagnóstico (m) | ախտորոշում | [ahtoro'ʃum] |
| cura (f) | կազդուրում | [kazdu'rum] |
| tratamento (m) médico | բուժում | [bu'ʒum] |
| curar-se (vr) | բուժվել | [buʒ'vel] |
| tratar (vt) | բուժել | [bu'ʒel] |
| cuidar (pessoa) | խնամել | [hna'mel] |
| cuidados (m pl) | խնամք | [hnamk] |

| | | |
|---|---|---|
| operação (f) | վիրահատություն | [vira:tu'tsyn] |
| enfaixar (vt) | վիրակապել | [viraka'pel] |
| ligadura (f) | վիրակապում | [viraka'pum] |

| | | |
|---|---|---|
| vacinação (f) | պատվաստում | [patvas'tum] |
| vacinar (vt) | պատվաստում անել | [patvas'tum a'nel] |
| injeção (f) | ներարկում | [nerar'kum] |
| dar uma injeção | ներարկել | [nerar'kel] |

| | | |
|---|---|---|
| ataque (~ de asma, etc.) | նոպա | ['nopa] |
| amputação (f) | անդամահատություն | [andama:tu'tsyn] |
| amputar (vt) | անդամահատել | [andama:'tel] |
| coma (f) | կոմա | ['koma] |
| estar em coma | կոմայի մեջ գտնվել | [koma'ji 'medʒ ŋk'nel] |
| reanimação (f) | վերակենդանացում | [verakendana'tsum] |

| | | |
|---|---|---|
| recuperar-se (vr) | ապաքինվել | [apakin'vel] |
| estado (~ de saúde) | վիճակ | [vi'tʃak] |
| consciência (f) | գիտակցություն | [gitaktsu'tsyn] |
| memória (f) | հիշողություն | [iʃohu'tsyn] |

| | | |
|---|---|---|
| tirar (vt) | հեռացնել | [ɛrats'nel] |
| chumbo (m), obturação (f) | պլոմբ | [plomb] |

| | | |
|---|---|---|
| chumbar, obturar (vt) | ատամը լցնել | [a'tamɛ lts'nel] |
| hipnose (f) | հիպնոս | [ip'nos] |
| hipnotizar (vt) | հիպնոսացնել | [ipnosats'nel] |

## 72. Médicos

| | | |
|---|---|---|
| médico (m) | բժիշկ | [bʒiʃk] |
| enfermeira (f) | բուժքույր | [buʒ'kujr] |
| médico (m) pessoal | անձնական բժիշկ | [andzna'kan b'ʒiʃk] |

| | | |
|---|---|---|
| dentista (m) | ատամնաբույժ | [atamna'bujʒ] |
| oculista (m) | ակնաբույժ | [akna'bujʒ] |
| terapeuta (m) | թերապևտ | [tera'pevt] |
| cirurgião (m) | վիրաբույժ | [vira'bujʒ] |

| | | |
|---|---|---|
| psiquiatra (m) | հոգեբույժ | [oge'bujʒ] |
| pediatra (m) | մանկաբույժ | [maŋka'bujʒ] |
| psicólogo (m) | հոգեբան | [oge'ban] |
| ginecologista (m) | գինեկոլոգ | [gine'kolog] |
| cardiologista (m) | սրտաբան | [srta'ban] |

## 73. Medicina. Drogas. Acessórios

| | | |
|---|---|---|
| medicamento (m) | դեղ | [deh] |
| remédio (m) | դեղամիջոց | [dehami'dʒots] |
| receitar (vt) | դուրս գրել | ['durs g'rel] |
| receita (f) | դեղատոմս | [deha'toms] |

| | | |
|---|---|---|
| comprimido (m) | հաբ | [ab] |
| pomada (f) | քսուք | [ksuk] |
| ampola (f) | ամպուլ | [am'pul] |
| preparado (m) | հերուկ դեղախառնուրդ | [ɛ'huk dehahar'nurd] |
| xarope (m) | օշարակ | [oʃʌ'rak] |
| cápsula (f) | հաբ | [ab] |
| remédio (m) em pó | փոշի | [po'ʃi] |

| | | |
|---|---|---|
| ligadura (f) | վիրակապ ժապավեն | [vira'kap ʒapa'ven] |
| algodão (m) | բամբակ | [bam'bak] |
| iodo (m) | յոդ | [jod] |
| penso (m) rápido | սպեղանի | [speha'ni] |
| conta-gotas (f) | պիպետկա | [pi'petka] |
| termómetro (m) | ջերմաչափ | [dʒerma'tʃap] |
| seringa (f) | ներարկիչ | [nerar'kitʃ] |

| | | |
|---|---|---|
| cadeira (f) de rodas | սայլակ | [saj'lak] |
| muletas (f pl) | հենակներ | [ɛnak'ner] |

| | | |
|---|---|---|
| analgésico (m) | ցավազրկող | [tsavazr'koh] |
| laxante (m) | լուծողական | [lutsoha'kan] |
| álcool (m) etílico | սպիրտ | [spirt] |
| ervas (f pl) medicinais | խոտաբույս | [hota'bujs] |
| de ervas (chá ~) | խոտաբուսային | [hotabusa'jın] |

## 74. Fumar. Produtos tabágicos

| | | |
|---|---|---|
| tabaco (m) | թութուն | [tu'tun] |
| cigarro (m) | ծխախոտ | [tsha'hot] |
| charuto (m) | սիգար | [si'gar] |
| cachimbo (m) | ծխամորճ | [tsha'mortʃ] |
| maço (~ de cigarros) | տուփ | [tup] |
| | | |
| fósforos (m pl) | լուցկի | [luts'ki] |
| caixa (f) de fósforos | լուցկու տուփ | [luts'ku 'tup] |
| isqueiro (m) | կրակայրիչ | [krakaj'ritʃ] |
| cinzeiro (m) | մոխրաման | [mohra'man] |
| cigarreira (f) | ծխախոտատուփ | [tshahota'tup] |
| | | |
| boquilha (f) | ծխափող | [tsha'poh] |
| filtro (m) | ֆիլտր | [fiʌtr] |
| | | |
| fumar (vi, vt) | ծխել | [tshel] |
| acender um cigarro | ծխել | [tshel] |
| tabagismo (m) | ծխելը | [tshe'lɛ] |
| fumador (m) | ծխամոլ | [tsha'mol] |
| | | |
| beata (f) | ծխախոտի մնացորդ | [tshaho'ti mna'tsord] |
| fumo (m) | ծուխ | [tsuh] |
| cinza (f) | մոխիր | [mo'hir] |

# HABITAT HUMANO

## Cidade

### 75. Cidade. Vida na cidade

| | | |
|---|---|---|
| cidade (f) | քաղաք | [ka'hak] |
| capital (f) | մայրաքաղաք | [majraka'hak] |
| aldeia (f) | գյուղ | [gyh] |

| | | |
|---|---|---|
| mapa (m) da cidade | քաղաքի հատակագիծ | [kaha'ki ataka'gits] |
| centro (m) da cidade | քաղաքի կենտրոն | [kaha'ki kent'ron] |
| subúrbio (m) | արվարձան | [arvar'dzan] |
| suburbano | մերձքաղաքային | [merdzkahaka'jın] |

| | | |
|---|---|---|
| periferia (f) | ծայրամաս | [tsajra'mas] |
| arredores (m pl) | շրջակայք | [ʃrdʒa'kajk] |
| quarteirão (m) | թաղամաս | [taha'mas] |
| quarteirão (m) residencial | բնակելի թաղամաս | [bnake'li taha'mas] |

| | | |
|---|---|---|
| tráfego (m) | երթեկություն | [erteveku'tsyn] |
| semáforo (m) | լուսակիր | [lusa'kir] |
| transporte (m) público | քաղաքային տրանսպորտ | [kahaka'jın trans'port] |
| cruzamento (m) | խաչմերուկ | [hatʃme'ruk] |

| | | |
|---|---|---|
| passadeira (f) | անցում | [an'tsum] |
| passagem (f) subterrânea | գետնանցում | [getnan'tsum] |
| cruzar, atravessar (vt) | անցնել | [ants'nel] |
| peão (m) | հետիոտն | [ɛti'otn] |
| passeio (m) | մայթ | [majt] |

| | | |
|---|---|---|
| ponte (f) | կամուրջ | [ka'murdʒ] |
| margem (f) do rio | առափնյա փողոց | [arap'ɲa po'hots] |
| fonte (f) | շատրվան | [ʃʌtr'van] |

| | | |
|---|---|---|
| alameda (f) | ծառուղի | [tsaru'hi] |
| parque (m) | զբոսայգի | [zbosaj'gi] |
| bulevar (m) | բուլվար | [buʎ'var] |
| praça (f) | հրապարակ | [ɛrapa'rak] |
| avenida (f) | պողոտա | [po'hota] |
| rua (f) | փողոց | [po'hots] |
| travessa (f) | նրբանցք | [nrbantsk] |
| beco (m) sem saída | փակուղի | [paku'hi] |

| | | |
|---|---|---|
| casa (f) | տուն | [tun] |
| edifício, prédio (m) | շենք | [ʃəŋk] |
| arranha-céus (m) | երկնաքեր | [erkna'ker] |
| fachada (f) | ճակատամաս | [tʃakata'mas] |
| telhado (m) | տանիք | [ta'nik] |

| janela (f) | պատուհան | [patu'an] |
| arco (m) | կամար | [ka'mar] |
| coluna (f) | սյուն | [syn] |
| esquina (f) | անկյուն | [a'ŋkyn] |

| montra (f) | ցուցափեղկ | [tsutsa'pehk] |
| letreiro (m) | ցուցանակ | [tsutsa'nak] |
| cartaz (m) | պզդագիր | [azda'gir] |
| cartaz (m) publicitário | գովազդային ձգապատատ | [govazda'jın dzgapas'tar] |
| painel (m) publicitário | գովազդային վահանակ | [govazda'jın va:'nak] |

| lixo (m) | աղբ | [ahb] |
| cesta (f) do lixo | աղբաման | [ahba'man] |
| jogar lixo na rua | աղբոտել | [ahbo'tel] |
| aterro (m) sanitário | աղբավայր | [ahba'vajr] |

| cabine (f) telefónica | հեռախոսախցիկ | [ɛrahosah'tsik] |
| candeeiro (m) de rua | լապտերասյուն | [laptera'syn] |
| banco (m) | նստարան | [nsta'ran] |

| polícia (m) | ոստիկան | [vosti'kan] |
| polícia (instituição) | ոստիկանություն | [vostikanu'tsyn] |
| mendigo (m) | մուրացկան | [murats'kan] |
| sem-abrigo (m) | անօթևան մարդ | [anote'van 'mard] |

## 76. Instituições urbanas

| loja (f) | խանութ | [ha'nut] |
| farmácia (f) | դեղատուն | [deha'tun] |
| ótica (f) | օպտիկա | ['optika] |
| centro (m) comercial | առևտրի կենտրոն | [arevt'ri kent'ron] |
| supermercado (m) | սուպերմարքեթ | [supermar'ket] |

| padaria (f) | հացաբուլկեղենի խանութ | [atsabulkehe'ni ha'nut] |
| padeiro (m) | հացթուխ | [ats'tuh] |
| pastelaria (f) | հրուշակեղենի խանութ | [ɛruʃ ʌkehe'ni ha'nut] |
| mercearia (f) | նպարեղենի խանութ | [nparehe'ni ha'nut] |
| talho (m) | մսի խանութ | [m'si ha'nut] |

| loja (f) de legumes | բանջարեղենի կրպակ | [bandʒarehe'ni kr'pak] |
| mercado (m) | շուկա | [ʃu'ka] |

| café (m) | սրճարան | [srtʃa'ran] |
| restaurante (m) | ռեստորան | [resto'ran] |
| bar (m), cervejaria (f) | գարեջրատուն | [garedʒra'tun] |
| pizzaria (f) | պիցցերիա | [pitse'ria] |

| salão (m) de cabeleireiro | վարսավիրանոց | [varsavira'nots] |
| correios (m pl) | փոստ | [post] |
| lavandaria (f) | քիմմաքրման կետ | [kimmakr'man 'ket] |
| estúdio (m) fotográfico | ֆոտոսրահ | [fotos'rah] |

| sapataria (f) | կոշիկի սրահ | [koʃi'ki s'rah] |
| livraria (f) | գրախանութ | [graha'nut] |

| loja (f) de artigos de desporto | սպորտային խանութ | [sporta'jın ha'nut] |
| reparação (f) de roupa | հագուստի վերանորոգում | [agus'ti veranoro'gum] |
| aluguer (m) de roupa | հագուստի վարձույթ | [agus'ti var'dzujt] |
| aluguer (m) de filmes | տեսաֆիլմերի վարձույթ | [tesafilme'ri var'dzujt] |

| circo (m) | կրկես | [krkes] |
| jardim (m) zoológico | կենդանաբանական այգի | [kendanabana'kan aj'gi] |
| cinema (m) | կինոթատրոն | [kinotat'ron] |
| museu (m) | թանգարան | [taŋa'ran] |
| biblioteca (f) | գրադարան | [grada'ran] |

| teatro (m) | թատրոն | [tat'ron] |
| ópera (f) | օպերա | [ope'ra] |
| clube (m) noturno | գիշերային ակումբ | [gifera'jın a'kumb] |
| casino (m) | խաղատուն | [haha'tun] |

| mesquita (f) | մզկիթ | [mzkit] |
| sinagoga (f) | սինագոգ | [sina'gog] |
| catedral (f) | տաճար | [ta'tʃar] |
| templo (m) | տաճար | [ta'tʃar] |
| igreja (f) | եկեղեցի | [ekehe'tsi] |

| instituto (m) | ինստիտուտ | [insti'tut] |
| universidade (f) | համալսարան | [amalsa'ran] |
| escola (f) | դպրոց | [dprots] |

| prefeitura (f) | ոստիկանապետություն | [vostikanapetu'tsyn] |
| câmara (f) municipal | քաղաքապետարան | [kahakapeta'ran] |
| hotel (m) | հյուրանոց | [jura'nots] |
| banco (m) | բանկ | [baŋk] |

| embaixada (f) | դեսպանատուն | [despana'tun] |
| agência (f) de viagens | տուրիստական գործակալություն | [turista'kan gortsakalu'tsyn] |
| agência (f) de informações | տեղեկատվական բյուրո | [tehekatva'kan by'ro] |
| casa (f) de câmbio | փոխանակման կետ | [pohanak'man 'ket] |

| metro (m) | մետրո | [met'ro] |
| hospital (m) | հիվանդանոց | [ivanda'nots] |

| posto (m) de gasolina | բենզալցակայան | [benzaltsaka'jan] |
| parque (m) de estacionamento | ավտոկայան | [avtoka'jan] |

## 77. Transportes urbanos

| autocarro (m) | ավտոբուս | [avto'bus] |
| elétrico (m) | տրամվայ | [tram'vaj] |
| troleicarro (m) | տրոլեյբուս | [trolej'bus] |
| itinerário (m) | ուղի | [u'hi] |
| número (m) | համար | [a'mar] |

| ir de … (carro, etc.) | … ով գնալ | [ov g'nal] |
| entrar (~ no autocarro) | նստել | [nstel] |
| descer de … | իջնել | [idʒ'nel] |

75

| paragem (f) | կանգառ | [ka'ŋar] |
|---|---|---|
| próxima paragem (f) | հաջորդ կանգառ | [a'dʒord ka'ŋar] |
| ponto (m) final | վերջին կանգառ | [ver'dʒin ka'ŋar] |
| horário (m) | ժամանակացույց | [ʒamanaka'tsujts] |
| esperar (vt) | սպասել | [spa'sel] |

| bilhete (m) | տոմս | [toms] |
|---|---|---|
| custo (m) do bilhete | տոմսի արժեքը | [tom'si ar'ʒekı] |

| bilheteiro (m) | տոմսավաճառ | [tomsava'tʃar] |
|---|---|---|
| controlo (m) dos bilhetes | ստուգում | [stu'gum] |
| revisor (m) | հսկիչ | [ɛs'kitʃ] |

| atrasar-se (vr) | ուշանալ | [uʃʌ'nal] |
|---|---|---|
| perder (o autocarro, etc.) | ուշանալ ... ից | [uʃʌ'nal 'its] |
| estar com pressa | շտապել | [ʃta'pel] |

| táxi (m) | տաքսի | [tak'si] |
|---|---|---|
| taxista (m) | տաքսու վարորդ | [tak'su va'rord] |
| de táxi (ir ~) | տաքսիով | [taksi'ov] |
| praça (f) de táxis | տաքսիների կայան | [taksine'ri ka'jan] |
| chamar um táxi | տաքսի կանչել | [tak'si kan'tʃel] |
| apanhar um táxi | տաքսի վերցնել | [tak'si verts'nel] |

| tráfego (m) | ճանապարհային երթևեկություն | [tʃanapara'jın erteveku'tsyn] |
|---|---|---|
| engarrafamento (m) | խցանում | [htsa'num] |
| horas (f pl) de ponta | պիկ ժամ | ['pik 'ʒam] |
| estacionar (vi) | կանգնեցնել | [kaŋets'nel] |
| estacionar (vt) | կանգնեցնել | [kaŋets'nel] |
| parque (m) de estacionamento | ավտոկայան | [avtoka'jan] |

| metro (m) | մետրո | [met'ro] |
|---|---|---|
| estação (f) | կայարան | [kaja'ran] |
| ir de metro | մետրոյով գնալ | [metro'jov g'nal] |
| comboio (m) | գնացք | [gnatsk] |
| estação (f) | կայարան | [kaja'ran] |

## 78. Turismo

| monumento (m) | արձան | [ar'dzan] |
|---|---|---|
| fortaleza (f) | ամրոց | [am'rots] |
| palácio (m) | պալատ | [pa'lat] |
| castelo (m) | դղյակ | [dɦak] |
| torre (f) | աշտարակ | [aʃta'rak] |
| mausoléu (m) | դամբարան | [damba'ran] |

| arquitetura (f) | ճարտարապետություն | [tʃartarapetu'tsyn] |
|---|---|---|
| medieval | միջնադարյան | [midʒnada'rıan] |
| antigo | հինավուրց | [ina'vurts] |
| nacional | ազգային | [azga'jın] |
| conhecido | հայտնի | [ajt'ni] |
| turista (m) | զբոսաշրջիկ | [zbosaʃr'dʒik] |
| guia (pessoa) | գիդ | [gid] |

| excursão (f) | էքսկուրսիա | [ɛks'kursia] |
| mostrar (vt) | ցույց տալ | ['ʦujʦ tal] |
| contar (vt) | պատմել | [pat'mel] |

| encontrar (vt) | գտնել | [gtnel] |
| perder-se (vr) | կորել | [ko'rel] |
| mapa (~ do metrô) | սխեմա | [s'hema] |
| mapa (~ da cidade) | քարտեզ | [kar'tez] |

| lembrança (f), presente (m) | հուշանվեր | [uʃʌn'ver] |
| loja (f) de presentes | հուշանվերների խանութ | [uʃʌnverne'ri ha'nut] |
| fotografar (vt) | լուսանկարել | [lusaŋka'rel] |
| fotografar-se | լուսանկարվել | [lusaŋkar'vel] |

## 79. Compras

| comprar (vt) | գնել | [gnel] |
| compra (f) | գնում | [gnum] |
| fazer compras | գնումներ կատարել | [gnum'ner kata'rel] |
| compras (f pl) | գնումներ | [gnum'ner] |

| estar aberta (loja, etc.) | աշխատել | [aʃha'tel] |
| estar fechada | փակվել | [pak'vel] |

| calçado (m) | կոշիկ | [ko'ʃik] |
| roupa (f) | հագուստ | [a'gust] |
| cosméticos (m pl) | կոսմետիկա | [kos'metika] |
| alimentos (m pl) | մթերքներ | [mterk'ner] |
| presente (m) | նվեր | [nver] |

| vendedor (m) | վաճառող | [vatʃa'roh] |
| vendedora (f) | վաճառողուհի | [vatʃarohu'i] |

| caixa (f) | դրամարկղ | [dra'markh] |
| espelho (m) | հայելի | [aje'li] |
| balcão (m) | վաճառասեղան | [vatʃarase'han] |
| cabine (f) de provas | հանդերձարան | [anderʣa'ran] |

| provar (vt) | փորձել | [por'ʣel] |
| servir (vi) | սազել | [sa'zel] |
| gostar (apreciar) | դուր գալ | ['dur gal] |

| preço (m) | գին | [gin] |
| etiqueta (f) de preço | գնապիտակ | [gnapi'tak] |
| custar (vt) | արժենալ | [arʒe'nal] |
| Quanto? | Որքա՞ն արժե | [vor'kan ar'ʒe] |
| desconto (m) | զեղչ | [zehtʃ] |

| não caro | ոչ թանկ | ['votʃ taŋk] |
| barato | էժան | [ɛ'ʒan] |
| caro | թանկ | [taŋk] |
| É caro | Սա թանկ է | [sa 'taŋk ɛ] |
| aluguer (m) | վարձույթ | [var'ʣujt] |
| alugar (vestidos, etc.) | վարձել | [var'ʣel] |

77

| crédito (m) | վարկ | [vark] |
| a crédito | վարկով | [var'kov] |

## 80. Dinheiro

| dinheiro (m) | դրամ | [dram] |
| câmbio (m) | փոխանակում | [pohana'kum] |
| taxa (f) de câmbio | փոխարժեք | [pohar'ʒek] |
| Caixa Multibanco (m) | բանկոմատ | [baŋko'mat] |
| moeda (f) | մետաղադրամ | [metahad'ram] |

| dólar (m) | դոլլար | [dol'lar] |
| euro (m) | եվրո | ['evro] |

| lira (f) | լիրա | ['lira] |
| marco (m) | մարկ | [mark] |
| franco (m) | ֆրանկ | [fraŋk] |
| libra (f) esterlina | ֆունտ ստերլինգ | ['funt s'terliŋ] |
| iene (m) | յեն | [jen] |

| dívida (f) | պարտք | [partk] |
| devedor (m) | պարտապան | [parta'pan] |
| emprestar (vt) | պարտքով տալ | [part'kov 'tal] |
| pedir emprestado | պարտքով վերցնել | [part'kov verts'nel] |

| banco (m) | բանկ | [baŋk] |
| conta (f) | հաշիվ | [a'ʃiv] |
| depositar na conta | հաշվի վրա գցել | [aʃ'vi vra g'tsel] |
| levantar (vt) | հաշվից հանել | [aʃ'vits a'nel] |

| cartão (m) de crédito | վարկային քարտ | [varka'jın 'kart] |
| dinheiro (m) vivo | կանխիկ դրամ | [kan'hik d'ram] |
| cheque (m) | չեք | [tʃek] |
| passar um cheque | չեք դուրս գրել | [tʃek durs g'rel] |
| livro (m) de cheques | չեքային գրքույկ | [tʃeka'jın gr'kujk] |

| carteira (f) | թղթապանակ | [thtapa'nak] |
| porta-moedas (m) | դրամապանակ | [dramapa'nak] |
| cofre (m) | չհրկիզվող պահարան | [tʃrkiz'voh pa:'ran] |

| herdeiro (m) | ժառանգ | [ʒa'raŋ] |
| herança (f) | ժառանգություն | [ʒaraŋu'tsyn] |
| fortuna (riqueza) | ունեցվածք | [unets'vatsk] |

| arrendamento (m) | վարձ | [vardz] |
| renda (f) de casa | բնակվարձ | [bnak'vardz] |
| alugar (vt) | վարձել | [var'dzel] |

| preço (m) | գին | [gin] |
| custo (m) | արժեք | [ar'ʒek] |
| soma (f) | գումար | [gu'mar] |

| gastar (vt) | ծախսել | [tsah'sel] |
| gastos (m pl) | ծախսեր | [tsah'ser] |

| | | |
|---|---|---|
| economizar (vi) | տնտեսել | [tnte'sel] |
| económico | տնտեսող | [tnte'soh] |

| | | |
|---|---|---|
| pagar (vt) | վձարել | [vtʃa'rel] |
| pagamento (m) | վձար | [v'tʃar] |
| troco (m) | մանր | [manr] |

| | | |
|---|---|---|
| imposto (m) | հարկ | [ark] |
| multa (f) | տուգանք | [tu'gaŋk] |
| multar (vt) | տուգանել | [tuga'nel] |

## 81. Correios. Serviço postal

| | | |
|---|---|---|
| correios (m pl) | փոստ | [post] |
| correio (m) | փոստ | [post] |
| carteiro (m) | փոստատար | [posta'tar] |
| horário (m) | աշխատանքային ժամեր | [aʃhataŋka'jın ʒa'mer] |

| | | |
|---|---|---|
| carta (f) | նամակ | [na'mak] |
| carta (f) registada | պատվիրված նամակ | [patvir'vats na'mak] |
| postal (m) | բացիկ | [ba'tsik] |
| telegrama (m) | հեռագիր | [ɛra'gir] |
| encomenda (f) postal | ծանրոց | [tsan'rots] |
| remessa (f) de dinheiro | դրամային փոխանցում | [drama'jın pohan'tsum] |

| | | |
|---|---|---|
| receber (vt) |ստանալ | [sta'nal] |
| enviar (vt) | ուղարկել | [uhar'kel] |
| envio (m) | ուղարկում | [uhar'kum] |

| | | |
|---|---|---|
| endereço (m) | հասցե | [as'tse] |
| código (m) postal | ինդեկս | [in'deks] |
| remetente (m) | ուղարկող | [uhar'koh] |
| destinatário (m) | ստացող | [sta'tsoh] |

| | | |
|---|---|---|
| nome (m) | անուն | [a'nun] |
| apelido (m) | ազգանուն | [azga'nun] |

| | | |
|---|---|---|
| tarifa (f) | սակագին | [saka'gin] |
| normal | սովորական | [sovora'kan] |
| económico | տնտեսող | [tnte'soh] |

| | | |
|---|---|---|
| peso (m) | քաշ | [kaʃ] |
| pesar (estabelecer o peso) | կշռել | [kʃrel] |
| envelope (m) | ծրար | [tsrar] |
| selo (m) | նամականիշ | [namaka'niʃ] |

# Moradia. Casa. Lar

## 82. Casa. Habitação

| | | |
|---|---|---|
| casa (f) | տուն | [tun] |
| em casa | տանը | ['tanı] |
| pátio (m) | բակ | [bak] |
| cerca (f) | պարիսպ | [pa'risp] |

| | | |
|---|---|---|
| tijolo (m) | աղյուս | [a'hys] |
| de tijolos | աղյուսե | [ahy'se] |
| pedra (f) | քար | [kar] |
| de pedra | քարե | [ka're] |
| betão (m) | բետոն | [be'ton] |
| de betão | բետոնե | [beto'ne] |

| | | |
|---|---|---|
| novo | նոր | [nor] |
| velho | հին | [in] |
| decrépito | խարխուլ | [har'hul] |
| moderno | ժամանակակից | [ʒamanaka'kits] |
| de muitos andares | բարձրահարկ | [bardzra'ark] |
| alto | բարձր | [bardzr] |

| | | |
|---|---|---|
| andar (m) | հարկ | [ark] |
| de um andar | մեկ հարկանի | ['mek arka'ni] |

| | | |
|---|---|---|
| andar (m) de baixo | ներքևի հարկ | [nerke'vi 'ark] |
| andar (m) de cima | վերևի հարկ | [vere'vi 'ark] |

| | | |
|---|---|---|
| telhado (m) | տանիք | [ta'nik] |
| chaminé (f) | խողովակ | [hoho'vak] |

| | | |
|---|---|---|
| telha (f) | կղմինդր | [khmindr] |
| de telha | կղմինդրե | [khmind're] |
| sótão (m) | ձեղնահարկ | [dzehna'ark] |

| | | |
|---|---|---|
| janela (f) | պատուհան | [patu'an] |
| vidro (m) | ապակի | [apa'ki] |

| | | |
|---|---|---|
| parapeito (m) | պատուհանագոգ | [patuana'gog] |
| portadas (f pl) | ծածկոցափեղկ | [tsatskotsa'pehk] |

| | | |
|---|---|---|
| parede (f) | պատ | [pat] |
| varanda (f) | պատշգամբ | [patʃ'gamb] |
| tubo (m) de queda | ջրատար խողովակ | [dʒra'tar hoho'vak] |

| | | |
|---|---|---|
| em cima | վերևում | [vere'vum] |
| subir (~ as escadas) | բարձրանալ | [bardzra'nal] |
| descer (vi) | իջնել | [idʒ'nel] |
| mudar-se (vr) | տեղափոխվել | [tehapoh'vel] |

## 83. Casa. Entrada. Elevador

| | | |
|---|---|---|
| entrada (f) | մուտք | [mutk] |
| escada (f) | աստիճան | [asti'tʃan] |
| degraus (m pl) | աստիճաններ | [astitʃa'ŋer] |
| corrimão (m) | բազրիք | [baz'rik] |
| hall (m) de entrada | սրահ | [srah] |

| | | |
|---|---|---|
| caixa (f) de correio | փոստարկղ | [pos'tarkh] |
| caixote (m) do lixo | աղբարկղ | [ah'barkh] |
| conduta (f) do lixo | աղբատար | [ahba'tar] |

| | | |
|---|---|---|
| elevador (m) | վերելակ | [vere'lak] |
| elevador (m) de carga | բեռնատար վերելակ | [berna'tar vere'lak] |
| cabine (f) | խցիկ | [htsik] |

| | | |
|---|---|---|
| apartamento (m) | բնակարան | [bnaka'ran] |
| moradores (m pl) | բնակիչներ | [bnakitʃ'ner] |
| vizinho (m) | հարևան | [are'van] |
| vizinha (f) | հարևանուհի | [arevanu'i] |
| vizinhos (pl) | հարևաններ | [areva'ŋer] |

## 84. Casa. Portas. Fechaduras

| | | |
|---|---|---|
| porta (f) | դուռ | [dur] |
| portão (m) | դարբաս | [dar'bas] |
| maçaneta (f) | բռնակ | [brnak] |
| destrancar (vt) | բացել | [ba'tsel] |
| abrir (vt) | բացել | [ba'tsel] |
| fechar (vt) | փակել | [pa'kel] |

| | | |
|---|---|---|
| chave (f) | բանալի | [bana'li] |
| molho (m) | կապոց | [ka'pots] |
| ranger (vi) | ճռալ | [tʃral] |
| rangido (m) | ճռող | [tʃrots] |
| dobradiça (f) | ծխնի | [tsh'ni] |
| tapete (m) de entrada | փոքր գորգ | [pokr 'gorg] |

| | | |
|---|---|---|
| fechadura (f) | փական | [pa'kan] |
| buraco (m) da fechadura | փականի անցք | [paka'ni 'antsk] |
| ferrolho (m) | սողնակ | [soh'nak] |
| fecho (ferrolho pequeno) | սողնակ | [soh'nak] |
| cadeado (m) | կողպեք | [koh'pek] |

| | | |
|---|---|---|
| tocar (vt) | զանգել | [za'ŋel] |
| toque (m) | զանգ | [zaŋ] |
| campainha (f) | զանգ | [zaŋ] |
| botão (m) | կոճak | [ko'tʃak] |
| batida (f) | թակոց | [ta'kots] |
| bater (vi) | թակել | [ta'kel] |

| | | |
|---|---|---|
| código (m) | կոդ | [kod] |
| fechadura (f) de código | կոդային փական | [koda'jın pa'kan] |

| telefone (m) de porta | դոմոֆոն | [domo'fon] |
| número (m) | համար | [a'mar] |
| placa (f) de porta | gուgանակ | [tsutsa'nak] |
| vigia (f), olho (m) mágico | դիտանցք | [di'tantsk] |

## 85. Casa de campo

| aldeia (f) | գյուղ | [gyh] |
| horta (f) | բանջարանոց | [bandʒara'nots] |

| cerca (f) | ցանկապատ | [tsaŋka'pat] |
| paliçada (f) | ցանկապատ | [tsaŋka'pat] |
| cancela (f) do jardim | դռնակ | [drnak] |

| celeiro (m) | շտեմարան | [ʃtema'ran] |
| adega (f) | մառան | [ma'ran] |
| galpão, barracão (m) | ցախանոց | [tsaha'nots] |
| poço (m) | ջրհոր | [dʒror] |

| fogão (f) | վառարան | [vara'ran] |
| atiçar o fogo | վառել | [va'rel] |
| lenha (carvão ou ~) | վառելափայտ | [varela'pajt] |
| acha (lenha) | ծղան | [tshan] |

| varanda (f) | պատշգամբ | [patʃ'gamb] |
| alpendre (m) | տեռաս | [te'ras] |

| degraus (m pl) de entrada | սանդղամուտք | [sandha'mutk] |
| balouço (m) | ճօճանակ | [tʃotʃa'nak] |

## 86. Castelo. Palácio

| castelo (m) | դղյակ | [dɦak] |
| palácio (m) | պալատ | [pa'lat] |
| fortaleza (f) | ամրոց | [am'rots] |

| muralha (f) | պատ | [pat] |
| torre (f) | աշտարակ | [aʃta'rak] |
| torre (f) de menagem | գլխավոր աշտարակ | [glha'vor aʃta'rak] |

| grade (f) levadiça | բարձրացվող դարբաս | [bardzrats'voh dar'bas] |
| passagem (f) subterrânea | գետնանցում | [getnan'tsum] |
| fosso (m) | փոս | [pos] |

| corrente, cadeia (f) | շղթա | [ʃhta] |
| seteira (f) | հրակնատ | [ɛrak'nat] |

| magnífico | հոյակապ | [oja'kap] |
| majestoso | վեհասքանչ | [veas'kantʃ] |

| inexpugnável | անառիկ | [ana'rik] |
| medieval | միջնադարյան | [midʒnada'rʲan] |

## 87. Apartamento

| | | |
|---|---|---|
| apartamento (m) | բնակարան | [bnaka'ran] |
| quarto (m) | սենյակ | [se'ɲak] |
| quarto (m) de dormir | ննջարան | [ŋdʒa'ran] |
| sala (f) de jantar | ճաշասենյակ | [ʧaʃʌse'ɲak] |
| sala (f) de estar | հյուրասենյակ | [jurase'ɲak] |
| escritório (m) | աշխատասենյակ | [aʃhatase'ɲak] |

| | | |
|---|---|---|
| antessala (f) | նախասենյակ | [nahase'ɲak] |
| quarto (m) de banho | լոգարան | [loga'ran] |
| toilette (lavabo) | զուգարան | [zuga'ran] |

| | | |
|---|---|---|
| teto (m) | առաստաղ | [aras'tah] |
| chão, soalho (m) | հատակ | [a'tak] |
| canto (m) | անկյուն | [a'ŋkyn] |

## 88. Apartamento. Limpeza

| | | |
|---|---|---|
| arrumar, limpar (vt) | հավաքել | [ava'kel] |
| arrumar, guardar (vt) | հավաքել | [ava'kel] |
| pó (m) | փոշի | [po'ʃi] |
| empoeirado | փոշոտ | [po'ʃot] |
| limpar o pó | փոշին սրբել | [po'ʃin sr'bel] |
| aspirador (m) | փոշեկուլ | [poʃe'kul] |
| aspirar (vt) | փոշեկուլով մաքրել | [poʃeku'lov mak'rel] |

| | | |
|---|---|---|
| varrer (vt) | ավլել | [av'lel] |
| sujeira (f) | աղբ | [ahb] |
| arrumação (f), ordem (f) | կարգ ու կանոն | ['karg u ka'non] |
| desordem (f) | խառնաշփոթ | [harnaʃ'pot] |

| | | |
|---|---|---|
| esfregona (f) | շվաբր | [ʃvabr] |
| pano (m), trapo (m) | շնչոց | [dʒndʒots] |
| vassoura (f) | ավել | [a'vel] |
| pá (f) de lixo | աղբակալ | [ahba'kal] |

## 89. Mobiliário. Interior

| | | |
|---|---|---|
| mobiliário (m) | կահույք | [ka'ujk] |
| mesa (f) | սեղան | [se'han] |
| cadeira (f) | աթոռ | [a'tor] |
| cama (f) | մահճակալ | [mahʧa'kal] |
| divã (m) | բազմոց | [baz'mots] |
| cadeirão (m) | բազկաթոռ | [bazka'tor] |

| | | |
|---|---|---|
| estante (f) | գրապահարան | [grapa:'ran] |
| prateleira (f) | դարակ | [da'rak] |

| | | |
|---|---|---|
| guarda-vestidos (m) | պահարան | [pa:'ran] |
| cabide (m) de parede | կախարան | [kaha'ran] |

| cabide (m) de pé | կախիչ | [ka'hots] |
| cómoda (f) | կոմոդ | [ko'mod] |
| mesinha (f) de centro | սեղանիկ | [seha'nik] |

| espelho (m) | հայելի | [aje'li] |
| tapete (m) | գորգ | [gorg] |
| tapete (m) pequeno | փոքր գորգ | [pokr 'gorg] |

| lareira (f) | բուխարի | [buha'ri] |
| vela (f) | մոմ | [mom] |
| castiçal (m) | մոմակալ | [moma'kal] |

| cortinas (f pl) | վարագույր | [vara'gujr] |
| papel (m) de parede | պաստառ | [pas'tar] |
| estores (f pl) | շերտավարագույր | [ʃərtavara'gujr] |

| candeeiro (m) de mesa | սեղանի լամպ | [seha'ni 'lamp] |
| candeeiro (m) de parede | ջահ | [dʒah] |
| candeeiro (m) de pé | ձողաջահ | [dzoha'dʒah] |
| lustre (m) | ջահ | [dʒah] |

| perna (da cadeira, etc.) | ոտիկ | [to'tik] |
| braço (m) | արմնկակալ | [armŋka'kal] |
| costas (f pl) | թիկնակ | [tik'nak] |
| gaveta (f) | դարակ | [da'rak] |

## 90. Quarto de dormir

| roupa (f) de cama | սպիտակեղեն | [spitake'hen] |
| almofada (f) | բարձ | [bardz] |
| fronha (f) | բարձի երես | [bar'dzi e'res] |
| cobertor (m) | վերմակ | [ver'mak] |
| lençol (m) | սավան | [sa'van] |
| colcha (f) | ծածկոց | [tsats'kots] |

## 91. Cozinha

| cozinha (f) | խոհանոց | [hoa'nots] |
| gás (m) | գազ | [gaz] |
| fogão (m) a gás | գազօջախ | [gazo'dʒah] |
| fogão (m) elétrico | էլեկտրական սալօջախ | [ɛlektra'kan salo'dʒah] |
| forno (m) | ջեռոց | [dʒe'rots] |
| forno (m) de micro-ondas | միկրոալիքային վառարան | [mikroalika'jın vara'ran] |

| frigorífico (m) | սառնարան | [sarna'ran] |
| congelador (m) | սառնախցիկ | [sarnah'tsik] |
| máquina (f) de lavar louça | աման լվացող մեքենա | [a'man lva'tsoh meke'na] |

| moedor (m) de carne | մսաղաց | [msa'hats] |
| espremedor (m) | հյութքամիչ | [jutaka'mitʃ] |
| torradeira (f) | տոստեր | [tos'ter] |
| batedeira (f) | հարիչ | [a'ritʃ] |

| máquina (f) de café | սրճեփ | [srtʃep] |
| cafeteira (f) | սրճաման | [srtʃa'man] |
| moinho (m) de café | սրճաղաց | [srtʃa'hats] |

| chaleira (f) | թեյնիկ | [tej'nik] |
| bule (m) | թեյաման | [teja'man] |
| tampa (f) | կափարիչ | [kapa'ritʃ] |
| coador (f) de chá | թեյքամիչ | [tejka'mitʃ] |

| colher (f) | գդալ | [gdal] |
| colher (f) de chá | թեյի գդալ | [tejɪ g'dal] |
| colher (f) de sopa | ճաշի գդալ | [tʃaʃi g'dal] |
| garfo (m) | պատառաքաղ | [patara'kah] |
| faca (f) | դանակ | [da'nak] |

| louça (f) | սպասք | [spask] |
| prato (m) | ափսե | [ap'se] |
| pires (m) | պնակ | [pnak] |

| cálice (m) | ըմպանակ | [ɛmpa'nak] |
| copo (m) | բաժակ | [ba'ʒak] |
| chávena (f) | բաժակ | [ba'ʒak] |

| açucareiro (m) | շաքարաման | [ʃʌkara'man] |
| saleiro (m) | աղաման | [aha'man] |
| pimenteiro (m) | պղպեղաման | [phpeha'man] |
| manteigueira (f) | կարագի աման | [kara'gi a'man] |

| panela, caçarola (f) | կաթսա | [ka'tsa] |
| frigideira (f) | թավա | [ta'va] |
| concha (f) | շերեփ | [ʃə'rep] |
| passador (m) | քամիչ | [ka'mitʃ] |
| bandeja (f) | սկուտեղ | [sku'teh] |

| garrafa (f) | շիշ | [ʃiʃ] |
| boião (m) de vidro | բանկա | [ba'ŋka] |
| lata (f) | տարա | [ta'ra] |

| abre-garrafas (m) | բացիչ | [ba'tsitʃ] |
| abre-latas (m) | բացիչ | [ba'tsitʃ] |
| saca-rolhas (m) | խցանահան | [htsana'an] |
| filtro (m) | զտիչ | [ztitʃ] |
| filtrar (vt) | զտել | [ztel] |

| lixo (m) | աղբ | [ahb] |
| balde (m) do lixo | աղբի դույլ | [ahbi 'dujl] |

## 92. Casa de banho

| quarto (m) de banho | լոգարան | [loga'ran] |
| água (f) | ջուր | [dʒur] |
| torneira (f) | ծորակ | [tso'rak] |
| água (f) quente | տաք ջուր | [tak 'dʒur] |
| água (f) fria | սառը ջուր | ['sarɪ 'dʒur] |

85

| pasta (f) de dentes | ատամի մածուկ | [ata'mi ma'tsuk] |
| escovar os dentes | ատամները մաքրել | [atam'neri mak'rel] |

| barbear-se (vr) | սափրվել | [sapr'vel] |
| espuma (f) de barbear | սափրվելու փրփուր | [saprve'lu pr'pur] |
| máquina (f) de barbear | ածելի | [atse'li] |

| lavar (vt) | լվանալ | [lva'nal] |
| lavar-se (vr) | լվացվել | [lvats'vel] |
| duche (m) | ցնցուղ | [tsntsuh] |
| tomar um duche | դուշ ընդունել | ['duʃ ındu'nel] |

| banheira (f) | լողարան | [loha'ran] |
| sanita (f) | զուգարանակոնք | [zugarana'koŋk] |
| lavatório (m) | լվացարան | [lvatsa'ran] |

| sabonete (m) | օճառ | [o'tʃar] |
| saboneteira (f) | օճառաման | [otʃara'man] |

| esponja (f) | սպունգ | [spuŋ] |
| champô (m) | շամպուն | [ʃʌm'pun] |
| toalha (f) | սրբիչ | [srbitʃ] |
| roupão (m) de banho | խալաթ | [ha'lat] |

| lavagem (f) | լվացք | [lvatsk] |
| máquina (f) de lavar | լվացքի մեքենա | [lvats'ki meke'na] |
| lavar a roupa | սպիտակեղեն լվալ | [spitake'hen l'val] |
| detergente (m) | լվացքի փոշի | [lvats'ki po'ʃi] |

## 93. Eletrodomésticos

| televisor (m) | հեռուստացույց | [ɛrusta'tsujts] |
| gravador (m) | մագնիտոֆոն | [magnito'fon] |
| videogravador (m) | տեսամագնիտոֆոն | [tesamagnito'fon] |
| rádio (m) | ընդունիչ | [ındu'nitʃ] |
| leitor (m) | նվագարկիչ | [nvagar'kitʃ] |

| projetor (m) | տեսապրոյեկտոր | [tesaproek'tor] |
| cinema (m) em casa | տնային կինոթատրոն | [tna'jın kinotat'ron] |
| leitor (m) de DVD | DVD նվագարկիչ | [divi'di nvagar'kitʃ] |
| amplificador (m) | ուժեղացուցիչ | [uʒehatsu'tsitʃ] |
| console (f) de jogos | խաղային համակարգիչ | [haha'jın amakar'gitʃ] |

| câmara (f) de vídeo | տեսախցիկ | [tesah'tsik] |
| máquina (f) fotográfica | լուսանկարչական ապարատ | [lusaŋkartʃa'kan apa'rat] |
| câmara (f) digital | թվային լուսանկարչական ապարատ | [tva'jın lusaŋkartʃa'kan apa'rat] |

| aspirador (m) | փոշեկուլ | [poʃe'kul] |
| ferro (m) de engomar | արդուկ | [ar'duk] |
| tábua (f) de engomar | արդուկի տախտակ | [ardu'ki tah'tak] |

| telefone (m) | հեռախոս | [ɛra'hos] |
| telemóvel (m) | բջջային հեռախոս | [bdʒa'jın ɛra'hos] |

| | | |
|---|---|---|
| máquina (f) de escrever | տպող մեքենա | [t'poh meke'na] |
| máquina (f) de costura | կարի մեքենա | [ka'ri meke'na] |

| | | |
|---|---|---|
| microfone (m) | միկրոֆոն | [mikro'fon] |
| auscultadores (m pl) | ականջակալներ | [akandʒakal'ner] |
| controlo remoto (m) | հեռականավարման վահանակ | [ɛrakaravar'man va:'nak] |

| | | |
|---|---|---|
| CD (m) | խտասկավառակ | [htaskava'rak] |
| cassete (f) | ձայներիզ | [dzajne'riz] |
| disco (m) de vinil | սկավառակ | [skava'rak] |

## 94. Reparações. Renovação

| | | |
|---|---|---|
| renovação (f) | վերանորոգում | [veranoro'gum] |
| renovar (vt), fazer obras | վերանորոգում անել | [veranoro'gum a'nel] |
| reparar (vt) | վերանորոգել | [veranoro'gel] |
| consertar (vt) | կարգի բերել | [kar'gi be'rel] |
| refazer (vt) | ձևափոխել | [dzevapo'hel] |

| | | |
|---|---|---|
| tinta (f) | ներկ | [nerk] |
| pintar (vt) | ներկել | [ner'kel] |
| pintor (m) | ներկարար | [nerka'rar] |
| pincel (m) | վրձին | [vrdzin] |

| | | |
|---|---|---|
| cal (f) | սպիտակածեփ | [spitaka'tsep] |
| caiar (vt) | սպիտակեցնել | [spitakets'nel] |

| | | |
|---|---|---|
| papel (m) de parede | պաստառ | [pas'tar] |
| colocar papel de parede | պաստառապատել | [pastarapa'tel] |
| verniz (m) | լաք | [lak] |
| envernizar (vt) | լաքապատել | [lakapa'tel] |

## 95. Canalizações

| | | |
|---|---|---|
| água (f) | ջուր | [dʒur] |
| água (f) quente | տաք ջուր | [tak 'dʒur] |
| água (f) fria | սառը ջուր | ['sarı 'dʒur] |
| torneira (f) | ծորակ | [tso'rak] |

| | | |
|---|---|---|
| gota (f) | կաթիլ | [ka'til] |
| gotejar (vi) | կաթել | [ka'tel] |
| vazar (vt) | արտահոսել | [artao'sel] |
| vazamento (m) | արտահոսք | [arta'osk] |
| poça (f) | ջրակույտ | [dʒra'kujt] |

| | | |
|---|---|---|
| tubo (m) | խողովակ | [hoho'vak] |
| válvula (f) | փական | [pa'kan] |
| entupir-se (vr) | խցանվել | [htsan'vel] |

| | | |
|---|---|---|
| ferramentas (f pl) | գործիքներ | [gortsik'ner] |
| chave (f) inglesa | բացովի մանեկաձգարձակ | [batso'vi manekadar'zak] |

| | | |
|---|---|---|
| desenroscar (vt) | էտ պտտել | ['et pttel] |
| enroscar (vt) | ձգել | [dz'gel] |

| | | |
|---|---|---|
| desentupir (vt) | մաքրել | [mak'rel] |
| canalizador (m) | սանտեխնիկ | [santeh'nik] |
| cave (f) | նկուղ | [ŋkuh] |
| sistema (m) de esgotos | կոյուղի | [koju'hi] |

## 96. Fogo. Deflagração

| | | |
|---|---|---|
| incêndio (m) | կրակ | [krak] |
| chama (f) | բոց | [bots] |
| faísca (f) | կայծ | [kajts] |
| fumo (m) | ծուխ | [tsuh] |
| tocha (f) | ջահ | [dʒah] |
| fogueira (f) | խարույկ | [ha'rujk] |

| | | |
|---|---|---|
| gasolina (f) | բենզին | [ben'zin] |
| querosene (m) | նավթ | [navt] |
| inflamável | դյուրավառ | [dyra'var] |
| explosivo | պայթունավտանգ | [pajtunav'taŋ] |
| PROIBIDO FUMAR! | Չ'ԾԽԵԼ | [tʃts'hel] |

| | | |
|---|---|---|
| segurança (f) | անվտանգություն | [anvtaŋu'tsyn] |
| perigo (m) | վտանգ | [vtaŋ] |
| perigoso | վտանգավոր | [vtaŋa'vor] |

| | | |
|---|---|---|
| incendiar-se (vr) | բռնկվել | [brŋkvel] |
| explosão (f) | պայթյուն | [paj'tsyn] |
| incendiar (vt) | հրկիզել | [ɛrki'zel] |
| incendiário (m) | հրկիզող | [ɛrki'zoh] |
| incêndio (m) criminoso | հրկիզում | [ɛrki'zum] |

| | | |
|---|---|---|
| arder (vi) | բոցավառվել | [botsavar'vel] |
| queimar (vi) | այրվել | [ajr'vel] |
| queimar tudo (vi) | այրվել | [ajr'vel] |

| | | |
|---|---|---|
| bombeiro (m) | հրդեհային | [ɛrdea'jın] |
| carro (m) de bombeiros | հրշեջ մեքենա | [ɛr'ʃedʒ meke'na] |
| corpo (m) de bombeiros | հրշեջ ջոկատ | [ɛr'ʃedʒ dʒo'kat] |
| escada (f)extensível | հրդեհաշեջ սանդուղք | [ırdea'ʃedʒ san'duhk] |

| | | |
|---|---|---|
| mangueira (f) | փող | [poh] |
| extintor (m) | կրակմարիչ | [krakma'ritʃ] |
| capacete (m) | սաղավարտ | [saha'vart] |
| sirene (f) | շչակ | [ʃtʃak] |

| | | |
|---|---|---|
| gritar (vi) | ճչալ | [tʃı'tʃal] |
| chamar por socorro | օգնություն կանչել | [ognu'tian kan'tʃel] |
| salvador (m) | փրկարար | [prka'rar] |
| salvar, resgatar (vt) | փրկել | [prkel] |

| | | |
|---|---|---|
| chegar (vi) | ժամանել | [ʒama'nel] |
| apagar (vt) | հանգցնել | [aŋts'nel] |

| água (f) | ջուր | [dʒur] |
| areia (f) | ավազ | [a'vaz] |

| ruínas (f pl) | փլատակներ | [platak'ner] |
| ruir (vi) | փլատակվել | [platak'vel] |
| desmoronar (vi), | փուլ գալ | ['pul gal] |
| ir abaixo | փլվել | [plvel] |

| fragmento (m) | բեկոր | [be'kor] |
| cinza (f) | մոխիր | [mo'hir] |

| sufocar (vi) | խեղդվել | [hehd'vel] |
| ser morto, morrer (vi) | մեռնել | [mer'nel] |

# ATIVIDADES HUMANAS

# Emprego. Negócios. Parte 1

## 97. Banca

| | | |
|---|---|---|
| banco (m) | բանկ | [baŋk] |
| sucursal, balcão (f) | բաժանմունք | [baʒan'muŋk] |
| | | |
| consultor (m) | խորհրդատու | [horɛrda'tu] |
| gerente (m) | կառավարիչ | [karava'ritʃ] |
| | | |
| conta (f) | հաշիվ | [a'ʃiv] |
| número (m) da conta | հաշվի համար | [aʃ'vi a'mar] |
| conta (f) corrente | ընթացիկ հաշիվ | [ɛnta'tsik a'ʃiv] |
| conta (f) poupança | կուտակային հաշիվ | [kutaka'jın a'ʃiv] |
| | | |
| abrir uma conta | հաշիվ բացել | [a'ʃiv ba'tsel] |
| fechar uma conta | հաշիվ փակել | [a'ʃiv pa'kel] |
| depositar na conta | հաշվի վրա զգել | [aʃ'vi vra g'tsel] |
| levantar (vt) | հաշվից հանել | [aʃ'vits a'nel] |
| | | |
| depósito (m) | ավանդ | [a'vand] |
| fazer um depósito | ավանդ ներդնել | [a'vand nerd'nel] |
| transferência (f) bancária | փոխանցում | [pohan'tsum] |
| transferir (vt) | փոխանցում կատարել | [pohan'tsum kata'rel] |
| | | |
| soma (f) | գումար | [gu'mar] |
| Quanto? | Որքա՞ն | [vor'kan] |
| | | |
| assinatura (f) | ստորագրություն | [storagru'tsyn] |
| assinar (vt) | ստորագրել | [storag'rel] |
| | | |
| cartão (m) de crédito | վարկային քարտ | [varka'jın 'kart] |
| código (m) | կոդ | [kod] |
| número (m) do cartão de crédito | վարկային քարտի համար | [varka'jın kar'ti a'mar] |
| Caixa Multibanco (m) | բանկոմատ | [baŋko'mat] |
| | | |
| cheque (m) | չեք | [tʃek] |
| passar um cheque | չեք դուրս գրել | [tʃek durs g'rel] |
| livro (m) de cheques | չեքային գրքույկ | [tʃeka'jın gr'kujk] |
| | | |
| empréstimo (m) | վարկ | [vark] |
| pedir um empréstimo | դիմել վարկ ստանալու համար | [di'mel 'vark stana'lu a'mar] |
| obter um empréstimo | վարկ վերցնել | ['vark verts'nel] |
| conceder um empréstimo | վարկ տրամադրել | ['vark tramad'rel] |
| garantia (f) | գրավական | [grava'kan] |

## 98. Telefone. Conversação telefônica

| | | |
|---|---|---|
| telefone (m) | հեռախոսս | [ɛra'hos] |
| telemóvel (m) | բջջային հեռախոսս | [bdʒa'jın ɛra'hos] |
| secretária (f) electrónica | ինքնապատասխանիչ | [iŋknapatasha'nitʃ] |

| | | |
|---|---|---|
| fazer uma chamada | զանգահարել | [zaŋa:'rel] |
| chamada (f) | զանգ | [zaŋ] |

| | | |
|---|---|---|
| marcar um número | համարը հավաքել | [a'marı ava'kel] |
| Alô! | Ալո՛ | [a'lo] |
| perguntar (vt) | հարցնել | [arts'nel] |
| responder (vt) | պատասխանել | [patasha'nel] |

| | | |
|---|---|---|
| ouvir (vt) | լսել | [lsel] |
| bem | լավ | [lav] |
| mal | վատ | [vat] |
| ruído (m) | խանգարումներ | [haŋarum'ner] |

| | | |
|---|---|---|
| auscultador (m) | լսափող | [lsa'poh] |
| pegar o telefone | լսափողը վերցնել | [lsa'pohı verts'nel] |
| desligar (vi) | լսափողը դնել | [lsa'pohı d'nel] |

| | | |
|---|---|---|
| ocupado | զբաղված | [zbah'vats] |
| tocar (vi) | զանգել | [za'ŋel] |
| lista (f) telefónica | հեռախոսագիրք | [ɛrahosa'girk] |

| | | |
|---|---|---|
| local | տեղային | [teha'jın] |
| para outra cidade | միջքաղաքային | [midʒkahaka'jın] |
| internacional | միջազգային | [midʒazga'jın] |

## 99. Telefone môvel

| | | |
|---|---|---|
| telemóvel (m) | բջջային հեռախոսս | [bdʒa'jın ɛra'hos] |
| ecrã (m) | էկրան | [ɛk'ran] |
| botão (m) | կոճակ | [ko'tʃak] |
| cartão SIM (m) | SIM-քարտ | [sim 'kart] |

| | | |
|---|---|---|
| bateria (f) | մարտկոց | [mart'kots] |
| descarregar-se | լիցքաթափվել | [litskatap'vel] |
| carregador (m) | լիցքավորման սարք | [litskavor'man 'sark] |

| | | |
|---|---|---|
| menu (m) | մենյու | [me'ny] |
| definições (f pl) | լարք | [lark] |
| melodia (f) | մեղեդի | [mehe'di] |
| escolher (vt) | ընտրել | [ınt'rel] |

| | | |
|---|---|---|
| calculadora (f) | հաշվիչ | [aʃ'vitʃ] |
| correio (m) de voz | ինքնապատասխանիչ | [iŋknapatasha'nitʃ] |
| despertador (m) | զարթուցիչ | [zartu'tsitʃ] |
| contatos (m pl) | հեռախոսագիրք | [ɛrahosa'girk] |
| mensagem (f) de texto | SMS-հաղորդագրություն | [SMS ahordagru'tsyn] |
| assinante (m) | բաժանորդ | [baʒa'nord] |

## 100. Estacionário

| | | |
|---|---|---|
| caneta (f) | ինքնահոս գրիչ | [iŋkna'os g'ritʃ] |
| caneta (f) tinteiro | փետրավոր գրիչ | [petra'vor g'ritʃ] |
| | | |
| lápis (m) | մատիտ | [ma'tit] |
| marcador (m) | նշիչ | [nʃitʃ] |
| caneta (f) de feltro | ֆլոմաստեր | [flomas'ter] |
| | | |
| bloco (m) de notas | նոթատետր | [nota'tetr] |
| agenda (f) | օրագիրք | [ora'girg] |
| | | |
| régua (f) | քանոն | [ka'non] |
| calculadora (f) | հաշվիչ | [aʃ'vitʃ] |
| borracha (f) | ռետին | [re'tin] |
| pionés (m) | սեղնակ | [seve'rak] |
| clipe (m) | ամրակ | [am'rak] |
| | | |
| cola (f) | սոսինձ | [so'sindz] |
| agrafador (m) | ճարմանդակարիչ | [tʃarmandaka'ritʃ] |
| furador (m) | ծակոտիչ | [tsako'titʃ] |
| afia-lápis (m) | սրիչ | [sritʃ] |

# Emprego. Negócios. Parte 2

## 101. Media

| | | |
|---|---|---|
| jornal (m) | թերթ | [tert] |
| revista (f) | ամսագիր | [amsa'gir] |
| imprensa (f) | մամուլ | [ma'mul] |
| rádio (m) | ռադիո | ['radio] |
| estação (f) de rádio | ռադիոկայան | [radioka'jan] |
| televisão (f) | հեռուստատեսություն | [ɛrustatesu'tsyn] |
| | | |
| apresentador (m) | հաղորդավար | [ahorda'var] |
| locutor (m) | հաղորդավար | [ahorda'var] |
| comentador (m) | մեկնաբան | [mekna'ban] |
| | | |
| jornalista (m) | լրագրող | [lrag'roh] |
| correspondente (m) | թղթակից | [thta'kits] |
| repórter (m) fotográfico | ֆոտոթղթակից | [fotothta'kits] |
| repórter (m) | լրագրող | [lrag'roh] |
| | | |
| redator (m) | խմբագիր | [hmba'gir] |
| redator-chefe (m) | գլխավոր խմբագիր | [glha'vor hmba'gir] |
| | | |
| assinar a ... | բաժանորդագրվել | [bazanordagr'vel] |
| assinatura (f) | բաժանորդագրություն | [bazanordagru'tsyn] |
| assinante (m) | բաժանորդագիր | [bazanorda'gir] |
| ler (vt) | ընթերցել | [ɛnter'tsel] |
| leitor (m) | ընթերցող | [ɛnter'tsoh] |
| | | |
| tiragem (f) | տպաքանակ | [tpaka'nak] |
| mensal | ամսական | [amsa'kan] |
| semanal | շաբաթական | [ʃʌbata'kan] |
| número (jornal, revista) | համար | [a'mar] |
| recente | թարմ | [tarm] |
| | | |
| título (m) | վերնագիր | [verna'gir] |
| pequeno artigo (m) | նյութ | [nyt] |
| coluna (~ semanal) | խորագիր | [hora'gir] |
| artigo (m) | հոդված | [od'vats] |
| página (f) | էջ | [ɛdʒ] |
| | | |
| reportagem (f) | լրահաղորդում | [lra:hor'dum] |
| evento (m) | դեպք | [depk] |
| sensação (f) | սենսացիա | [sen'satsia] |
| escândalo (m) | սկանդալ | [skan'dal] |
| escandaloso | սկանդալային | [skandala'jın] |
| grande | մեծ | [mets] |
| | | |
| programa (m) de TV | հաղորդում | [ahor'dum] |
| entrevista (f) | հարցազրույց | [artsaz'rujts] |

93

| transmissão (f) em direto | ուղիղ հեռարձակում | [u'hih ɛrardza'kum] |
| canal (m) | ալիք | [a'lik] |

## 102. Agricultura

| agricultura (f) | գյուղատնտեսություն | [gyhatntesu'tsyn] |
| camponês (m) | գյուղացի | [gyha'tsi] |
| camponesa (f) | գյուղացի | [gyha'tsi] |
| agricultor (m) | ֆերմեր | [fer'mer] |

| trator (m) | տրակտոր | [trak'tor] |
| ceifeira-debulhadora (f) | կոմբայն | [kom'bajn] |

| arado (m) | գութան | [gu'tan] |
| arar (vt) | վարել | [va'rel] |
| campo (m) lavrado | վարելահող | [varela'oh] |
| rego (m) | ակոս | [a'kos] |

| semear (vt) | ցանել | [tsa'nel] |
| semeadora (f) | սերմնացան մեքենա | [sermna'tsan meke'na] |
| semeação (f) | ցանք | [tsaŋk] |

| gadanha (f) | գերանդի | [geran'di] |
| gadanhar (vt) | հնձել | [ɪn'dzel] |

| pá (f) | բահ | [bah] |
| cavar (vt) | փորել | [po'rel] |

| enxada (f) | քացին | [ka'tsin] |
| carpir (vt) | քաղհանել | [kaha'nel] |
| erva (f) daninha | մոլախոտ | [mola'hot] |

| regador (m) | ցնցուղ | [tsntsuh] |
| regar (vt) | ոռոգել | [voro'gel] |
| rega (f) | ոռոգում | [voro'gum] |

| forquilha (f) | եղան | [e'han] |
| ancinho (m) | փոսխ | [posh] |

| fertilizante (m) | պարարտանյութ | [pararta'nyt] |
| fertilizar (vt) | պարարտացնել | [parartats'nel] |
| estrume (m) | թրիք | [trik] |

| campo (m) | դաշտ | [daʃt] |
| prado (m) | մարգագետին | [margage'tin] |
| horta (f) | բանջարանոց | [bandʒara'nots] |
| pomar (m) | այգի | [aj'gi] |

| pastar (vt) | արածացնել | [aratsats'nel] |
| pastor (m) | հովիվ | [o'viv] |
| pastagem (f) | արոտավայր | [arota'vajr] |

| pecuária (f) | անասնաբուծություն | [anasnabutsu'tsyn] |
| criação (f) de ovelhas | ոչխարաբուծություն | [votʃharabutsu'tsyn] |

| | | |
|---|---|---|
| plantação (f) | պլանտացիա | [plan'tatsia] |
| canteiro (m) | մարգ | [marg] |
| invernadouro (m) | ջերմոց | [dʒer'mots] |

| | | |
|---|---|---|
| seca (f) | երաշտ | [e'raʃt] |
| seco (verão ~) | չորային | [tʃora'jɪn] |

| | | |
|---|---|---|
| cereais (m pl) | հացաբույսեր | [atsabuj'ser] |
| colher (vt) | բերքահավաքել | [berka:va'kel] |

| | | |
|---|---|---|
| moleiro (m) | ջրաղացպան | [dʒrahats'pan] |
| moinho (m) | ալրաղաց | [alra'hats] |
| moer (vt) | գործել աղալ | [tso'ren a'hal] |
| farinha (f) | ալյուր | [a'lyr] |
| palha (f) | ծղոտ | [tshot] |

## 103. Construção. Processo de construção

| | | |
|---|---|---|
| canteiro (m) de obras | շինարարություն | [ʃinararu'tsyn] |
| construir (vt) | կառուցել | [karu'tsel] |
| construtor (m) | շինարար | [ʃina'rar] |

| | | |
|---|---|---|
| projeto (m) | նախագիծ | [naha'gits] |
| arquiteto (m) | ճարտարապետ | [tʃartara'pet] |
| operário (m) | բանվոր | [ban'vor] |

| | | |
|---|---|---|
| fundação (f) | հիմք | [imk] |
| telhado (m) | տանիք | [ta'nik] |
| estaca (f) | ցցագերան | [tsage'ran] |
| parede (f) | պատ | [pat] |

| | | |
|---|---|---|
| varões (m pl) para betão | ամրան | [am'ran] |
| andaime (m) | շինանյութ | [ʃina'pajt] |

| | | |
|---|---|---|
| betão (m) | բետոն | [be'ton] |
| granito (m) | գրանիտ | [gra'nit] |
| pedra (f) | քար | [kar] |
| tijolo (m) | աղյուս | [a'hys] |

| | | |
|---|---|---|
| areia (f) | ավազ | [a'vaz] |
| cimento (m) | ցեմենտ | [tse'ment] |
| emboço (m) | ծեփ | [tsep] |
| emboçar (vt) | սվաղել | [sva'hel] |

| | | |
|---|---|---|
| tinta (f) | ներկ | [nerk] |
| pintar (vt) | ներկել | [ner'kel] |
| barril (m) | տակառ | [ta'kar] |

| | | |
|---|---|---|
| grua (f), guindaste (m) | ամբարձիչ | [ambar'dzitʃ] |
| erguer (vt) | բարձրացնել | [bardzrats'nel] |
| baixar (vt) | իջեցնել | [idʒets'nel] |

| | | |
|---|---|---|
| buldózer (m) | բուլդոզեր | [buldo'zer] |
| escavadora (f) | էքսկավատոր | [ɛkskava'tor] |

caçamba (f)              շերեփ             [ʃəˈrep]
escavar (vt)             փորել             [poˈrel]
capacete (m) de proteção  սաղավարտ          [sahaˈvart]

# Profissões e ocupações

## 104. Procura de emprego. Demissão

| | | |
|---|---|---|
| trabalho (m) | աշխատանք | [aʃha'taŋk] |
| pessoal (m) | աշխատակազմ | [aʃhata'kazm] |
| carreira (f) | կարիերա | [ka'rjera] |
| perspetivas (f pl) | հեռանկար | [ɛra'ŋkar] |
| mestria (f) | վարպետություն | [varpetu'tsyn] |
| seleção (f) | ընտրություն | [ɪntru'tsyn] |
| agência (f) de emprego | աշխատանքի տեղավորման գործակալություն | [aʃhata'ŋki tehavor'man gortsakalu'tsyn] |
| CV, currículo (m) | ինքնակենսագրություն | [iŋknakensagru'tsyn] |
| entrevista (f) para um emprego | հարցազրույց | [artsaz'rujts] |
| vaga (f) | թափուր աշխատատեղ | [ta'pur aʃhata'teh] |
| salário (m) | աշխատավարձ | [aʃhata'vardz] |
| salário (m) fixo | դրույք | [drujk] |
| pagamento (m) | վարձավճար | [vardzav'tʃar] |
| posto (m) | պաշտոն | [paʃ'ton] |
| dever (do empregado) | պարտականություն | [partakanu'tsyn] |
| gama (f) de deveres | շրջանակ | [ʃrdʒa'nak] |
| ocupado | զբաղված | [zbah'vats] |
| despedir, demitir (vt) | հեռացնել | [ɛrats'nel] |
| demissão (f) | հեռացում | [ɛra'tsum] |
| desemprego (m) | գործազրկություն | [gortsazrku'tsyn] |
| desempregado (m) | գործազուրկ | [gortsa'zurk] |
| reforma (f) | թոշակ | [to'ʃʌk] |
| reformar-se | թոշակի գնալ | [toʃʌ'ki g'nal] |

## 105. Gente de negócios

| | | |
|---|---|---|
| diretor (m) | տնoրեն | [tno'ren] |
| gerente (m) | կառավարիչ | [karava'ritʃ] |
| patrão, chefe (m) | ղեկավար | [heka'var] |
| superior (m) | պետ | [pet] |
| superiores (m pl) | ղեկավարություն | [hekavaru'tsyn] |
| presidente (m) | նախագահ | [naha'ga] |
| presidente (m) de direção | նախագահ | [naha'ga] |
| substituto (m) | տեղակալ | [teha'kal] |
| assistente (m) | oգնական | [ogna'kan] |

| secretário (m) | քարտուղար | [kartu'har] |
| secretário (m) pessoal | անձնական քարտուղար | [andzna'kan kartu'har] |

| homem (m) de negócios | գործարար | [gortsa'rar] |
| empresário (m) | ձեռներեց | [dzerne'rets] |
| fundador (m) | հիմնադիր | [imna'dir] |
| fundar (vt) | հիմնադրել | [imnad'rel] |

| fundador, sócio (m) | սահմանադրող | [sahmmanad'roh] |
| parceiro, sócio (m) | գործընկեր | [gortsı'ŋker] |
| acionista (m) | բաժնետեր | [baʒne'ter] |

| milionário (m) | միլիոնատեր | [miliona'ter] |
| bilionário (m) | միլիարդեր | [miliarda'ter] |
| proprietário (m) | սեփականատեր | [sepakana'ter] |
| proprietário (m) de terras | հողատեր | [oha'ter] |
| cliente (m) | հաճախորդ | [atʃa'hord] |
| cliente (m) habitual | մշտական հաճախորդ | [mʃta'kan atʃa'hord] |
| comprador (m) | գնորդ | [gnord] |
| visitante (m) | հաճախորդ | [atʃa'hord] |

| profissional (m) | պրոֆեսիոնալ | [profesio'nal] |
| perito (m) | փորձագետ | [pordza'get] |
| especialista (m) | մասնագետ | [masna'get] |

| banqueiro (m) | բանկատեր | [baŋka'ter] |
| corretor (m) | բրոկեր | [b'roker] |

| caixa (m, f) | գանձապահ | [gandza'pa] |
| contabilista (m) | հաշվապահ | [aʃva'pah] |
| guarda (m) | անվտանգության աշխատակից | [anvtaŋu'tsʲan aʃhata'kits] |
| investidor (m) | ներդրող | [nerd'roh] |
| devedor (m) | պարտապան | [parta'pan] |
| credor (m) | վարկառու | [varka'ru] |
| mutuário (m) | փոխառու | [poha'ru] |

| importador (m) | ներկրող | [nerk'roh] |
| exportador (m) | արտահանող | [arta:'noh] |

| produtor (m) | արտադրող | [artad'roh] |
| distribuidor (m) | դիստրիբյուտոր | [distriby'tor] |
| intermediário (m) | միջնորդ | [midʒ'nord] |

| consultor (m) | խորհրդատու | [horɛrda'tu] |
| representante (m) | ներկայացուցիչ | [nerkajatsu'tsitʃ] |
| agente (m) | գործակալ | [gortsa'kal] |
| agente (m) de seguros | ապահովագրական գործակալ | [apaovagra'kan gortsa'kal] |

## 106. Profissões de serviços

| cozinheiro (m) | խոհարար | [hoa'rar] |
| cozinheiro chefe (m) | շեֆ-խոհարար | ['ʃef hoa'rar] |

| padeiro (m) | հացթուխ | [ats'tuh] |
|---|---|---|
| barman (m) | բարմեն | [bar'men] |
| empregado (m) de mesa | մատուցող | [matu'tsoh] |
| empregada (f) de mesa | մատուցողուհի | [matutsohu'i] |

| advogado (m) | փաստաբան | [pasta'ban] |
|---|---|---|
| jurista (m) | իրավաբան | [irava'ban] |
| notário (m) | նոտար | [no'tar] |

| eletricista (m) | մոնտյոր | [mon'tɜr] |
|---|---|---|
| canalizador (m) | սանտեխնիկ | [santeh'nik] |
| carpinteiro (m) | ատաղձագործ | [atahdza'gorts] |

| massagista (m) | մերսող | [mer'soh] |
|---|---|---|
| massagista (f) | մերսող | [mer'soh] |
| médico (m) | բժիշկ | [bʒiʃk] |

| taxista (m) | տակսու վարորդ | [tak'su va'rord] |
|---|---|---|
| condutor (automobilista) | վարորդ | [va'rord] |
| entregador (m) | առաքիչ | [ara'kitʃ] |

| camareira (f) | սպասավորուհի | [spasavoru'i] |
|---|---|---|
| guarda (m) | անվտանգության աշխատակից | [anvtaŋu'tsian aʃhata'kits] |
| hospedeira (f) de bordo | ուղեկցորդուհի | [uhektsordu'i] |

| professor (m) | ուսուցիչ | [usu'tsitʃ] |
|---|---|---|
| bibliotecário (m) | գրադարանավար | [gradarana'var] |
| tradutor (m) | թարգմանիչ | [targma'nitʃ] |
| intérprete (m) | թարգմանիչ | [targma'nitʃ] |
| guia (pessoa) | գիդ | [gid] |

| cabeleireiro (m) | վարսահարդար | [varsa:r'dar] |
|---|---|---|
| carteiro (m) | փոստատար | [posta'tar] |
| vendedor (m) | վաճառող | [vatʃa'roh] |

| jardineiro (m) | այգեպան | [ajge'pan] |
|---|---|---|
| criado (m) | աղախին | [aha'hin] |
| criada (f) | աղախին | [aha'hin] |
| empregada (f) de limpeza | հավաքարար | [avaka'rar] |

## 107. Profissões militares e postos

| soldado (m) raso | շարքային | [ʃʌrka'jin] |
|---|---|---|
| sargento (m) | սերժանտ | [ser'ʒant] |
| tenente (m) | լեյտենանտ | [lejte'nant] |
| capitão (m) | կապիտան | [kapi'tan] |

| major (m) | մայոր | [ma'jor] |
|---|---|---|
| coronel (m) | գնդապետ | [gnda'pet] |
| general (m) | գեներալ | [gene'ral] |
| marechal (m) | մարշալ | [mar'ʃʌl] |
| almirante (m) | ադմիրալ | [admi'ral] |
| militar (m) | զինվորական | [zinvora'kan] |

| soldado (m) | զինվոր | [zin'vor] |
| oficial (m) | սպա | [spa] |
| comandante (m) | հրամանատար | [ɛramana'tar] |

| guarda (m) fronteiriço | սահմանապահ | [sahmana'pa] |
| operador (m) de rádio | ռադիոկապավոր | [radiokapa'vor] |
| explorador (m) | հետախույզ | [ɛta'hujz] |
| sapador (m) | սակրավոր | [sakra'vor] |
| atirador (m) | հրաձիգ | [ɛra'dzig] |
| navegador (m) | ղեկապետ | [heka'pet] |

## 108. Oficiais. Padres

| rei (m) | թագավոր | [taga'vor] |
| rainha (f) | թագուհի | [tagu'i] |

| príncipe (m) | արքայազն | [arka'jazn] |
| princesa (f) | արքայադուստր | [arkaja'dustr] |

| czar (m) | թագավոր | [taga'vor] |
| czarina (f) | թագուհի | [tagu'i] |

| presidente (m) | նախագահ | [naha'ga] |
| ministro (m) | նախարար | [naha'rar] |
| primeiro-ministro (m) | վարչապետ | [vartʃa'pet] |
| senador (m) | սենատոր | [sena'tor] |

| diplomata (m) | դիվանագետ | [divana'get] |
| cônsul (m) | հյուպատոս | [jupa'tos] |
| embaixador (m) | դեսպան | [des'pan] |
| conselheiro (m) | խորհրդական | [horɛrda'kan] |

| funcionário (m) | պետական պաշտոնյա | [peta'kan paʃto'ɲa] |
| prefeito (m) | ոստիկանապետ | [vostikana'pet] |
| Presidente (m) da Câmara | քաղաքապետ | [kahaka'pet] |

| juiz (m) | դատավոր | [data'vor] |
| procurador (m) | դատախազ | [data'haz] |

| missionário (m) | միսիոներ | [misio'ner] |
| monge (m) | վանական | [vana'kan] |
| abade (m) | աբբատ | [ab'bat] |
| rabino (m) | ռավվին | [rav'vin] |

| vizir (m) | վեզիր | [ve'zir] |
| xá (m) | շահ | [ʃʌh] |
| xeque (m) | շեյխ | [ʃəjh] |

## 109. Profissões agrícolas

| apicultor (m) | մեղվապահ | [mehva'pa] |
| pastor (m) | հովիվ | [o'viv] |

| | | |
|---|---|---|
| agrónomo (m) | ագրոնոմ | [agro'nom] |
| criador (m) de gado | անասնաբույծ | [anasna'bujts] |
| veterinário (m) | անասնաբույժ | [anasna'bujʒ] |

| | | |
|---|---|---|
| agricultor (m) | ֆերմեր | [fer'mer] |
| vinicultor (m) | գինեգործ | [gine'gorts] |
| zoólogo (m) | կենդանաբան | [kendana'ban] |
| cowboy (m) | կովբոյ | [kov'boj] |

## 110. Profissões artísticas

| | | |
|---|---|---|
| ator (m) | դերասան | [dera'san] |
| atriz (f) | դերասանուհի | [derasanu'i] |

| | | |
|---|---|---|
| cantor (m) | երգիչ | [er'gitʃ] |
| cantora (f) | երգչուհի | [ergtʃu'i] |

| | | |
|---|---|---|
| bailarino (m) | պարող | [pa'roh] |
| bailarina (f) | պարուհի | [paru'i] |

| | | |
|---|---|---|
| artista (m) | դերասան | [dera'san] |
| artista (f) | դերասանուհի | [derasanu'i] |

| | | |
|---|---|---|
| músico (m) | երաժիշտ | [era'ʒiʃt] |
| pianista (m) | դաշնակահար | [daʃnaka'ar] |
| guitarrista (m) | կիթառահար | [kitara'ar] |

| | | |
|---|---|---|
| maestro (m) | դիրիժոր | [diri'ʒɜr] |
| compositor (m) | կոմպոզիտոր | [kompozi'tor] |
| empresário (m) | իմպրեսարիո | [impre'sario] |

| | | |
|---|---|---|
| realizador (m) | ռեժիսոր | [reʒi'sɜr] |
| produtor (m) | պրոդյուսեր | [prody'ser] |
| argumentista (m) | սցենարի հեղինակ | [stsena'ri ɕhi'nak] |
| crítico (m) | քննադատ | [kŋa'dat] |

| | | |
|---|---|---|
| escritor (m) | գրող | [groh] |
| poeta (m) | բանաստեղծ | [banas'tehts] |
| escultor (m) | քանդակագործ | [kandaka'gorts] |
| pintor (m) | նկարիչ | [ŋka'ritʃ] |

| | | |
|---|---|---|
| malabarista (m) | ձեռնածու | [dzerna'tsu] |
| palhaço (m) | ծաղրածու | [tsahra'tsu] |
| acrobata (m) | ակրոբատ | [akro'bat] |
| mágico (m) | աճպարար | [atʃpa'rar] |

## 111. Várias profissões

| | | |
|---|---|---|
| médico (m) | բժիշկ | [bʒiʃk] |
| enfermeira (f) | բուժքույր | [buʒ'kujr] |
| psiquiatra (m) | հոգեբույժ | [oge'bujʒ] |
| estomatologista (m) | ատամնաբույժ | [atamna'bujʒ] |

| | | |
|---|---|---|
| cirurgião (m) | վիրաբույժ | [vira'bujʒ] |
| astronauta (m) | աստղանավորդ | [asthana'vord] |
| astrónomo (m) | աստղագետ | [astha'get] |
| piloto (m) | օդաչու | [oda'tʃu] |
| | | |
| motorista (m) | վարորդ | [va'rord] |
| maquinista (m) | մեքենավար | [mekena'var] |
| mecânico (m) | մեխանիկ | [meha'nik] |
| | | |
| mineiro (m) | հանքափոր | [aŋka'por] |
| operário (m) | բանվոր | [ban'vor] |
| serralheiro (m) | փականագործ | [pakana'gorts] |
| marceneiro (m) | ատաղձագործ | [atahdza'gorts] |
| torneiro (m) | խառատ | [ha'rat] |
| construtor (m) | շինարար | [ʃina'rar] |
| soldador (m) | զոդագործ | [zoda'gorts] |
| | | |
| professor (m) catedrático | պրոֆեսոր | [profe'sor] |
| arquiteto (m) | ճարտարապետ | [tʃartara'pet] |
| historiador (m) | պատմաբան | [patma'ban] |
| cientista (m) | գիտնական | [gitna'kan] |
| físico (m) | ֆիզիկոս | [fizi'kos] |
| químico (m) | քիմիկոս | [kimi'kos] |
| | | |
| arqueólogo (m) | հնագետ | [ɛna'get] |
| geólogo (m) | երկրաբան | [erkra'ban] |
| pesquisador (cientista) | հետազոտող | [ɛtazo'toh] |
| | | |
| babysitter (f) | դայակ | [da'jak] |
| professor (m) | մանկավարժ | [maŋka'varʒ] |
| | | |
| redator (m) | խմբագիր | [hmba'gir] |
| redator-chefe (m) | գլխավոր խմբագիր | [glha'vor hmba'gir] |
| correspondente (m) | թղթակից | [thta'kits] |
| datilógrafa (f) | մեքենագրուհի | [mekenagru'i] |
| | | |
| designer (m) | դիզայներ | [dizaj'ner] |
| especialista (m) em informática | համակարգչի մասնագետ | [amakarg'tʃi masna'get] |
| programador (m) | ծրագրավորող | [tsragravo'roh] |
| engenheiro (m) | ինժեներ | [inʒe'ner] |
| | | |
| marujo (m) | ծովային | [tsova'jın] |
| marinheiro (m) | նավաստի | [navas'ti] |
| salvador (m) | փրկարար | [prka'rar] |
| | | |
| bombeiro (m) | հրշեջ | [ɛr'ʃədʒ] |
| polícia (m) | ոստիկան | [vosti'kan] |
| guarda-noturno (m) | պահակ | [pa'ak] |
| detetive (m) | խուզարկու | [huzar'ku] |
| | | |
| funcionário (m) da alfândega | մաքսավոր | [maksa'vor] |
| guarda-costas (m) | թիկնապահ | [tikna'pa] |
| guarda (m) prisional | պահակ | [pa'ak] |
| inspetor (m) | տեսուչ | [te'sutʃ] |
| desportista (m) | մարզիկ | [mar'zik] |

| | | |
|---|---|---|
| treinador (m) | մարզիչ | [mar'ziʧ] |
| talhante (m) | մսավաճառ | [msava'ʧar] |
| sapateiro (m) | կոշկակար | [koʃka'kar] |
| comerciante (m) | առևտրական | [arevtra'kan] |
| carregador (m) | բեռնակիր | [berna'kir] |
| | | |
| estilista (m) | մոդելյեր | [mode'ʎjer] |
| modelo (f) | մոդել | [mo'deʎ] |

## 112. Ocupações. Estatuto social

| | | |
|---|---|---|
| aluno, escolar (m) | աշակերտ | [aʃʌ'kert] |
| estudante (~ universitária) | ուսանող | [usa'noh] |
| | | |
| filósofo (m) | փիլիսոփա | [piliso'pa] |
| economista (m) | տնտեսագետ | [tntesa'get] |
| inventor (m) | գյուտարար | [gyta'rar] |
| | | |
| desempregado (m) | գործազուրկ | [gortsa'zurk] |
| reformado (m) | թոշակառու | [toʃʌka'ru] |
| espião (m) | լրտես | [lrtes] |
| | | |
| preso (m) | բանտարկյալ | [bantar'kʲal] |
| grevista (m) | գործադուլավոր | [gortsadula'vor] |
| burocrata (m) | բյուրոկրատ | [byrok'rat] |
| viajante (m) | ճանապարհորդ | [ʧanapa'rord] |
| | | |
| homossexual (m) | համասեռամոլ | [amasera'mol] |
| hacker (m) | խակեր | [ha'ker] |
| | | |
| bandido (m) | ավազակ | [ava'zak] |
| assassino (m) a soldo | վարձու մարդասպան | [var'dzu mardas'pan] |
| toxicodependente (m) | թմրամոլ | [tmra'mol] |
| traficante (m) | թմրավաճառ | [tmrava'ʧar] |
| prostituta (f) | պոռնիկ | [por'nik] |
| chulo (m) | կավատ | [ka'vat] |
| | | |
| bruxo (m) | կախարդ | [ka'hard] |
| bruxa (f) | կախարդուհի | [kahardu'i] |
| pirata (m) | ծովահեն | [tsova'ɛn] |
| escravo (m) | ստրուկ | [struk] |
| samurai (m) | սամուրայ | [samu'raj] |
| selvagem (m) | վայրագ | [vaj'rag] |

# Desportos

## 113. Tipos de desportos. Desportistas

| | | |
|---|---|---|
| desportista (m) | մարզիկ | [mar'zik] |
| tipo (m) de desporto | մարզաձև | [marza'dzev] |
| basquetebol (m) | բասկետբոլ | [basket'bol] |
| jogador (m) de basquetebol | բասկետբոլիստ | [basketbo'list] |
| beisebol (m) | բեյսբոլ | [bejs'bol] |
| jogador (m) de beisebol | բեյսբոլիստ | [bejsbo'list] |
| futebol (m) | ֆուտբոլ | [fut'bol] |
| futebolista (m) | ֆուտբոլիստ | [futbo'list] |
| guarda-redes (m) | դարպասապահ | [darpasa'pa] |
| hóquei (m) | հոկեյ | [ho'kej] |
| jogador (m) de hóquei | հոկեյիստ | [hoke'ist] |
| voleibol (m) | վոլեյբոլ | [volej'bol] |
| jogador (m) de voleibol | վոլեյբոլիստ | [volejbo'list] |
| boxe (m) | բռնցքամարտ | [brntska'mart] |
| boxeador, pugilista (m) | բռնցքամարտիկ | [brntskamar'tik] |
| luta (f) | ըմբշամարտ | [ɪmbʃʌ'mart] |
| lutador (m) | ըմբիշ | [ɪm'biʃ] |
| karaté (m) | կարատե | [kara'te] |
| karateca (m) | կարատեիստ | [karate'ist] |
| judo (m) | ձյուդո | [dzy'do] |
| judoca (m) | ձյուդոիստ | [dzydo'ist] |
| ténis (m) | թենիս | [te'nis] |
| tenista (m) | թենիսիստ | [teni'sist] |
| natação (f) | լող | [loh] |
| nadador (m) | լողորդ | [lo'hord] |
| esgrima (f) | սուսերամարտ | [susera'mart] |
| esgrimista (m) | սուսերամարտիկ | [suseramar'tik] |
| xadrez (m) | շախմատ | [ʃʌh'mat] |
| xadrezista (m) | շախմատիստ | [ʃʌhma'tist] |
| alpinismo (m) | լեռնագնացություն | [lernagnatsu'tsyn] |
| alpinista (m) | լեռնագնաց | [lernag'nats] |
| corrida (f) | մրցավազք | [mrtsa'vazk] |

| | | |
|---|---|---|
| corredor (m) | մրցավազորդ | [mrtsava'zoh] |
| atletismo (m) | թեթև աթլետիկա | [te'tev at'letika] |
| atleta (m) | աթլետ | [at'let] |

| | | |
|---|---|---|
| hipismo (m) | ձիասպորտ | [dzias'port] |
| cavaleiro (m) | հեծյալ | [ɛ'tsʲal] |

| | | |
|---|---|---|
| patinagem (f) artística | գեղասահք | [geha'sahk] |
| patinador (m) | գեղասահորդ | [gehaso'hord] |
| patinadora (f) | գեղասահորդուհի | [gehasahordu'i] |

| | | |
|---|---|---|
| halterofilismo (m) | ծանրամարտ | [tsanra'mart] |
| halterofilista (m) | ծանրամարտիկ | [tsanramar'tik] |

| | | |
|---|---|---|
| corrida (f) de carros | ավտոմրցարշավ | [avtomrtsar'ʃʌv] |
| piloto (m) | ավտոմրցարշավորդ | [avtomrtsarʃʌ'vord] |

| | | |
|---|---|---|
| ciclismo (m) | հեծանվասպորտ | [ɛtsanvas'port] |
| ciclista (m) | հեծանվորդ | [ɛtsan'vord] |

| | | |
|---|---|---|
| salto (m) em comprimento | երկարացատկ | [erkara'tsatk] |
| salto (m) à vara | ձողով ցատկ | [dzo'hov 'tsatk] |
| atleta (m) de saltos | ցատկորդ | [tsat'kord] |

## 114. Tipos de desportos. Diversos

| | | |
|---|---|---|
| futebol (m) americano | ամերիկյան ֆուտբոլ | [ameri'kʲan fut'bol] |
| badminton (m) | բադմինտոն | [badmin'ton] |
| biatlo (m) | բիատլոն | [biat'lon] |
| bilhar (m) | բիլյարդ | [bi'ʎjard] |

| | | |
|---|---|---|
| bobsleigh (m) | բոբսլեյ | [bobs'lej] |
| musculação (f) | բոդիբիլդինգ | [bodi'bildiŋ] |
| polo (m) aquático | ջրային պոլո | [dʒra'jın 'polo] |
| handebol (m) | գանդբոլ | [gand'bol] |
| golfe (m) | գոլֆ | [goʎf] |
| remo (m) | թիավարություն | [tiavaru'tsyn] |
| mergulho (m) | դայվինգ | ['dajviŋ] |
| corrida (f) de esqui | դահուկային մրցավազք | [dauka'jın mrtsa'vazk] |
| ténis (m) de mesa | սեղանի թենիս | [seha'ni te'nis] |

| | | |
|---|---|---|
| vela (f) | առագաստանավային սպորտ | [aragastanava'jın s'port] |
| rali (m) | ավտոմրցարշավ | [avtomrtsar'ʃʌv] |
| râguebi (m) | ռեգբի | ['regbi] |
| snowboard (m) | սնոուբորդ | [snou'bord] |
| tiro (m) com arco | նետաձգություն | [netadzgu'tsyn] |

## 115. Ginásio

| | | |
|---|---|---|
| barra (f) | ծանրաձող | [tsanra'dzoh] |
| halteres (m pl) | մարզագնդեր | [marzagn'der] |

| aparelho (m) de musculaçao | մարզային սարքավորանք | [marza'jın sarkavo'raŋk] |
| bicicleta (f) ergométrica | հեծանվային մարզասարք | [ɛtsanva'jın marza'sark] |
| passadeira (f) de corrida | վազքուղի | [vazku'hi] |

| barra (f) fixa | մարզաձող | [marza'dzoh] |
| barras (f) paralelas | զուգափայտեր | [zugapaj'ter] |
| cavalo (m) | ձմույգ | [nʒujg] |
| tapete (m) de ginástica | մատ | [mat] |

| aeróbica (f) | աէրոբիկա | [aə'robika] |
| ioga (f) | յոգա | ['joga] |

## 116. Desportos. Diversos

| Jogos (m pl) Olímpicos | օլիմպիական խաղեր | [olimpia'kan ha'her] |
| vencedor (m) | հաղթող | [ah'toh] |
| vencer (vi) | հաղտել | [ah'tel] |
| vencer, ganhar (vi) | հաղթել | [ah'tel] |

| líder (m) | առաջատար | [aradʒa'tar] |
| liderar (vt) | գլխավորել | [glhavo'rel] |

| primeiro lugar (m) | առաջին տեղ | [ara'dʒin 'teh] |
| segundo lugar (m) | երկրորդ տեղ | [erk'rord 'teh] |
| terceiro lugar (m) | երրորդ տեղ | [er'rord 'teh] |

| medalha (f) | մեդալ | [me'dal] |
| troféu (m) | հաղթանշան | [ahtan'ʃʌn] |
| taça (f) | գավաթ | [ga'vat] |
| prémio (m) | մրցանակ | [mrtsa'nak] |
| prémio (m) principal | գլխավոր մրցանակ | [glha'vor mrtsa'nak] |

| recorde (m) | ռեկորդ | [re'kord] |
| estabelecer um recorde | սահմանել ռեկորդ | [sahma'nel re'kord] |

| final (m) | ավարտ | [a'vart] |
| final | եզրափակիչ | [ezrapa'kitʃ] |

| campeão (m) | չեմպյոն | [tʃempi'on] |
| campeonato (m) | առաջնություն | [aradʒnu'tsyn] |

| estádio (m) | մարզադաշտ | [marza'daʃt] |
| bancadas (f pl) | տրիբունա | [tri'buna] |
| fã, adepto (m) | մարզասեր | [marza'ser] |
| adversário (m) | հակառակորդ | [akara'kord] |

| partida (f) | մեկնարկ | [mek'nark] |
| chegada, meta (f) | վերջնագիծ | [verdʒna'gits] |

| derrota (f) | պարտություն | [partu'tsyn] |
| perder (vt) | պարտվել | [part'vel] |

| árbitro (m) | մրցավար | [mrtsa'var] |
| júri (m) | ժյուրի | ['ʒyri] |

| resultado (m) | հաշիվ | [a'ʃiv] |
|---|---|---|
| empate (m) | ոչ ոքի | ['votʃ vo'ki] |
| empatar (vi) | ոչ ոքի խաղալ | ['votʃ vo'ki ha'hal] |
| ponto (m) | միավոր | [mia'vor] |
| resultado (m) final | արդյունք | [ar'dyŋk] |

| intervalo (m) | ընդմիջում | [ɪndmi'dʒum] |
|---|---|---|
| doping (m) | դոպինգ | [do'piŋ] |
| penalizar (vt) | տուգանել | [tuga'nel] |
| desqualificar (vt) | որակազրկել | [vorakazr'kel] |

| aparelho (m) | մարզագործիք | [marzagor'tsik] |
|---|---|---|
| dardo (m) | նիզակ | [ni'zak] |
| peso (m) | գունդ | [gund] |
| bola (f) | գնդակ | [gndak] |

| alvo, objetivo (m) | նշանակետ | [nʃʌna'ket] |
|---|---|---|
| alvo (~ de papel) | նշանակետ | [nʃʌna'ket] |
| atirar, disparar (vi) | կրակել | [kra'kel] |
| preciso (tiro ~) | ճշգրիտ | [tʃʃgrit] |

| treinador (m) | մարզիչ | [mar'zitʃ] |
|---|---|---|
| treinar (vt) | մարզել | [mar'zel] |
| treinar-se (vr) | մարզվել | [marz'vel] |
| treino (m) | մարզում | [mar'zum] |

| ginásio (m) | մարզադահլիճ | [marzadah'litʃ] |
|---|---|---|
| exercício (m) | վարժություն | [varʒu'tsyn] |
| aquecimento (m) | նախավարժանք | [nahavar'ʒaŋk] |

# Educação

## 117. Escola

| | | |
|---|---|---|
| escola (f) | դպրոց | [dprots] |
| diretor (m) de escola | դպրոցի տնօրեն | [dpro'tsi tno'ren] |
| | | |
| aluno (m) | աշակերտ | [aʃʌ'kert] |
| aluna (f) | աշակերտուհի | [aʃʌkertu'i] |
| escolar (m) | աշակերտ | [aʃʌ'kert] |
| escolar (f) | դպրոցական | [dprotsa'kan] |
| | | |
| ensinar (vt) | դասավանդել | [dasavan'del] |
| aprender (vt) | սովորել | [sovo'rel] |
| aprender de cor | անգիր անել | [a'ŋir a'nel] |
| | | |
| estudar (vi) | սովորել | [sovo'rel] |
| andar na escola | սովորել | [sovo'rel] |
| ir à escola | դպրոց գնալ | [dp'rots gnal] |
| | | |
| alfabeto (m) | այբուբեն | [ajbu'ben] |
| disciplina (f) | առարկա | [arar'ka] |
| | | |
| sala (f) de aula | դասարան | [dasa'ran] |
| lição (f) | դաս | [das] |
| recreio (m) | դասամիջոց | [dasami'dʒots] |
| toque (m) | զանգ | [zaŋ] |
| carteira (f) | դասասեղան | [dasase'han] |
| quadro (m) negro | գրատախտակ | [gratah'tak] |
| | | |
| nota (f) | թվանշան | [tvan'ʃʌn] |
| boa nota (f) | լավ թվանշան | ['lav tvan'ʃʌn] |
| nota (f) baixa | վատ թվանշան | ['vat tvan'ʃʌn] |
| dar uma nota | թվանշան նշանակել | [tvan'ʃʌn nʃʌna'kel] |
| | | |
| erro (m) | սխալ | [shal] |
| fazer erros | սխալներ թույլ տալ | [shal'ner 'tujl 'tal] |
| corrigir (vt) | ուղղել | [u'hel] |
| cábula (f) | ծածկաթերթիկ | [tsatskater'tik] |
| | | |
| dever (m) de casa | տնային առաջադրանք | [tna'jın aradʒad'raŋk] |
| exercício (m) | վարժություն | [varʒu'tsyn] |
| | | |
| estar presente | ներկա լինել | [ner'ka li'nel] |
| estar ausente | բացակայել | [batsaka'el] |
| | | |
| punir (vt) | պատժել | [pat'ʒel] |
| punição (f) | պատիժ | [pa'tiʒ] |
| comportamento (m) | վարք | ['vark] |
| boletim (m) escolar | օրագիր | [ora'gir] |

| lápis (m) | մատիտ | [ma'tit] |
|---|---|---|
| borracha (f) | ռետին | [re'tin] |
| giz (m) | կավիճ | [ka'vitʃ] |
| estojo (m) | գրչատուփ | [grtʃa'tup] |

| pasta (f) escolar | դասապայուսակ | [dasapaju'sak] |
|---|---|---|
| caneta (f) | գրիչ | [gritʃ] |
| caderno (m) | տետր | [tetr] |
| manual (m) escolar | դասագիրք | [dasa'girk] |
| compasso (m) | կարկին | [kar'kin] |

| traçar (vt) | գծագրել | [gtsag'rel] |
|---|---|---|
| desenho (m) técnico | գծագիր | [gtsa'gir] |

| poesia (f) | բանաստեղծություն | [banastehtsu'tsyn] |
|---|---|---|
| de cor | անգիր | [a'ŋir] |
| aprender de cor | անգիր անել | [a'ŋir a'nel] |

| férias (f pl) | արձակուրդներ | [ardzakurd'ner] |
|---|---|---|
| estar de férias | արձակուրդների մեջ լինել | [ardzakurdne'ri 'medz li'nel] |

| teste (m) | ստուգողական աշխատանք | [stugoha'kan aʃha'taŋk] |
|---|---|---|
| composição, redação (f) | շարադրություն | [ʃʌradru'tsyn] |
| ditado (m) | թելադրություն | [teladru'tsyn] |

| exame (m) | քննություն | [kŋu'tsyn] |
|---|---|---|
| fazer exame | քննություն հանձնել | [kŋu'tsyn andz'nel] |
| experiência (~ química) | փորձ | [pordz] |

## 118. Colégio. Universidade

| academia (f) | ակադեմիա | [aka'demia] |
|---|---|---|
| universidade (f) | համալսարան | [amalsa'ran] |
| faculdade (f) | ֆակուլտետ | [fakul'tet] |

| estudante (m) | ուսանող | [usa'noh] |
|---|---|---|
| estudante (f) | ուսանողուհի | [usanohu'i] |
| professor (m) | դասախոս | [dasa'hos] |

| sala (f) de palestras | լսարան | [lsa'ran] |
|---|---|---|
| graduado (m) | շրջանավարտ | [ʃrdʒana'vart] |

| diploma (m) | դիպլոմ | [dip'lom] |
|---|---|---|
| tese (f) | դիսերտացիա | [diser'tatsia] |

| estudo (obra) | հետազոտություն | [ɛtazotu'tsyn] |
|---|---|---|
| laboratório (m) | լաբորատորիա | [labora'toria] |

| palestra (f) | դասախոսություն | [dasahosu'tsyn] |
|---|---|---|
| colega (m) de curso | համակուրսեցի | [amakurse'tsi] |

| bolsa (f) de estudos | կրթաթոշակ | [krtato'ʃʌk] |
|---|---|---|
| grau (m) académico | գիտական աստիճան | [gita'kan asti'tʃan] |

## 119. Ciências. Disciplinas

| | | |
|---|---|---|
| matemática (f) | մաթեմատիկա | [mate'matika] |
| álgebra (f) | հանրահաշիվ | [anra:'ʃiv] |
| geometria (f) | երկրաչափություն | [erkratʃapu'tsyn] |

| | | |
|---|---|---|
| astronomia (f) | աստղագիտություն | [asthagitu'tsyn] |
| biologia (f) | կենսաբանություն | [kensabanu'tsyn] |
| geografia (f) | աշխարհագրություն | [aʃharagru'tsyn] |
| geologia (f) | երկրաբանություն | [erkrabanu'tsyn] |
| história (f) | պատմություն | [patmu'tsyn] |

| | | |
|---|---|---|
| medicina (f) | բժշկություն | [bʒʃku'tsyn] |
| pedagogia (f) | մանկավարժություն | [maŋkavarʒu'tsyn] |
| direito (m) | իրավունք | [ira'vuŋk] |

| | | |
|---|---|---|
| física (f) | ֆիզիկա | ['fizika] |
| química (f) | քիմիա | ['kimia] |
| filosofia (f) | փիլիսոփայություն | [pilisopaju'tsyn] |
| psicologia (f) | հոգեբանություն | [ogebanu'tsyn] |

## 120. Sistema de escrita. Ortografia

| | | |
|---|---|---|
| gramática (f) | քերականություն | [kerakanu'tsyn] |
| vocabulário (m) | բառագիտություն | [baragitu'tsyn] |
| fonética (f) | հնչյունաբանություն | [ɛntʃunabanu'tsyn] |

| | | |
|---|---|---|
| substantivo (m) | գոյական | [goja'kan] |
| adjetivo (m) | ածական | [atsa'kan] |
| verbo (m) | բայ | [baj] |
| advérbio (m) | մակբայ | [mak'baj] |

| | | |
|---|---|---|
| pronome (m) | դերանուն | [dera'nun] |
| interjeição (f) | ձայնարկություն | [dzajnarku'tsyn] |
| preposição (f) | նախդիր | [nah'dir] |

| | | |
|---|---|---|
| raiz (f) da palavra | արմատ | [ar'mat] |
| terminação (f) | վերջավորություն | [verdʒavoru'tsyn] |
| prefixo (m) | նախածանց | [naha'tsants] |
| sílaba (f) | վանկ | [vaŋk] |
| sufixo (m) | վերջածանց | [verdʒa'tsants] |

| | | |
|---|---|---|
| acento (m) | շեշտ | [ʃeʃt] |
| apóstrofo (m) | ապաթարց | [apa'tarts] |

| | | |
|---|---|---|
| ponto (m) | վերջակետ | [verdʒa'ket] |
| vírgula (f) | ստորակետ | [stora'ket] |
| ponto e vírgula (m) | միջակետ | [midʒa'ket] |
| dois pontos (m pl) | բութ | [but] |
| reticências (f pl) | բազմակետ | [bazma'ket] |

| | | |
|---|---|---|
| ponto (m) de interrogação | հարցական նշան | [artsa'kan n'ʃʌn] |
| ponto (m) de exclamação | բացականչական նշան | [batsakantʃa'kan n'ʃʌn] |

| aspas (f pl) | չակերտներ | [tʃakert'ner] |
|---|---|---|
| entre aspas | չակերտների մեջ | [tʃakertne'ri 'medʒ] |
| parênteses (m pl) | փակագծեր | [pakag'tser] |
| entre parênteses | փակագծերի մեջ | [pakagtse'ri 'medʒ] |

| hífen (m) | միացման գիծ | [miats'man 'gits] |
|---|---|---|
| travessão (m) | անջատման գիծ | [andʒat'man 'gits] |
| espaço (m) | բաց | [bats] |

| letra (f) | տառ | [tar] |
|---|---|---|
| letra (f) maiúscula | մեծատառ | [metsa'tar] |

| vogal (f) | ձայնավոր | [dzajna'vor] |
|---|---|---|
| consoante (f) | բաղաձայն | [baha'dzajn] |

| frase (f) | նախադասություն | [nahadasu'tsyn] |
|---|---|---|
| sujeito (m) | ենթակա | [enta'ka] |
| predicado (m) | ստորոգյալ | [storo'giɑl] |

| linha (f) | տող | [toh] |
|---|---|---|
| em uma nova linha | նոր տողից | ['nor to'hits] |
| parágrafo (m) | պարբերություն | [parberu'tsyn] |

| palavra (f) | բառ | [bar] |
|---|---|---|
| grupo (m) de palavras | բառակապակցություն | [barakapaktsu'tsyn] |
| expressão (f) | արտահայտություն | [arta:jtu'tsyn] |
| sinónimo (m) | հոմանիշ | [oma'niʃ] |
| antónimo (m) | հականիշ | [aka'niʃ] |

| regra (f) | կանոն | [ka'non] |
|---|---|---|
| exceção (f) | բացառություն | [batsaru'tsyn] |
| correto | ճիշտ | [tʃiʃt] |

| conjugação (f) | խոնարհում | [hona'rum] |
|---|---|---|
| declinação (f) | հոլովում | [olo'vum] |
| caso (m) | հոլով | [o'lov] |
| pergunta (f) | հարց | [arts] |
| sublinhar (vt) | ընդգծել | [ɪndg'tsel] |
| linha (f) pontilhada | կետագիծ | [keta'gits] |

## 121. Línguas estrangeiras

| língua (f) | լեզու | [le'zu] |
|---|---|---|
| língua (f) estrangeira | օտար լեզու | [o'tar le'zu] |
| estudar (vt) | ուսումնասիրել | [usumnasi'rel] |
| aprender (vt) | սովորել | [sovo'rel] |

| ler (vt) | կարդալ | [kar'dal] |
|---|---|---|
| falar (vi) | խոսել | [ho'sel] |
| compreender (vt) | հասկանալ | [aska'nal] |
| escrever (vt) | գրել | [grel] |

| rapidamente | արագ | [a'rag] |
|---|---|---|
| devagar | դանդաղ | [dan'dah] |

| fluentemente | ազատ | [a'zat] |
|---|---|---|
| regras (f pl) | կանոն | [ka'non] |
| gramática (f) | քերականություն | [kerakanu'tsyn] |
| vocabulário (m) | բառապաշար | [baragitu'tsyn] |
| fonética (f) | հնչյունաբանություն | [ɛntʃunabanu'tsyn] |

| manual (m) escolar | դասագիրք | [dasa'girk] |
|---|---|---|
| dicionário (m) | բառարան | [bara'ran] |
| manual (m) de autoaprendizagem | ինքնուսույց | [iŋknu'sujts] |
| guia (m) de conversação | զրուցարան | [zrutsa'ran] |

| cassete (f) | ձայներիզ | [dzajne'riz] |
|---|---|---|
| vídeo cassete (m) | տեսաերիզ | [tesae'riz] |
| CD (m) | խտասկավառակ | [htaskava'rak] |
| DVD (m) | DVD-սկավառակ | [divi'di skava'rak] |

| alfabeto (m) | այբուբեն | [ajbu'ben] |
|---|---|---|
| soletrar (vt) | տառերով արտասանել | [tare'rov artasa'nel] |
| pronúncia (f) | արտասանություն | [artasanu'tsyn] |

| sotaque (m) | ակցենտ | [ak'tsent] |
|---|---|---|
| com sotaque | ակցենտով | [aktsen'tov] |
| sem sotaque | առանց ակցենտ | [a'rants ak'tsent] |

| palavra (f) | բառ | [bar] |
|---|---|---|
| sentido (m) | իմաստ | [i'mast] |

| cursos (m pl) | դասընթաց | [dasın'tats] |
|---|---|---|
| inscrever-se (vr) | գրանցվել | [grants'vel] |
| professor (m) | ուսուցիչ | [usu'tsitʃ] |

| tradução (processo) | թարգմանություն | [targmanu'tsyn] |
|---|---|---|
| tradução (texto) | թարգմանություն | [targmanu'tsyn] |
| tradutor (m) | թարգմանիչ | [targma'nitʃ] |
| intérprete (m) | թարգմանիչ | [targma'nitʃ] |

| poliglota (m) | պոլիգլոտ | [polig'lot] |
|---|---|---|
| memória (f) | հիշողություն | [iʃohu'tsyn] |

## 122. Personagens de contos de fadas

| Pai (m) Natal | Սանթա Քլաուս | ['santa k'laus] |
|---|---|---|
| sereia (f) | ջրահարս | [dʒra'ars] |

| mago (m) | կախարդ | [ka'hard] |
|---|---|---|
| fada (f) | կախարդուհի | [kahardu'i] |
| mágico | կախարդական | [kaharda'kan] |
| varinha (f) mágica | կախարդական փայտիկ | [kaharda'kan paj'tik] |

| conto (m) de fadas | հեքիաթ | [ɛki'at] |
|---|---|---|
| milagre (m) | հրաշք | [ɛ'raʃk] |
| anão (m) | թզուկ | [tzuk] |
| transformar-se em ... | ... դառնալ | [dar'nal] |

| fantasma (m) | ուրվական | [urva'kan] |
| espetro (m) | ուրվական | [urva'kan] |
| monstro (m) | հրեշ | [ɛ'reʃ] |
| dragão (m) | դև | [dev] |
| gigante (m) | հսկա | [ɛs'ka] |

## 123. Signos do Zodíaco

| Carneiro | Խոյ | [hoj] |
| Touro | Ցուլ | [tsul] |
| Gémeos | Երկվորյակներ | [erkvor'ak'ner] |
| Caranguejo | Խեցգետին | [hetsge'tin] |
| Leão | Առյուծ | [a'ryts] |
| Virgem | Կույս | [kujs] |

| Balança | Կշեռք | [kʃerk] |
| Escorpião | Կարիճ | [ka'ritʃ] |
| Sagitário | Աղեղնավոր | [ahehna'vor] |
| Capricórnio | Այծեղջյուր | [ajtseh'dʒyr] |
| Aquário | Ջրհոս | [dʒros] |
| Peixes | Ձկներ | [dzkner] |

| caráter (m) | բնավորություն | [bnavoru'tsyn] |
| traços (m pl) do caráter | բնավորության գծեր | [bnavoru'tsʲan g'tser] |
| comportamento (m) | վարքագիծ | [varka'gits] |
| predizer (vt) | գուշակել | [guʃʌ'kel] |
| adivinha (f) | գուշակ | [gu'ʃʌk] |
| horóscopo (m) | աստղագուշակ | [asthagu'ʃʌk] |

# Artes

## 124. Teatro

| | | |
|---|---|---|
| teatro (m) | թատրոն | [tat'ron] |
| ópera (f) | օպերա | [ope'ra] |
| opereta (f) | օպերետ | [ope'ret] |
| balé (m) | բալետ | [ba'let] |

| | | |
|---|---|---|
| cartaz (m) |ազդագիր | [azda'gir] |
| companhia (f) teatral | թատերախումբ | [tatera'humb] |
| turné (digressão) | հյուրախաղեր | [juraha'her] |
| estar em turné | հյուրախաղերով հանդես գալ | [jurahahe'rov an'des 'gal] |
| ensaiar (vt) | փորձ | [pordz] |
| ensaio (m) | փորձել | [por'dzel] |
| repertório (m) | խաղացանկ | [haha'tsaŋk] |

| | | |
|---|---|---|
| apresentação (f) | ներկայացում | [nerkaja'tsum] |
| espetáculo (m) | թատերական ներկայացում | [tatera'kan nerkaja'tsum] |
| peça (f) | պիես | [pi'es] |

| | | |
|---|---|---|
| bilhete (m) | տոմս | [toms] |
| bilheteira (f) | տոմսարկղ | [tom'sarkh] |
| hall (m) | նախասրահ | [nahas'ra] |
| guarda-roupa (m) | հանդերձարան | [anderdza'ran] |
| senha (f) numerada | համարապիտակ | [amarapi'tak] |
| binóculo (m) | հեռադիտակ | [ɛradi'tak] |
| lanterninha (m) | հսկիչ | [ɛs'kitʃ] |

| | | |
|---|---|---|
| plateia (f) | պարտեր | [par'ter] |
| balcão (m) | պատշգամբ | [patʃ'gamb] |
| primeiro balcão (m) | դստիկոն | [dsti'kon] |
| camarote (m) | օթյակ | [o'tʲak] |
| fila (f) | շարք | [ʃʌrk] |
| assento (m) | տեղ | [teh] |

| | | |
|---|---|---|
| público (m) | հասարակություն | [asaraku'tsyn] |
| espetador (m) | հանդիսատես | [andisa'tes] |
| aplaudir (vt) | ծափահարել | [tsapa:'rel] |
| aplausos (m pl) | ծափահարություններ | [tsapa:ru'tsy'ŋer] |
| ovação (f) | բուռն ծափահարություններ | ['burn tsapa:ru'tsy'ŋer] |

| | | |
|---|---|---|
| palco (m) | բեմ | [bem] |
| pano (m) de boca | վարագույր | [vara'gujr] |
| cenário (m) | բեմանկար | [bema'ŋkar] |
| bastidores (m pl) | կուլիսներ | [kulis'ner] |
| cena (f) | տեսարան | [tesa'ran] |
| ato (m) | ակտ | [akt] |
| entreato (m) | ընդմիջում | [ındmi'dʒum] |

## 125. Cinema

| | | |
|---|---|---|
| ator (m) | դերասան | [dera'san] |
| atriz (f) | դերասանուհի | [derasanu'i] |

| | | |
|---|---|---|
| cinema (m) | կինո | [ki'no] |
| filme (m) | կինոնկար | [kino'ŋkar] |
| episódio (m) | սերիա | ['seria] |

| | | |
|---|---|---|
| filme (m) policial | դետեկտիվ | [detek'tiv] |
| filme (m) de ação | մարտաֆիլմ | [marta'fiʌm] |
| filme (m) de aventuras | արկածային ֆիլմ | [arkatsa'jın 'fiʌm] |
| filme (m) de ficção científica | ֆանտաստիկ ֆիլմ | [fantas'tik 'fiʌm] |
| filme (m) de terror | սարսափ տեսաֆիլմ | [sar'sap 'fiʌm] |

| | | |
|---|---|---|
| comédia (f) | կինոկատակերգություն | [kinokatakergu'tsyn] |
| melodrama (m) | մելոդրամա | [melod'rama] |
| drama (m) | դրամա | [d'rama] |

| | | |
|---|---|---|
| filme (m) ficcional | գեղարվեստական կինոնկար | [geharvesta'kan kino'ŋkar] |
| documentário (m) | փաստագրական կինոնկար | [pastagra'kan kino'ŋkar] |
| desenho (m) animado | մուլտֆիլմ | [marta'fiʌm] |
| cinema (m) mudo | համր ֆիլմ | ['amr 'fiʌm] |

| | | |
|---|---|---|
| papel (m) | դեր | [der] |
| papel (m) principal | գլխավոր դեր | [glha'vor 'der] |
| representar (vt) | խաղալ | [ha'hal] |

| | | |
|---|---|---|
| estrela (f) de cinema | կինոսատղ | [kino'asth] |
| conhecido | հայտնի | [ajt'ni] |
| famoso | հայտնի | [ajt'ni] |
| popular | հանրաճանաչ | [anratʃa'natʃ] |

| | | |
|---|---|---|
| argumento (m) | սցենար | [stse'nar] |
| argumentista (m) | սցենարի հեղինակ | [stsena'ri ɛhi'nak] |
| realizador (m) | ռեժիսոր | [reʒi'sɜr] |
| produtor (m) | պրոդյուսեր | [prody'ser] |
| assistente (m) | օգնական | [ogna'kan] |
| diretor (m) de fotografia | օպերատոր | [ope'rator] |
| duplo (m) | կասկադոր | [kaska'dɜr] |

| | | |
|---|---|---|
| filmar (vt) | ֆիլմ նկարահանել | ['fiʌm ŋkara:'nel] |
| audição (f) | փորձ | [pordz] |
| filmagem (f) | նկարահանումներ | [ŋkara:num'ner] |
| equipe (f) de filmagem | նկարահանող խումբ | [ŋkara:'noh 'humb] |
| set (m) de filmagem | նկարահանման հարթակ | [ŋkara:n'man ar'tak] |
| câmara (f) | տեսախցիկ | [tesah'tsik] |

| | | |
|---|---|---|
| cinema (m) | կինոթատրոն | [kinotat'ron] |
| ecrã (m), tela (f) | էկրան | [ɛk'ran] |
| exibir um filme | ֆիլմ ցուցադրել | ['fiʌm tsutsad'rel] |

| | | |
|---|---|---|
| pista (f) sonora | հնչյունային ուղի | [ɛntʃuna'jın u'hi] |
| efeitos (m pl) especiais | հատուկ էֆեկտներ | [a'tuk ɛfekt'ner] |

| legendas (f pl) | եևթագիր | [enta'gir] |
| crédito (m) | մակագիր | [maka'gir] |
| tradução (f) | թարգմանություն | [targmanu'tsyn] |

## 126. Pintura

| arte (f) | արվեստ | [ar'vest] |
| belas-artes (f pl) | գեղեցիկ արվեստներ | [gehe'tsik arvest'ner] |
| galeria (f) de arte | ցուցասրահ | [tsutsas'ra] |
| exposição (f) de arte | եևարևերի ցուցահանդես | [ŋkarne'ri tsutsa:n'des] |

| pintura (f) | գեղանկարչություն | [gehaŋkartʃu'tsyn] |
| arte (f) gráfica | գծանկար | [gtsa'ŋkar] |
| arte (f) abstrata | աբստրակցիոնիզմ | [abstraktsio'nizm] |
| impressionismo (m) | իմպրեսիոնիզմ | [impressio'nizm] |

| pintura (f), quadro (m) | եկար | [ŋkar] |
| desenho (m) | եկար | [ŋkar] |
| cartaz, póster (m) | ձգապաստառ | [dzgapas'tar] |

| ilustração (f) | պատկերազարդում | [patkerazar'dum] |
| miniatura (f) | մաևրանկարչություն | [manraŋkartʃu'tsyn] |
| cópia (f) | կրկնօրինակ | [krknori'nak] |
| reprodução (f) | վերարտադրություն | [verartadru'tsyn] |

| mosaico (m) | խճանկար | [htʃa'ŋkar] |
| vitral (m) | ապակենախշ | [apake'nahʃ] |
| fresco (m) | որմնանկար | [vormna'ŋkar] |
| gravura (f) | փորագրանկար | [poragra'ŋkar] |

| busto (m) | կիսանդրի | [kisand'ri] |
| escultura (f) | քանդակ | [kan'dak] |
| estátua (f) | արձան | [ar'dzan] |
| gesso (m) | գիպս | [gips] |
| em gesso | գիպսե | [gip'se] |

| retrato (m) | դիմանկար | [dima'ŋkar] |
| autorretrato (m) | ինքնապատկեր | [iŋknapat'ker] |
| paisagem (f) | բնապատկեր | [bnapat'ker] |
| natureza (f) morta | նատյուրմորտ | [natyr'mort] |
| caricatura (f) | ծաղրանկար | [tsahra'ŋkar] |
| esboço (m) | ուրվանկար | [urva'ŋkar] |

| tinta (f) | ևերկ | [nerk] |
| aguarela (f) | ջրաներկ | [dʒra'nerk] |
| óleo (m) | յուղաներկ | [juha'nerk] |
| lápis (m) | մատիտ | [ma'tit] |
| tinta da China (f) | ստվերաներկ | [stvera'nerk] |
| carvão (m) | ածխամատիտ | [atshama'tit] |

| desenhar (vt) | ևկարել | [ŋka'rel] |
| pintar (vt) | ևկարել | [ŋka'rel] |
| posar (vi) | կեցվածք ընդունել | [kets'vatsk ɪndu'nel] |
| modelo (m) | բևորդ | [bnord] |

| modelo (f) | բնորդոիհի | [bnordu'i] |
|---|---|---|
| pintor (m) | նկարիչ | [ŋka'ritʃ] |
| obra (f) | ստեղծագործություն | [stehtsagortsu'tsyn] |
| obra-prima (f) | գլուխգործóց | [gluhgor'tsots] |
| estúdio (m) | արվեստանոց | [arvesta'nots] |

| tela (f) | կտավ | [ktav] |
|---|---|---|
| cavalete (m) | նկարակալ | [ŋkara'kal] |
| paleta (f) | ներկապնակ | [nerkap'nak] |

| moldura (f) | շրջանակ | [ʃrdʒa'nak] |
|---|---|---|
| restauração (f) | վերականգնում | [veraka'ŋum] |
| restaurar (vt) | վերականգնել | [veraka'ŋel] |

## 127. Literatura & Poesia

| literatura (f) | գրականություն | [grakanu'tsyn] |
|---|---|---|
| autor (m) | հեղինակ | [ɛhi'nak] |
| pseudónimo (m) | մականուն | [maka'nun] |

| livro (m) | գիրք | [girk] |
|---|---|---|
| volume (m) | հատոր | [a'tor] |
| índice (m) | բովանդակություն | [bovandaku'tsyn] |
| página (f) | էջ | [ɛdʒ] |
| protagonista (m) | գլխավոր հերոս | [glha'vor ɛ'ros] |
| autógrafo (m) | ինքնագիր | [iŋkna'gir] |

| conto (m) | պատմվածք | [patm'vatsk] |
|---|---|---|
| novela (f) | վեպ | [vep] |
| romance (m) | սիրավեպ | [sira'vep] |
| obra (f) | ստեղծագործություն | [stehtsagortsu'tsyn] |
| fábula (m) | առակ | [a'rak] |
| romance (m) policial | դետեկտիվ | [detek'tiv] |

| poesia (obra) | բանաստեղծություն | [banastehtsu'tsyn] |
|---|---|---|
| poesia (arte) | բանաստեղծություն | [banastehtsu'tsyn] |
| poema (m) | պոեմ | [po'ɛm] |
| poeta (m) | բանաստեղծ | [banas'tehts] |

| ficção (f) | արձակագրություն | [ardzakagru'tsyn] |
|---|---|---|
| ficção (f) científica | գիտական ֆանտաստիկա | [gita'kan fan'tastika] |
| aventuras (f pl) | արկածներ | [arkats'ner] |
| literatura (f) didática | ուսուցողական գրականություն | [usutsoha'kan grakanu'tsyn] |
| literatura (f) infantil | մանկական գրականություն | [maŋka'kan grakanu'tsyn] |

## 128. Circo

| circo (m) | կրկես | [krkes] |
|---|---|---|
| circo (m) ambulante | շարժուն կրկես | [ʃʌpi'to kr'kes] |
| programa (m) | ծրագիր | [tsra'gir] |
| apresentação (f) | ներկայացում | [nerkaja'tsum] |

117

| número (m) | համար | [a'mar] |
|---|---|---|
| arena (f) | հրապարակ | [ɛrapa'rak] |

| pantomima (f) | մնջախաղ | [mndʒa'hah] |
| palhaço (m) | ծաղրածու | [tsahra'tsu] |

| acrobata (m) | ակրոբատ | [akro'bat] |
| acrobacia (f) | ակրոբատիկա | [akro'batika] |
| ginasta (m) | մարմնամարզիկ | [marmnamar'zik] |
| ginástica (f) | մարմնամարզություն | [marmnamarzu'tsyn] |
| salto (m) mortal | սալտո | ['saʎto] |

| homem forte (m) | ծանրամարտիկ | [tsanramar'tik] |
| domador (m) | վարժեցնող | [varʒets'noh] |
| cavaleiro (m) equilibrista | հեծյալ | [ɛ'tsʲal] |
| assistente (m) | օգնական | [ogna'kan] |

| truque (m) | տրյուկ | [tryk] |
| truque (m) de mágica | աճպարարություն | [atʃpararu'tsyn] |
| mágico (m) | աճպարար | [atʃpa'rar] |

| malabarista (m) | ձեռնածու | [dzerna'tsu] |
| fazer malabarismos | ձեռնածություն անել | [dzernatsu'tsyn a'nel] |
| domador (m) | վարժեցնող | [varʒets'noh] |
| adestramento (m) | վարժեցնում | [vaʒe'tsum] |
| adestrar (vt) | վարժեցնել | [varʒets'nel] |

## 129. Música. Música popular

| música (f) | երաժշտություն | [eraʒʃtu'tsyn] |
|---|---|---|
| músico (m) | երաժիշտ | [era'ʒiʃt] |
| instrumento (m) musical | երաժշտական գործիք | [eraʒʃta'kan gor'tsik] |
| tocar ... | նվագել ... | [nva'gel] |

| guitarra (f) | կիթառ | [ki'tar] |
| violino (m) | ջութակ | [dʒu'tak] |
| violoncelo (m) | թավջութակ | [tavdʒu'tak] |
| contrabaixo (m) | կոնտրաբաս | [kontra'bas] |
| harpa (f) | տավիղ | [ta'vih] |

| piano (m) | դաշնամուր | [daʃna'mur] |
| piano (m) de cauda | դաշնամուր | [daʃna'mur] |
| órgão (m) | երգեհոն | [erge'on] |

| instrumentos (m pl) de sopro | փողավոր գործիքներ | [poha'vor gortsik'ner] |
| oboé (m) | հոբոյ | [go'boj] |
| saxofone (m) | սաքսոֆոն | [sakso'fon] |
| clarinete (m) | կլարնետ | [klar'net] |
| flauta (f) | ֆլեյտա | [f'lejta] |
| trompete (m) | շեփոր | [ʃe'por] |

| acordeão (m) | ակորդեոն | [akorde'on] |
| tambor (m) | թմբուկ | [tmbuk] |
| duo, dueto (m) | դուետ | [du'ɛt] |

| | | |
|---|---|---|
| trio (m) | երյակ | [e'r'ak] |
| quarteto (m) | քառյակ | [ka'r'ak] |
| coro (m) | երգչախումբ | [ergtʃa'humb] |
| orquestra (f) | նվագախումբ | [nvaga'humb] |

| | | |
|---|---|---|
| música (f) pop | պոպ երաժշտություն | ['pop eraʒʃtu'tsyn] |
| música (f) rock | ռոք երաժշտություն | ['rok eraʒʃtu'tsyn] |
| grupo (m) de rock | ռոք երաժշտական խումբ | ['rok eraʒʃta'kan 'humb] |
| jazz (m) | ջազ | [dʒaz] |

| | | |
|---|---|---|
| ídolo (m) | կուռք | [kurk] |
| fã, admirador (m) | երկրպագու | [erkrpa'gu] |

| | | |
|---|---|---|
| concerto (m) | համերգ | [a'merg] |
| sinfonia (f) | սիմֆոնիա | [sim'fonia] |
| composição (f) | ստեղծագործություն | [stehtsagortsu'tsyn] |
| compor (vt) | ստեղծագործել | [stehtsagor'tsel] |

| | | |
|---|---|---|
| canto (m) | երգ | [erg] |
| canção (f) | երգ | [erg] |
| melodia (f) | մեղեդի | [mehe'di] |
| ritmo (m) | ռիթմ | [ritm] |
| blues (m) | բլյուզ | [blyz] |

| | | |
|---|---|---|
| notas (f pl) | նոտաներ | [nota'ner] |
| batuta (f) | փայտիկ | [paj'tik] |
| arco (m) | աղեղ | [a'heh] |
| corda (f) | լար | [lar] |
| estojo (m) | պատյան | [pa't'an] |

# Descanso. Entretenimento. Viagens

## 130. Viagens

| | | |
|---|---|---|
| turismo (m) | զբոսաշրջություն | [zbosaʃrdʒu'tsyn] |
| turista (m) | զբոսաշրջիկ | [zbosaʃr'dʒik] |
| viagem (f) | ճանապարհորդություն | [tʃanaparordu'tsyn] |
| aventura (f) | արկած | [ar'kats] |
| viagem (f) | ուղեորություն | [uhevoru'tsyn] |
| | | |
| férias (f pl) | արձակուրդ | [ardza'kurd] |
| estar de férias | արձակուրդի մեջ լինել | [ardzakur'di 'medʒ li'nel] |
| descanso (m) | հանգիստ | [a'ŋist] |
| | | |
| comboio (m) | գնացք | [gnatsk] |
| de comboio (chegar ~) | գնացքով | [gnats'kov] |
| avião (m) | ինքնաթիռ | [iŋkna'tir] |
| de avião | ինքնաթիռով | [iŋknati'rov] |
| de carro | ավտոմեքենայով | [avtomekena'jov] |
| de navio | նավով | [na'vov] |
| | | |
| bagagem (f) | ուղեբեռ | [uhe'ber] |
| mala (f) | ճամպրուկ | [tʃamp'ruk] |
| carrinho (m) | սայլակ | [saj'lak] |
| | | |
| passaporte (m) | անձնագիր | [andzna'gir] |
| visto (m) | վիզա | ['viza] |
| bilhete (m) | տոմս | [toms] |
| bilhete (m) de avião | ավիատոմս | [avia'toms] |
| | | |
| guia (m) de viagem | ուղեցույց | [uhe'tsujts] |
| mapa (m) | քարտեզ | [kar'tez] |
| local (m), area (f) | տեղանք | [te'haŋk] |
| lugar, sítio (m) | տեղ | [teh] |
| | | |
| exotismo (m) | էկզոտիկա | [ɛk'zotika] |
| exótico | էկզոտիկ | [ɛkzo'tik] |
| surpreendente | զարմանահրաշ | [zarmanae'raʃ] |
| | | |
| grupo (m) | խումբ | [humb] |
| excursão (f) | էքսկուրսիա | [ɛks'kursia] |
| guia (m) | էքսկուրսավար | [ɛkskursa'var] |

## 131. Hotel

| | | |
|---|---|---|
| hotel (m) | հյուրանոց | [jura'nots] |
| motel (m) | մոթել | [mo'tel] |
| três estrelas | երեք աստղանի | [e'rek astha'ni] |

| cinco estrelas | հինգ աստղանի | ['iŋ astha'ni] |
|---|---|---|
| ficar (~ num hotel) | կանգ առնել | ['kaŋ ar'nel] |

| quarto (m) | համար | [a'mar] |
|---|---|---|
| quarto (m) individual | մեկտեղանի համար | [mekteha'ni a'mar] |
| quarto (m) duplo | երկտեղանի համար | [erkteha'ni a'mar] |
| reservar um quarto | համար ամրագրել | [a'mar amrag'rel] |

| meia pensão (f) | կիսագիշերոթիկ | [kisagiʃəro'tik] |
|---|---|---|
| pensão (f) completa | լրիվ գիշերոթիկ | [l'riv giʃəro'tik] |

| com banheira | լոգարանով | [logara'nov] |
|---|---|---|
| com duche | դուշով | [du'ʃov] |
| televisão (m) satélite | արբանյակային հեռուստատեսություն | [arbaŋaka'jın ɛrustatesu'tsyn] |
| ar (m) condicionado | օդորակիչ | [odora'kitʃ] |
| toalha (f) | սրբիչ | [srbitʃ] |
| chave (f) | բանալի | [bana'li] |

| administrador (m) | ադմինիստրատոր | [administ'rator] |
|---|---|---|
| camareira (f) | սպասավորուհի | [spasavoru'i] |
| bagageiro (m) | բեռնակիր | [berna'kir] |
| porteiro (m) | դռնապան | [drna'pa] |

| restaurante (m) | ռեստորան | [resto'ran] |
|---|---|---|
| bar (m) | բար | [bar] |
| pequeno-almoço (m) | նախաճաշ | [naha'tʃaʃ] |
| jantar (m) | ընթրիք | [ınt'rik] |
| buffet (m) | շվեդական սեղան | [ʃveda'kan se'han] |

| elevador (m) | վերելակ | [vere'lak] |
|---|---|---|
| NÃO PERTURBE | ՉԱՆՀԱՆԳՍՏԱՑՆԵԼ | [tʃanaŋstats'nel] |
| PROIBIDO FUMAR! | Չ'ԾԽԵԼ | [tʃts'hel] |

## 132. Livros. Leitura

| livro (m) | գիրք | [girk] |
|---|---|---|
| autor (m) | հեղինակ | [ɛhi'nak] |
| escritor (m) | գրող | [groh] |
| escrever (vt) | գրել | [grel] |

| leitor (m) | ընթերցող | [ɛnter'tsoh] |
|---|---|---|
| ler (vt) | կարդալ | [kar'dal] |
| leitura (f) | ընթերցանություն | [ıntertsanu'tsyn] |

| para si | մտքում | [mtkum] |
|---|---|---|
| em voz alta | բարձրաձայն | [bardzra'dzajn] |

| publicar (vt) | հրատարակել | [ɛratara'kel] |
|---|---|---|
| publicação (f) | հրատարակություն | [ɛrataraku'tsyn] |
| editor (m) | հրատարակիչ | [ɛratara'kitʃ] |
| editora (f) | հրատարակչություն | [ɛrataraktʃu'tsyn] |
| sair (vi) | լույս տեսնել | ['lujs tes'nel] |
| lançamento (m) | լույս տեսնելը | ['lujs tes'nelı] |

121

| | | |
|---|---|---|
| tiragem (f) | տպաքանակ | [tpaka'nak] |
| livraria (f) | գրախանութ | [graha'nut] |
| biblioteca (f) | գրադարան | [grada'ran] |

| | | |
|---|---|---|
| novela (f) | վեպ | [vep] |
| conto (m) | պատմվածք | [patm'vatsk] |
| romance (m) | սիրավեպ | [sira'vep] |
| romance (m) policial | դետեկտիվ | [detek'tiv] |

| | | |
|---|---|---|
| memórias (f pl) | հուշագրություններ | [uʃʌgrutsy'ŋer] |
| lenda (f) | առասպել | [aras'pel] |
| mito (m) | առասպել | [aras'pel] |

| | | |
|---|---|---|
| poesia (f) | բանաստեղծություններ | [banastehtsutsy'ŋer] |
| autobiografia (f) | ինքնակենսագրություն | [iŋknakensagru'tsyn] |
| obras (f pl) escolhidas | ընտրանի | [ıntra'ni] |
| ficção (f) científica | ֆանտաստիկա | [fan'tastika] |
| título (m) | անվանում | [anva'num] |
| introdução (f) | ներածություն | [neratsu'tsyn] |
| folha (f) de rosto | տիտղոսաթերթ | [tithosa'tert] |

| | | |
|---|---|---|
| capítulo (m) | գլուխ | [gluh] |
| excerto (m) | հատված | [at'vats] |
| episódio (m) | դրվագ | [drvag] |

| | | |
|---|---|---|
| tema (m) | սյուժե | [sy'ʒe] |
| conteúdo (m) | բովանդակություն | [bovandaku'tsyn] |
| índice (m) | բովանդակություն | [bovandaku'tsyn] |
| protagonista (m) | գլխավոր հերոս | [glha'vor ɛ'ros] |

| | | |
|---|---|---|
| tomo, volume (m) | հատոր | [a'tor] |
| capa (f) | կազմ | [kazm] |
| encadernação (f) | կազմ | [kazm] |
| marcador (m) de livro | էջանիշ | [ɛdʒa'niʃ] |

| | | |
|---|---|---|
| página (f) | էջ | [ɛdʒ] |
| folhear (vt) | թերթել | [ter'tel] |
| margem (f) | լուսանցքեր | [lusantsk'ner] |
| anotação (f) | նշում | [nʃum] |
| nota (f) de rodapé | ծանոթագրություն | [tsanotagru'tsyn] |

| | | |
|---|---|---|
| texto (m) | տեքստ | [tekst] |
| fonte (f) | տառատեսակ | [tarate'sak] |
| gralha (f) | տպասխալ | [tpas'hal] |

| | | |
|---|---|---|
| tradução (f) | թարգմանություն | [targmanu'tsyn] |
| traduzir (vt) | թարգմանել | [targma'nel] |
| original (m) | բնագիր | [bna'gir] |

| | | |
|---|---|---|
| famoso | հայտնի | [ajt'ni] |
| desconhecido | անհայտ | [a'najt] |
| interessante | հետաքրքիր | [ɛtakr'kir] |
| best-seller (m) | բեստսելեր | [bes'tseler] |
| dicionário (m) | բառարան | [bara'ran] |
| manual (m) escolar | դասագիրք | [dasa'girk] |
| enciclopédia (f) | հանրագիտարան | [anragita'ran] |

## 133. Caça. Pesca

| | | |
|---|---|---|
| caça (f) | որս | [vors] |
| caçar (vi) | որս անել | ['vors a'nel] |
| caçador (m) | որսորդ | [vor'sord] |
| | | |
| atirar (vi) | կրակել | [kra'kel] |
| caçadeira (f) | հրացան | [ɛra'tsan] |
| cartucho (m) | փամփուշտ | [pam'puʃt] |
| chumbo (m) de caça | մանրագնդակ | [manragn'dak] |
| armadilha (f) | թակարդ | [ta'kard] |
| armadilha (com corda) | ծուղակ | [tsu'hak] |
| pôr a armadilha | թակարդ դնել | [ta'kard d'nel] |
| | | |
| caçador (m) furtivo | որսագող | [vorsa'goh] |
| caça (f) | որսամիս | [vorsa'mis] |
| cão (m) de caça | որսորդական շուն | [vorsorda'kan 'ʃun] |
| safári (m) | սաֆարի | [sa'fari] |
| animal (m) empalhado | խրտվիլակ | [hrtvi'lak] |
| | | |
| pescador (m) | ձկնորս | [dzknors] |
| pesca (f) | ձկնորսություն | [dzknorsu'tsyn] |
| pescar (vt) | ձուկ որսալ | ['dzuk vor'sal] |
| | | |
| cana (f) de pesca | կարթ | [kart] |
| linha (f) de pesca | կարթաթել | [karta'tel] |
| anzol (m) | կարթ | [kart] |
| boia (f) | լողան | [lo'han] |
| isca (f) | խայծ | [hajts] |
| | | |
| lançar a linha | կարթը գցել | [kar'tɪ g'tsel] |
| morder (vt) | բռնվել | [brnvel] |
| pesca (f) | որս | [vors] |
| buraco (m) no gelo | սառցանցք | [sar'tsantsk] |
| | | |
| rede (f) | ցանց | [tsants] |
| barco (m) | նավակ | [na'vak] |
| pescar com rede | ցանցով բռնել | [tsan'tsov br'nel] |
| lançar a rede | ցանցը գցել | ['tsantsɪ g'tsel] |
| puxar a rede | ցանցը հանել | ['tsantsɪ a'nel] |
| | | |
| baleeiro (m) | կետորս | [ke'tors] |
| baleeira (f) | կետորսական նավ | [ketorsa'kan 'nav] |
| arpão (m) | որսատեգ | [vorsa'teh] |

## 134. Jogos. Bilhar

| | | |
|---|---|---|
| bilhar (m) | բիլիարդ | [bi'ʎjard] |
| sala (f) de bilhar | բիլիարդի սրահ | [biʎjar'di s'rah] |
| bola (f) de bilhar | բիլիարդի գնդակ | [bi'ʎjard gn'dak] |
| embolsar uma bola | ներս խփել | ['ners hpel] |
| taco (m) | խաղաձող | [haha'dzoh] |
| bolsa (f) | գնդապարկ | [gnda'park] |

## 135. Jogos. Jogar cartas

| | | |
|---|---|---|
| ouros (m pl) | թղթախաղ | [kar'pindʒ] |
| espadas (f pl) | դամ | [har] |
| copas (f pl) | սիրտ | [sirt] |
| paus (m pl) | խաչ | [hatʃ] |

| | | |
|---|---|---|
| ás (m) | տուզ | [tuz] |
| rei (m) | թագավոր | [taga'vor] |
| dama (f) | արջիկ | [ah'dʒik] |
| valete (m) | զինվոր | [zin'vor] |

| | | |
|---|---|---|
| carta (f) de jogar | խաղաթուղթ | [haha'tuht] |
| cartas (f pl) | խաղաթղթեր | [hahath'ter] |
| trunfo (m) | հաղթաթուղթ | [ahta'tuht] |
| baralho (m) | կապուկ | [ka'puk] |

| | | |
|---|---|---|
| dar, distribuir (vt) | բաժանել | [baʒa'nel] |
| embaralhar (vt) | խառնել | [har'nel] |
| vez, jogada (f) | քայլ | [kajl] |
| batoteiro (m) | շուլեր | [ʃu'ler] |

## 136. Descanso. Jogos. Diversos

| | | |
|---|---|---|
| passear (vi) | զբոսնել | [zbos'nel] |
| passeio (m) | զբոսանք | [zbo'saŋk] |
| viagem (f) de carro | շրջագայություն | [ʃrdʒagaju'tsyn] |
| aventura (f) | արկած | [ar'kats] |
| piquenique (m) | զբոսախնջույք | [zbosahn'dʒujk] |

| | | |
|---|---|---|
| jogo (m) | խաղ | [hah] |
| jogador (m) | խաղացող | [haha'tsoh] |
| partida (f) | պարտիա | ['partia] |

| | | |
|---|---|---|
| colecionador (m) | հավաքող | [ava'koh] |
| colecionar (vt) | հավաքել | [ava'kel] |
| coleção (f) | հավաքածու | [avaka'tsu] |
| palavras (f pl) cruzadas | խաչբառ | [hatʃ'bar] |
| hipódromo (m) | ձիարշավարան | [dziarʃava'ran] |
| discoteca (f) | դիսկոտեկ | [disko'tek] |

| | | |
|---|---|---|
| sauna (f) | սաունա | ['sauna] |
| lotaria (f) | վիճակախաղ | [vitʃaka'hah] |

| | | |
|---|---|---|
| campismo (m) | արշավ | [ar'ʃʌv] |
| acampamento (m) | ճամբար | [tʃam'bar] |
| tenda (f) | վրան | [vran] |
| bússola (f) | կողմնացույց | [kohmna'tsujts] |
| campista (m) | արշավորդ | [arʃʌ'vord] |

| | | |
|---|---|---|
| ver (vt), assistir à ... | դիտել | [di'tel] |
| telespectador (m) | հեռուստադիտող | [ɛrustadi'toh] |
| programa (m) de TV | հեռուստահաղորդում | [ɛrusta:hor'dum] |

## 137. Fotografia

| | | |
|---|---|---|
| máquina (f) fotográfica | լուսանկարչական ապարատ | [lusaŋkartʃa'kan apa'rat] |
| foto, fotografia (f) | լուսանկար | [lusa'ŋkar] |
| | | |
| fotógrafo (m) | լուսանկարիչ | [lusaŋka'ritʃ] |
| estúdio (m) fotográfico | ֆոտո ստուդիա | ['foto s'tudia] |
| álbum (m) de fotografias | ֆոտոալբում | [fotoaʎ'bom] |
| | | |
| objetiva (f) | օբյեկտիվ | [obʰek'tiv] |
| teleobjetiva (f) | տեսախցիկի օբյեկտիվ | [tesahtsi'ki obʰek'tiv] |
| filtro (m) | ֆիլտր | [fiʎtr] |
| lente (f) | ոսպնյակ | [vosp'ɲak] |
| | | |
| ótica (f) | օպտիկա | ['optika] |
| abertura (f) | դիաֆրագմա | [diaf'ragma] |
| exposição (f) | պահելու տևողություն | [pae'lu tevohu'tsyn] |
| visor (m) | դիտան | [di'tan] |
| | | |
| câmara (f) digital | թվային տեսախցիկ | [tva'jın tesah'tsik] |
| tripé (m) | ամրակալան | [amraka'lan] |
| flash (m) | բռնկում | [brŋkum] |
| | | |
| fotografar (vt) | լուսանկարել | [lusaŋka'rel] |
| tirar fotos | լուսանկարել | [lusaŋka'rel] |
| fotografar-se | լուսանկարվել | [lusaŋkar'vel] |
| | | |
| foco (m) | ցայտունություն | [tsajtunu'tsyn] |
| focar (vt) | ցայտուն դարձնել | [tsaj'tun dardz'nel] |
| nítido | ցայտուն | [tsaj'tun] |
| nitidez (f) | ցայտունություն | [tsajtunu'tsyn] |
| | | |
| contraste (m) | ցայտագունություն | [tsajtagunu'tsyn] |
| contrastante | ցայտունագույն | [tsajtuna'gujn] |
| | | |
| retrato (m) | լուսանկար | [lusa'ŋkar] |
| negativo (m) | նեգատիվ | [nega'tiv] |
| filme (m) | ֆոտոժապավեն | [fotoʒapa'ven] |
| fotograma (m) | կադր | [kadr] |
| imprimir (vt) | տպել | [tpel] |

## 138. Praia. Natação

| | | |
|---|---|---|
| praia (f) | լողափ | [lo'hap] |
| areia (f) | ավազ | [a'vaz] |
| deserto | անապատային | [anapata'jın] |
| | | |
| bronzeado (m) | արևառություն | [arevaru'tsyn] |
| bronzear-se (vr) | արևառ լինել | [are'var li'nel] |
| bronzeado | արևառ | [are'var] |
| protetor (m) solar | արևառության կրեմ | [arevaru'tian k'rem] |
| biquíni (m) | բիկինի | [bi'kini] |
| fato (m) de banho | լողազգեստ | [lohaz'gest] |

| calção (m) de banho | լողավարտիք | [lohavar'tik] |
|---|---|---|
| piscina (f) | լողավազան | [lohava'zan] |
| nadar (vi) | լողալ | [lo'hal] |
| duche (m) | ցնցուղ | [tsntsuh] |
| mudar de roupa | զգեստափոխվել | [zgestapoh'vel] |
| toalha (f) | սրբիչ | [srbitʃ] |

| barco (m) | նավակ | [na'vak] |
|---|---|---|
| lancha (f) | մոտորանավակ | [motorana'vak] |

| esqui (m) aquático | ջրային դահուկներ | [dʒra'jɪn dauk'ner] |
|---|---|---|
| barco (m) de pedais | ջրային հեծանիվ | [dʒra'jɪn ɛtsa'niv] |
| surf (m) | սերֆինգ | ['serfiŋ] |
| surfista (m) | սերֆինգիստ | [serfi'ŋist] |

| scuba (m) | ակվալանգ | [akva'laŋ] |
|---|---|---|
| barbatanas (f pl) | լողաթաթեր | [lohata'ter] |
| máscara (f) | դիմակ | [di'mak] |
| mergulhador (m) | ջրասույզ | [dʒra'sujz] |
| mergulhar (vi) | սուզվել | [suz'vel] |
| debaixo d'água | ջրի տակ | [dʒri 'tak] |

| guarda-sol (m) | հովանոց | [ova'nots] |
|---|---|---|
| espreguiçadeira (f) | շեզլոնգ | [ʃez'loŋ] |
| óculos (m pl) de sol | ակնոցներ | [aknots'ner] |
| colchão (m) de ar | լողամատրաս | [lohamat'ras] |

| brincar (vi) | խաղալ | [ha'hal] |
|---|---|---|
| ir nadar | լողալ | [lo'hal] |

| bola (f) de praia | գնդակ | [gndak] |
|---|---|---|
| encher (vt) | փչել | [ptʃel] |
| inflável, de ar | փչովի | [ptʃo'vi] |

| onda (f) | ալիք | [a'lik] |
|---|---|---|
| boia (f) | լողան | [lo'han] |
| afogar-se (pessoa) | խեղդվել | [hehd'vel] |

| salvar (vt) | փրկել | [prkel] |
|---|---|---|
| colete (m) salva-vidas | փրկագոտի | [prkago'ti] |
| observar (vt) | հետևել | [ɛte'vel] |
| nadador-salvador (m) | փրկարար | [prka'rar] |

# EQUIPAMENTO TÉCNICO. TRANSPORTES

## Equipamento técnico. Transportes

### 139. Computador

| | | |
|---|---|---|
| computador (m) | համակարգիչ | [amakar'gitʃ] |
| portátil (m) | նոութբուք | [nout'buk] |
| ligar (vt) | միացնել | [miats'nel] |
| desligar (vt) | անջատել | [andʒa'tel] |
| teclado (m) | ստեղնաշար | [stehna'ʃʌr] |
| tecla (f) | ստեղն | [stehn] |
| rato (m) | մուկ | [muk] |
| tapete (m) de rato | գորգ | [gorg] |
| botão (m) | կոճակ | [ko'tʃak] |
| cursor (m) | սլաք | [slak] |
| monitor (m) | մոնիտոր | [moni'tor] |
| ecrã (m) | էկրան | [ɛk'ran] |
| disco (m) rígido | կոշտ սկավառակակիր | ['koʃt skavaraka'kir] |
| capacidade (f) do disco rígido | կոշտ սկավառակի ծավալը | ['koʃt skavarakak'ri tsa'valı] |
| memória (f) | հիշողություն | [iʃohu'tsyn] |
| memória (f) operativa | օպերատիվ հիշողություն | [opera'tiv iʃohu'tsyn] |
| ficheiro (m) | ֆայլ | [fajl] |
| pasta (f) | թղթապանակ | [thtapa'nak] |
| abrir (vt) | բացել | [ba'tsel] |
| fechar (vt) | փակել | [pa'kel] |
| guardar (vt) | գրանցել | [gran'tsel] |
| apagar, eliminar (vt) | հեռացնել | [ɛrats'nel] |
| copiar (vt) | պատճենել | [patʃe'nel] |
| ordenar (vt) | սորտավորել | [sortavo'rel] |
| copiar (vt) | արտատպել | [artat'pel] |
| programa (m) | ծրագիր | [tsra'gir] |
| software (m) | ծրագրային ապահովում | [tsragra'jın apao'vum] |
| programador (m) | ծրագրավորող | [tsragravo'roh] |
| programar (vt) | ծրագրավորել | [tsragravo'rel] |
| hacker (m) | խակեր | [ha'ker] |
| senha (f) | անցագիր | [antsa'gir] |
| vírus (m) | վիրուս | [vi'rus] |
| detetar (vt) | հայտնաբերել | [ajtnabe'rel] |
| byte (m) | բայտ | [bajt] |

| megabyte (m) | մեգաբայտ | [mega'bajt] |
|---|---|---|
| dados (m pl) | տվյալներ | [tvʲal'ner] |
| base (f) de dados | տվյալների բազա | [tvʲalne'ri 'baza] |

| cabo (m) | մալուխ | [ma'luh] |
|---|---|---|
| desconectar (vt) | անջատել | [andʒa'tel] |
| conetar (vt) | միացնել | [miats'nel] |

## 140. Internet. E-mail

| internet (f) | ինտերնետ | [inter'net] |
|---|---|---|
| browser (m) | զանցախույզ | [tsantsa'hujz] |
| motor (m) de busca | որոնիչ համակարգ | [voro'nitʃ ama'karg] |
| provedor (m) | պրովայդեր | [provaj'der] |

| webmaster (m) | վեբ-մաստեր | ['veb 'master] |
|---|---|---|
| website, sítio web (m) | ինտերնետային կայք | [interneta'jın 'kajk] |
| página (f) web | ինտերնետային էջ | [interneta'jın 'ɛdʒ] |

| endereço (m) | հասցե | [as'tse] |
|---|---|---|
| livro (m) de endereços | հասցեների գրքույկ | [astsene'ri gr'kujk] |

| caixa (f) de correio | փոստարկղ | [pos'tarkh] |
|---|---|---|
| correio (m) | փոստ | [post] |

| mensagem (f) | հաղորդագրություն | [ahordagru'tsyn] |
|---|---|---|
| remetente (m) | ուղարկող | [uhar'koh] |
| enviar (vt) | ուղարկել | [uhar'kel] |
| envio (m) | ուղարկում | [uhar'kum] |

| destinatário (m) | ստացող | [sta'tsoh] |
|---|---|---|
| receber (vt) | ստանալ | [sta'nal] |

| correspondência (f) | նամակագրություն | [namakagru'tsyn] |
|---|---|---|
| corresponder-se (vr) | նամակագրական կապի մեջ լինել | [namakagra'kan ka'pi 'medʒ li'nel] |

| ficheiro (m) | ֆայլ | [fajl] |
|---|---|---|
| fazer download, baixar | բաշել | [ka'ʃel] |
| criar (vt) | ստեղծել | [steh'tsel] |
| apagar, eliminar (vt) | հեռացնել | [ɛrats'nel] |
| eliminado | հեռացված | [ɛrats'vats] |

| ligação (f) | կապ | [kap] |
|---|---|---|
| velocidade (f) | արագություն | [aragu'tsyn] |
| modem (m) | մոդեմ | [mo'dem] |
| acesso (m) | մուտք | [mutk] |
| porta (f) | մուտ | [mut] |

| conexão (f) | միացում | [mia'tsum] |
|---|---|---|
| conetar (vi) | միանալ | [mia'nal] |

| escolher (vt) | ընտրել | [ınt'rel] |
|---|---|---|
| buscar (vt) | փնտրել | [pntrel] |

# Transportes

## 141. Avião

| | | |
|---|---|---|
| avião (m) | ինքնաթիռ | [iŋkna'tir] |
| bilhete (m) de avião | ավիատոմս | [avia'toms] |
| companhia (f) aérea | ավիաընկերություն | [aviaıŋkeru'tsyn] |
| aeroporto (m) | օդանավակայան | [odanavaka'jan] |
| supersónico | գերձայնային | [gerdzajna'jın] |

| | | |
|---|---|---|
| comandante (m) do avião | օդանավի հրամանատար | [odana'vi ɛramana'tar] |
| tripulação (f) | անձնակազմ | [andzna'kazm] |
| piloto (m) | օդաչու | [oda'tʃu] |
| hospedeira (f) de bordo | ուղեկցորդուհի | [uhektsordu'i] |
| copiloto (m) | դեկապետ | [heka'pet] |

| | | |
|---|---|---|
| asas (f pl) | թևեր | [te'ver] |
| cauda (f) | պոչ | [potʃ] |
| cabine (f) de pilotagem | խցիկ | [htsik] |
| motor (m) | շարժիչ | [ʃʌr'ʒitʃ] |
| trem (m) de aterragem | շասսի | [ʃʌs'si] |
| turbina (f) | տուրբին | [tur'bin] |

| | | |
|---|---|---|
| hélice (f) | պրոպելեր | [propel'ler] |
| caixa-preta (f) | սև արկղ | [sev 'arkh] |
| coluna (f) de controlo | դեկանիվ | [heka'niv] |
| combustível (m) | վառելիք | [vare'lik] |

| | | |
|---|---|---|
| instruções (f pl) de segurança | ձեռնարկ | [dzer'nark] |
| máscara (f) de oxigénio | թթվածնային դիմակ | [ttvatsna'jın di'mak] |
| uniforme (m) | համազգեստ | [amaz'gest] |

| | | |
|---|---|---|
| colete (m) salva-vidas | փրկագոտի | [prkago'ti] |
| paraquedas (m) | պարաշյուտ | [para'ʃyt] |

| | | |
|---|---|---|
| descolagem (f) | թռիչք | [tritʃk] |
| descolar (vi) | թռնել | [trnel] |
| pista (f) de descolagem | թռիչքուղի | [tritʃku'hi] |

| | | |
|---|---|---|
| visibilidade (f) | տեսանելիություն | [tesaneliu'tsyn] |
| voo (m) | թռիչք | [tritʃk] |

| | | |
|---|---|---|
| altura (f) | բարձրություն | [bardzru'tsyn] |
| poço (m) de ar | օդային փոս | [oda'jın 'pos] |

| | | |
|---|---|---|
| assento (m) | տեղ | [teh] |
| auscultadores (m pl) | ականջակալներ | [akandʒakal'ner] |
| mesa (f) rebatível | բացվող սեղանիկ | [bats'voh seha'nik] |
| vigia (f) | իլյումինատոր | [ilymi'nator] |
| passagem (f) | անցուղի | [antsu'hi] |

129

## 142. Comboio

| | | |
|---|---|---|
| comboio (m) | գնացք | [gnatsk] |
| comboio (m) suburbano | էլեկտրագնացք | [ɛlektrag'natsk] |
| comboio (m) rápido | արագընթաց գնացք | [aragın'tats g'natsk] |
| locomotiva (f) diesel | ջերմաքարշ | [dʒerma'karʃ] |
| comboio (m) a vapor | շոգեքարշ | [ʃoke'karʃ] |

| | | |
|---|---|---|
| carruagem (f) | վագոն | [va'gon] |
| carruagem restaurante (f) | վագոն-ռեստորան | [va'gon resto'ran] |

| | | |
|---|---|---|
| carris (m pl) | գծեր | [gtser] |
| caminho de ferro (m) | երկաթգիծ | [erkat'gits] |
| travessa (f) | կոճ | [kotʃ] |

| | | |
|---|---|---|
| plataforma (f) | կառամատույց | [karama'tujts] |
| linha (f) | ուղի | [u'hi] |
| semáforo (m) | նշանասյուն | [nʃʌna'syn] |
| estação (f) | կայարան | [kaja'ran] |

| | | |
|---|---|---|
| maquinista (m) | մեքենավար | [mekena'var] |
| bagageiro (m) | բեռնակիր | [berna'kir] |
| hospedeiro, -a (da carruagem) | ուղեկից | [uhe'kits] |
| passageiro (m) | ուղևոր | [uhe'vor] |
| revisor (m) | հսկիչ | [ɛs'kitʃ] |

| | | |
|---|---|---|
| corredor (m) | միջանցք | [mi'dʒantsk] |
| freio (m) de emergência | ավտոմատ կանգառման սարք | [avto'mat kaŋar'man 'sark] |

| | | |
|---|---|---|
| compartimento (m) | կուպե | [ku'pe] |
| cama (f) | մահճակ | [mah'tʃak] |
| cama (f) de cima | վերևի մահճակատեղ | [vere'vi mahtʃaka'teh] |
| cama (f) de baixo | ներքևի մահճակատեղ | [nerke'vi mahtʃaka'teh] |
| roupa (f) de cama | անկողին | [aŋko'hin] |

| | | |
|---|---|---|
| bilhete (m) | տոմս | [toms] |
| horário (m) | չվացուցակ | [tʃvatsu'tsak] |
| painel (m) de informação | ցուցատախտակ | [tsutsatah'tak] |

| | | |
|---|---|---|
| partir (vt) | մեկնել | [mek'nel] |
| partida (f) | մեկնում | [mek'num] |
| chegar (vi) | ժամանել | [ʒama'nel] |
| chegada (f) | ժամանում | [ʒama'num] |

| | | |
|---|---|---|
| chegar de comboio | ժամանել գնացքով | [ʒama'nel gnats'kov] |
| apanhar o comboio | գնացք նստել | [g'natsk nstel] |
| sair do comboio | գնացքից իջնել | [gnats'kits idʒ'nel] |

| | | |
|---|---|---|
| acidente (m) ferroviário | խորտակում | [horta'kum] |
| comboio (m) a vapor | շոգեքարշ | [ʃoke'karʃ] |
| fogueiro (m) | հնոցապան | [ɛnotsa'pan] |
| fornalha (f) | վառարան | [vara'ran] |
| carvão (m) | ածուխ | [a'tsuh] |

## 143. Barco

| | | |
|---|---|---|
| navio (m) | նավ | [nav] |
| embarcação (f) | նավ | [nav] |
| | | |
| vapor (m) | շոգենավ | [ʃoge'nav] |
| navio (m) | շերմանավ | [dʒerma'nav] |
| transatlântico (m) | լայներ | ['lajner] |
| cruzador (m) | հածանավ | [atsa'nav] |
| | | |
| iate (m) | զբոսանավ | [zbosa'nav] |
| rebocador (m) | նավաքարշ | [nava'karʃ] |
| barcaça (f) | բեռնանավ | [berna'nav] |
| ferry (m) | լաստանավ | [lasta'nav] |
| | | |
| veleiro (m) | առագաստանավ | [aragasta'nav] |
| bergantim (m) | բրիգանտինա | [brigan'tina] |
| | | |
| quebra-gelo (m) | սառցահատ | [sartsa'nav] |
| submarino (m) | սուզանավ | [suza'nav] |
| | | |
| bote, barco (m) | նավակ | [na'vak] |
| bote, dingue (m) | մակույկ | [ma'kujk] |
| bote (m) salva-vidas | փրկարարական մակույկ | [prkarara'kan ma'kujk] |
| lancha (f) | մոտորանավակ | [motorana'vak] |
| | | |
| capitão (m) | նավապետ | [nava'pet] |
| marinheiro (m) | նավաստի | [navas'ti] |
| maruljo (m) | ծովային | [tsova'jın] |
| tripulação (f) | անձնակազմ | [andzna'kazm] |
| | | |
| contramestre (m) | բոցման | [bots'man] |
| grumete (m) | նավի փոքրավոր | [na'vi pokra'vor] |
| cozinheiro (m) de bordo | նավի խոհարար | [na'vi hoa'rar] |
| médico (m) de bordo | նավի բժիշկ | [na'vi b'ʒiʃk] |
| | | |
| convés (m) | տախտակամած | [tahtaka'mats] |
| mastro (m) | կայմ | [kajm] |
| vela (f) | առագաստ | [ara'gast] |
| | | |
| porão (m) | նավամբար | [navam'bar] |
| proa (f) | նավակիթ | [nava'kit] |
| popa (f) | նավախել | [nava'hel] |
| remo (m) | թիակ | [ti'ak] |
| hélice (f) | պտուտակ | [ptu'tak] |
| | | |
| camarote (m) | նավասենյակ | [navase'ɲak] |
| sala (f) dos oficiais | ղեկհանուր նավասենյակ | [ında'nur navase'ɲak] |
| sala (f) das máquinas | մեքենաների բաժանմունք | [mekenane'ri baʒan'muŋk] |
| ponte (f) de comando | նավապետի կամրջակ | [navape'ti kamr'dʒak] |
| sala (f) de comunicações | ռադիոոցիկ | [radioh'tsik] |
| onda (f) de rádio | ալիք | [a'lik] |
| diário (m) de bordo | նավամատյան | [navama'tʲan] |
| luneta (f) | հեռադիտակ | [ɛradi'tak] |
| sino (m) | զանգ | [zaŋ] |

| | | |
|---|---|---|
| bandeira (f) | դրոշ | [droʃ] |
| cabo (m) | ճոպան | [ʧo'pan] |
| nó (m) | հանգույց | [a'ŋujʦ] |

| | | |
|---|---|---|
| corrimão (m) | բռնաձող | [brna'dzoh] |
| prancha (f) de embarque | նավասանդուղք | [navasan'duhk] |

| | | |
|---|---|---|
| âncora (f) | խարիսխ | [ha'rish] |
| recolher a âncora | խարիսխը բարձրացնել | [ha'rishɪ bardzrats'nel] |
| lançar a âncora | խարիսխը գցել | [ha'rishɪ g'tsel] |
| amarra (f) | խարսխաշղթա | [harshaʃh'ta] |

| | | |
|---|---|---|
| porto (m) | նավահանգիստ | [nava:'ŋist] |
| cais, amarradouro (m) | նավամատույց | [navama'tujʦ] |
| atracar (vi) | կառանել | [kara'nel] |
| desatracar (vi) | մեկնել | [mek'nel] |

| | | |
|---|---|---|
| viagem (f) | ճանապարհորդություն | [ʧanaparordu'ʦyn] |
| cruzeiro (m) | ծովագնացություն | [tsovagnatsu'ʦyn] |
| rumo (m), rota (f) | ուղղություն | [uhu'ʦyn] |
| itinerário (m) | երթուղի | [ertu'hi] |

| | | |
|---|---|---|
| canal (m) navegável | նավարկուղի | [navarku'hi] |
| baixio (m) | ծանծաղուտ | [tsantsa'hut] |
| encalhar (vt) | ծանծաղուտ ընկնել | [tsantsa'hut ɪŋk'nel] |

| | | |
|---|---|---|
| tempestade (f) | փոթորիկ | [poto'rik] |
| sinal (m) | ազդանշան | [azdan'ʃan] |
| afundar-se (vr) | խորտակվել | [hortak'vel] |
| SOS | SOS | ['sos] |
| boia (f) salva-vidas | փրկագոտի | [prkago'ti] |

## 144. Aeroporto

| | | |
|---|---|---|
| aeroporto (m) | օդանավակայան | [odanavaka'jan] |
| avião (m) | ինքնաթիռ | [iŋkna'tir] |
| companhia (f) aérea | ավիաընկերություն | [aviaɪŋkeru'ʦyn] |
| controlador (m) de tráfego aéreo | դիսպետչեր | [dispe'ʧer] |

| | | |
|---|---|---|
| partida (f) | թռիչք | [tritʃk] |
| chegada (f) | ժամանում | [ʒama'num] |
| chegar (~ de avião) | ժամանել | [ʒama'nel] |

| | | |
|---|---|---|
| hora (f) de partida | թռիչքի ժամանակը | [tritʃ'ki ʒama'nakɪ] |
| hora (f) de chegada | ժամանման ժամանակը | [ʒaman'man ʒama'nakɪ] |

| | | |
|---|---|---|
| estar atrasado | ուշանալ | [uʃʌ'nal] |
| atraso (m) de voo | թռիչքի ուշացում | [tritʃ'ki uʃʌ'ʦum] |

| | | |
|---|---|---|
| painel (m) de informação | տեղեկատվական վահանակ | [tehekatva'kan va:'nak] |
| informação (f) | տեղեկատվություն | [tehekatvu'ʦyn] |
| anunciar (vt) | հայտարարել | [ajtara'rel] |
| voo (m) | ռեյս | [rejs] |

| alfândega (f) | մաքսատուն | [maksa'tun] |
| funcionário (m) da alfândega | մաքսավոր | [maksa'vor] |

| declaração (f) alfandegária | հայտարարագիր | [ajtarara'gir] |
| preencher a declaração | հայտարարագիր լրացնել | [ajtarara'gir lrats'nel] |
| controlo (m) de passaportes | անձնագրային ստուգում | [andznagra'jın stu'gum] |

| bagagem (f) | ուղեբեռ | [uhe'ber] |
| bagagem (f) de mão | ձեռքի ուղեբեռ | [dzer'ki uhe'ber] |
| carrinho (m) | սայլակ | [saj'lak] |

| aterragem (f) | վայրէջք | [vaj'redʒk] |
| pista (f) de aterragem | վայրէջքի ուղի | [vajredʒ'ki u'hi] |
| aterrar (vi) | վայրէջք կատարել | [vaj'redʒk kata'rel] |
| escada (f) de avião | օդանավասանդուղք | [odanavasan'duhk] |

| check-in (m) | գրանցում | [gran'tsum] |
| balcão (m) do check-in | գրանցասեղան | [grantsase'han] |
| fazer o check-in | գրանցվել | [grants'vel] |
| cartão (m) de embarque | տեղակտրոն | [tehakt'ron] |
| porta (f) de embarque | ելք | [elk] |

| trânsito (m) | տարանցիկ չվերթ | [taran'tsik tʃ'vert] |
| esperar (vi, vt) | սպասել | [spa'sel] |
| sala (f) de espera | սպասասրահ | [spasas'ra] |
| despedir-se de ... | ճանապարհել | [tʃanapa'rel] |
| despedir-se (vr) | հրաժեշտ տալ | [ɛra'ʒeʃt 'tal] |

## 145. Bicicleta. Motocicleta

| bicicleta (f) | հեծանիվ | [ɛtsa'niv] |
| scotter, lambreta (f) | մոտոռոլլեր | [moto'roller] |
| mota (f) | մոտոցիկլ | [moto'tsikl] |

| ir de bicicleta | հեծանիվ քշել | [ɛtsa'niv k'ʃəl] |
| guiador (m) | ղեկ | [hek] |
| pedal (m) | ոտնակ | [vot'nak] |
| travões (m pl) | արգելակ | [arge'lak] |
| selim (m) | թամբիկ | [tam'bik] |

| bomba (f) de ar | պոմպ | [pomp] |
| porta-bagagens (m) | բեռնախցիկ | [bernah'tsik] |
| lanterna (f) | լապտեր | [lap'ter] |
| capacete (m) | սաղավարտ | [saha'vart] |

| roda (f) | անիվ | [a'niv] |
| guarda-lamas (m) | թև | [tev] |
| aro (m) | անվագոտի | [anvago'ti] |
| raio (m) | ճաղ | [tʃah] |

# Carros

## 146. Tipos de carros

| | | |
|---|---|---|
| carro, automóvel (m) | ավտոմեքենա | [avtomeke'na] |
| carro (m) desportivo | սպորտային ավտոմեքենա | [sporta'jın avtomeke'na] |
| limusine (f) | լիմուզին | [limu'zin] |
| todo o terreno (m) | արտաճանապարհային ավտոմեքենա | [artatʃanapara'jın avtomeke'na] |
| descapotável (m) | կաբրիոլետ | [kabrio'let] |
| minibus (m) | միկրոավտոբուս | [mikroavto'bus] |
| ambulância (f) | շտապ օգնություն | [ʃ'tap ognu'tsyn] |
| limpa-neve (m) | ձյունամաքրիչ մեքենա | [dzynamak'ritʃ meke'na] |
| camião (m) | բեռնատար | [berna'tar] |
| camião-cisterna (m) | բենզինատար | [benzina'tar] |
| carrinha (f) | ֆուրգոն | [fur'gon] |
| camião-trator (m) | ավտոքարշակ | [avtokar'ʃʌk] |
| atrelado (m) | կցորդ | [ktsord] |
| confortável | հարմարավետ | [armara'vet] |
| usado | օգտագործված | [ogtagorts'vats] |

## 147. Carros. Carroçaria

| | | |
|---|---|---|
| capô (m) | ծածկոց | [tsats'kots] |
| guarda-lamas (m) | անվածածկոց | [anvatsats'kots] |
| tejadilho (m) | տանիք | [ta'nik] |
| para-brisa (m) | առջևի ապակի | [ardʒe'vi apa'ki] |
| espelho (m) retrovisor | հետևն դիտահայելի | [ε'tin dita:je'li] |
| lavador (m) | ապակի լվացող սարք | [apa'ki lva'tsoh 'sark] |
| limpa-para-brisas (m) | ապակեմաքրիչ | [apakemak'ritʃ] |
| vidro (m) lateral | կողային ապակի | [koha'jın apa'ki] |
| elevador (m) do vidro | ապակիների բարձրացնող սարք | [apakine'ri bardzrats'noh 'sark] |
| antena (f) | ալեհավաք | [alea'vak] |
| teto solar (m) | լյուկ | [lyk] |
| para-choques (m pl) | բախարգել | [bahar'gel] |
| bagageira (f) | բեռնախցիկ | [bernah'tsik] |
| porta (f) | դուռ | [dur] |
| maçaneta (f) | բռնիչ | [brnitʃ] |
| fechadura (f) | փական | [pa'kan] |
| matrícula (f) | համարանիշ | [amara'niʃ] |

| silenciador (m) | խլացուցիչ | [hlatsu'tsitʃ] |
| tanque (m) de gasolina | բենզինապար | [benzina'bak] |
| tubo (m) de escape | արտամղյթբման խողովակ | [artaʒajtk'man hoho'vak] |

| acelerador (m) | գազ | [gaz] |
| pedal (m) | ոտնակ | [vot'nak] |
| pedal (m) do acelerador | գազի ոտնակ | [ga'zi vot'nak] |

| travão (m) | արգելակ | [arge'lak] |
| pedal (m) do travão | արգելակի ոտնակ | [argela'ki vot'nak] |
| travar (vt) | արգելակել | [argela'kel] |
| travão (m) de mão | կայանային արգելակ | [kajana'jın arge'lak] |

| embraiagem (f) | կցորդիչ | [ktsor'ditʃ] |
| pedal (m) da embraiagem | կցորդիչ ոտնակ | [ktsor'ditʃ vot'nak] |
| disco (m) de embraiagem | կցորդիչ սկավառակ | [ktsor'ditʃ skava'rak] |
| amortecedor (m) | ամրտիզատոր | [amorti'zator] |

| roda (f) | անիվ | [a'niv] |
| pneu (m) sobresselente | պահեստային անիվ | [paɛsta'jın a'niv] |
| pneu (m) | ավտոդող | [avto'doh] |
| tampão (m) de roda | կափարիչ | [kapa'ritʃ] |

| rodas (f pl) motrizes | քարշակ անիվներ | [kar'ʃʌk aniv'ner] |
| de tração dianteira | առջևի քարշակ անիվներ | [ardʒe'vi kar'ʃʌk aniv'ner] |
| de tração traseira | ետնեի քարշակ անիվներ | [ete'vi kar'ʃʌk aniv'ner] |
| de tração às 4 rodas | չորս քարշակ անիվներ | ['tʃors kar'ʃʌk aniv'ner] |

| caixa (f) de mudanças | փոխանցատուփ | [pohantsa'tup] |
| automático | ավտոմատ | [avto'mat] |
| mecânico | մեխանիկական | [mehanika'kan] |
| alavanca (f) das mudanças | փոխանցատուփի լծակ | [pohantsatu'pi l'tsak] |

| farol (m) | լուսարձակ | [lusar'dzak] |
| faróis, luzes | լույսեր | [luj'ser] |

| médios (m pl) | մոտակա լույս | [mota'ka 'lujs] |
| máximos (m pl) | հեռակա լույս | [ɛra'ka 'lujs] |
| luzes (f pl) de stop | ստոպ ազդանշան | [s'top azdan'ʃʌn] |

| mínimos (m pl) | գաբարիտային լույսեր | [gabarita'jın luj'ser] |
| luzes (f pl) de emergência | վտարային լույսեր | [vtara'jın luj'ser] |
| faróis (m pl) antinevoeiro | հակամառախուղային լուսարձակներ | [akamarahuha'jın lusardzak'ner] |

| pisca-pisca (m) | շրջադարձի ցուցիչ | [ʃrdʒadar'dzi tsu'tsitʃ] |
| luz (f) de marcha atrás | ետընթացի ցուցիչ | [etınta'tsi tsu'tsitʃ] |

## 148. Carros. Habitáculo

| interior (m) do carro | սրահ | [srah] |
| de couro, de pele | կաշեպատ | [kaʃe'pat] |
| de veludo | թավշյա | [tav'ʃa] |
| estofos (m pl) | պաստառ | [pas'tar] |
| indicador (m) | սարքավորում | [sarkavo'rum] |

| painel (m) de instrumentos | սարքավորումների վահանակ | [sarkavorumne'ri va:'nak] |
| velocímetro (m) | արագաչափ | [araga'tʃap] |
| ponteiro (m) | սլաք | [slak] |

| conta-quilómetros (m) | հաշվիչ | [aʃ'vitʃ] |
| sensor (m) | ցուցիչ | [tsu'tsitʃ] |
| nível (m) | մակարդակ | [makar'dak] |
| luz (f) avisadora | լամպ | [lamp] |

| volante (m) | ղեկ | [hek] |
| buzina (f) | ազդանշան | [azdan'ʃʌn] |
| botão (m) | կոճակ | [ko'tʃak] |
| interruptor (m) | փոխարկիչ | [pohar'kitʃ] |

| assento (m) | նստատեղ | [nsta'teh] |
| costas (f pl) do assento | հենակ | [ɛ'nak] |
| cabeceira (f) | գլխատեղ | [glha'teh] |
| cinto (m) de segurança | անվտանգության գոտի | [anvtaŋu'tʲan go'ti] |
| apertar o cinto | ամրացնել անվտանգության գոտին | [amrats'nel anvtaŋu'tʲan go'tin] |
| regulação (f) | կարգավորում | [kargavo'rum] |

| airbag (m) | օդային բարձիկ | [oda'jın bar'dzik] |
| ar (m) condicionado | օդորակիչ | [odora'kitʃ] |

| rádio (m) | ռադիո | ['radio] |
| leitor (m) de CD | SD-նվագարկիչ | [si'di nvagar'kitʃ] |
| ligar (vt) | միացնել | [miats'nel] |
| antena (f) | ալեհավաք | [alea'vak] |
| porta-luvas (m) | պահպանցիկ | [pa:h'tsik] |
| cinzeiro (m) | մոխրաման | [mohra'man] |

## 149. Carros. Motor

| motor (m) | շարժիչ | [ʃʌr'ʒitʃ] |
| diesel | դիզելային | [dizela'jın] |
| a gasolina | բենզինային | [benzina'jın] |

| cilindrada (f) | շարժիչի ծավալ | [ʃʌrʒi'tʃi tsa'val] |
| potência (f) | հզորություն | [ɛzoru'tsyn] |
| cavalo-vapor (m) | ձիաուժ | [dzia'uʒ] |
| pistão (m) | մխոց | [mhots] |
| cilindro (m) | գլան | [glan] |
| válvula (f) | փական | [pa'kan] |

| injetor (m) | ինժեկտոր | [inʒek'tor] |
| gerador (m) | գեներատոր | [genera'tor] |
| carburador (m) | կարբյուրատոր | [karbyra'tor] |
| óleo (m) para motor | շարժիչի յուղ | [ʃʌrʒi'tʃi 'juh] |

| radiador (m) | ռադիատոր | [radia'tor] |
| refrigerante (m) | սառեցնող հեղուկ | [sarets'noh ɛ'huk] |
| ventilador (m) | օդափոխիչ | [odapo'hitʃ] |

| bateria (f) | մարտկոց | [mart'kots] |
| dispositivo (m) de arranque | բնպագաշարժիչ | [ıntatsaʃʌr'ʒitʃ] |
| ignição (f) | լուցիչ | [lu'tsitʃ] |
| vela (f) de ignição | շարժիչի մոմիկ | [ʃʌrʒi'tʃi mo'mik] |

| borne (m) | սեղմակ | [seh'mak] |
| borne (m) positivo | պլյուս | [plys] |
| borne (m) negativo | մինուս | ['minus] |
| fusível (m) | ապահովիչ | [apao'vitʃ] |

| filtro (m) de ar | օդի ֆիլտր | [o'di 'fiʌtr] |
| filtro (m) de óleo | յուղի ֆիլտր | [ju'hi 'fiʌtr] |
| filtro (m) de combustível | վառելիքային ֆիլտր | [varelika'jın 'fiʌtr] |

## 150. Carros. Batidas. Reparação

| acidente (m) de carro | վթար | [vtar] |
| acidente (m) rodoviário | ճանապարհային պատահար | [tʃanapara'jın pata'ar] |
| ir contra ... | բախվել | [bah'vel] |
| sofrer um acidente | վնասվածքներ ստանալ | [vnasvatsk'ner sta'nal] |
| danos (m pl) | վնաս | [vnas] |
| intato | ողջ | [vohdʒ] |

| avariar (vi) | փչանալ | [ptʃa'nal] |
| cabo (m) de reboque | քարշակառան | [karʃʌka'ran] |

| furo (m) | ծակում | [tsa'kum] |
| estar furado | օդը դուրս գալ | ['odı 'durs 'gal] |
| encher (vt) | փչել | [ptʃel] |
| pressão (f) | ճնշում | [tʃnʃum] |
| verificar (vt) | ստուգել | [stu'gel] |

| reparação (f) | նորոգում | [noro'gum] |
| oficina (f) de reparação de carros | արհեստանոց | [arɛsta'nots] |
| peça (f) sobresselente | պահեստամաս | [paɛsta'mas] |
| peça (f) | մաս | [mas] |

| parafuso (m) | հեղույս | [ɛ'hujs] |
| parafuso (m) | պողոսակ | [poho'sak] |
| porca (f) | պտուտակամեր | [ptutaka'mer] |
| anilha (f) | մեղդիր | [medʒ'dir] |
| rolamento (m) | առանցքակալ | [arantska'kal] |

| tubo (m) | խողովակիկ | [hohova'kik] |
| junta (f) | միջադիր | [midʒa'dir] |
| fio, cabo (m) | լար | [lar] |

| macaco (m) | ամբարձակ | [ambar'dzak] |
| chave (f) de boca | մանեկադարձակ | [manekadar'dzak] |
| martelo (m) | մուրճ | [murtʃ] |
| bomba (f) | պոմպ | [pomp] |
| chave (f) de fendas | պտուտակահան | [ptutaka'an] |
| extintor (m) | կրակմարիչ | [krakma'ritʃ] |

137

| | | |
|---|---|---|
| triângulo (m) de emergência | վթարային կանգ | [vtara'jın 'kaŋ] |
| parar (vi) (motor) | մարել | [ma'rel] |
| paragem (f) | կանգ առնել | ['kaŋ ar'nel] |
| estar quebrado | կոտրված լինել | [kotr'vats li'nel] |

| | | |
|---|---|---|
| superaquecer-se (vr) | գերտաքանալ | [gertaka'nal] |
| entupir-se (vr) | խցանվել | [htsan'vel] |
| congelar (vi) | սառչել | [sar'tʃel] |
| rebentar (vi) | ճակվել | [tsak'vel] |

| | | |
|---|---|---|
| pressão (f) | ճնշում | [tʃnʃum] |
| nível (m) | մակարդակ | [makar'dak] |
| frouxo | թույլ | [tujl] |

| | | |
|---|---|---|
| mossa (f) | փոս ընկած տեղ | ['pos ı'ŋkats 'teh] |
| ruído (m) | թխկոց | [thkots] |
| fissura (f) | ճեղք | [tʃehk] |
| aranhão (m) | քերծվածք | [kerts'vatsk] |

## 151. Carros. Estrada

| | | |
|---|---|---|
| estrada (f) | ճանապարհ | [tʃana'par] |
| autoestrada (f) | մայրուղի | [majru'hi] |
| rodovia (f) | խճուղի | [htʃu'hi] |
| direção (f) | ուղղություն | [uhu'tsyn] |
| distância (f) | հեռավորություն | [ɛravoru'tsyn] |

| | | |
|---|---|---|
| ponte (f) | կամուրջ | [ka'murdʒ] |
| parque (m) de estacionamento | ավտոկայանատեղի | [avtokajanate'hi] |
| praça (f) | հրապարակ | [ɛrapa'rak] |
| nó (m) rodoviário | հանգուցալույծում | [aŋutsalu'tsum] |
| túnel (m) | թունել | [tu'nel] |

| | | |
|---|---|---|
| posto (m) de gasolina | ավտոլցակայան | [avtoltsaka'jan] |
| parque (m) de estacionamento | ավտոկայանատեղի | [avtokajanate'hi] |
| bomba (f) de gasolina | բենզալցակայան | [benzaltsaka'jan] |
| oficina (f) de reparação de carros | արհեստանոց | [arɛsta'nots] |
| abastecer (vi) | լցավորում | [ltsavo'rum] |
| combustível (m) | վառելիք | [vare'lik] |
| bidão (m) de gasolina | թիթեղ | [ti'teh] |

| | | |
|---|---|---|
| asfalto (m) | ասֆալտ | [as'falt] |
| marcação (f) de estradas | նշագիծ | [nʃʌ'gits] |
| lancil (m) | մայթեզր | [maj'tezr] |
| proteção (f) guard-rail | պատվար | [pat'var] |
| valeta (f) | խրամատ | [hra'maru] |
| berma (f) da estrada | ճամփեզր | [tʃam'pezr] |
| poste (m) de luz | սյուն | [syn] |

| | | |
|---|---|---|
| conduzir, guiar (vt) | վարել | [va'rel] |
| virar (ex. ~ à direita) | թեքվել | [tɛk'vel] |
| dar retorno | ետ դառնալ | ['et dar'nal] |
| marcha-atrás (f) | ետընթացք | [etın'tatsk] |

| | | |
|---|---|---|
| buzinar (vi) | ազդանշանել | [azdanʃʌ'nel] |
| buzina (f) | ձայնային ազդանշան | [dzajna'jın azdan'ʃʌn] |
| atolar-se (vr) | մնալ | [mnal] |
| patinar (na lama) | բաշել | [ka'ʃəl] |
| desligar (vt) | անջատել | [andʒa'tel] |

| | | |
|---|---|---|
| velocidade (f) | արագություն | [aragu'tsyn] |
| exceder a velocidade | արագությունը գերազանցել | [aragu'tsynı gerazan'tsel] |
| multar (vt) | տուգանել | [tuga'nel] |
| semáforo (m) | լուսակիր | [lusa'kir] |
| carta (f) de condução | վարորդական իրավունքներ | [varorda'kan iravuŋk'ner] |

| | | |
|---|---|---|
| passagem (f) de nível | շրջանցում | [ʃrdʒan'tsum] |
| cruzamento (m) | խաչմերուկ | [hatʃme'ruk] |
| passadeira (f) | հետիոտնի անցում | [ɛtiot'ni an'tsum] |
| curva (f) | ոլորան | [volo'ran] |
| zona (f) pedonal | հետիոտն ճանապարհ | [ɛti'otn tʃana'par] |

139

# PESSOAS. EVENTOS

## Eventos

### 152. Férias. Evento

| | | |
|---|---|---|
| festa (f) | տոն | [ton] |
| festa (f) nacional | ազգային տոն | [azga'jın 'ton] |
| feriado (m) | տոնական օր | [tona'kan 'or] |
| festejar (vt) | տոնել | [to'nel] |

| | | |
|---|---|---|
| evento (festa, etc.) | դեպք | [depk] |
| evento (banquete, etc.) | միջոցառում | [midʒotsa'rum] |
| banquete (m) | ճաշկերույթ | [tʃaʃke'rujt] |
| receção (f) | ընդունելություն | [ındunelu'tsyn] |
| festim (m) | խնջույք | [hndʒujk] |

| | | |
|---|---|---|
| aniversário (m) | տարեդարձ | [tare'dardz] |
| jubileu (m) | հոբելյան | [obe'ʎan] |
| celebrar (vt) | նշել | [nʃəl] |

| | | |
|---|---|---|
| Ano (m) Novo | Ամանոր | [ama'nor] |
| Feliz Ano Novo! | Շնորհավոր Ամանո՛ր | [ʃnora'vor ama'nor] |

| | | |
|---|---|---|
| Natal (m) | Սուրբ ծնունդ | [surb ts'nund] |
| Feliz Natal! | Ուրախ Սուրբ ծնո՛ւնդ | [u'rah 'surb ts'nund] |
| árvore (f) de Natal | տոնածառ | [tona'tsar] |
| fogo (m) de artifício | հրավառություն | [ɛravaru'tsyn] |

| | | |
|---|---|---|
| boda (f) | հարսանիք | [arsa'nik] |
| noivo (m) | փեսացու | [pesa'tsu] |
| noiva (f) | հարսնացու | [arsna'tsu] |

| | | |
|---|---|---|
| convidar (vt) | հրավիրել | [ɛravi'rel] |
| convite (m) | հրավիրատոմս | [ɛravira'toms] |

| | | |
|---|---|---|
| convidado (m) | հյուր | [jur] |
| visitar (vt) | հյուր գնալ | [jur g'nal] |
| receber os hóspedes | հյուրերին դիմավորել | [jure'rin dimavo'rel] |

| | | |
|---|---|---|
| presente (m) | նվեր | [nver] |
| oferecer (vt) | նվիրել | [nvi'rel] |
| receber presentes | նվերներ ստանալ | [nver'ner sta'nal] |
| ramo (m) de flores | ծաղկեփունջ | [tsahke'pundʒ] |

| | | |
|---|---|---|
| felicitações (f pl) | շնորհավորանք | [ʃnoravo'raŋk] |
| felicitar (dar os parabéns) | շնորհավորել | [ʃnoravo'rel] |
| cartão (m) de parabéns | շնորհավորական բացիկ | [ʃnoravora'kan ba'tsik] |
| enviar um postal | բացիկ ուղարկել | [ba'tsik uhar'kel] |

| | | |
|---|---|---|
| receber um postal | փացիկ ստանալ | [ba'tsik sta'nal] |
| brinde (m) | կենաց | [ke'nats] |
| oferecer (vt) | հյուրասիրել | [jurasi'rel] |
| champanhe (m) | շամպայն | [ʃʌm'pajn] |

| | | |
|---|---|---|
| divertir-se (vr) | զվարճանալ | [zvartʃa'nal] |
| diversão (f) | զվարճանք | [zvar'tʃaŋk] |
| alegria (f) | ուրախություն | [urahu'tsyn] |

| | | |
|---|---|---|
| dança (f) | պար | [par] |
| dançar (vi) | պարել | [pa'rel] |

| | | |
|---|---|---|
| valsa (f) | վալս | [vaʌs] |
| tango (m) | տանգո | ['taŋo] |

## 153. Funerais. Enterro

| | | |
|---|---|---|
| cemitério (m) | գերեզմանոց | [gerezma'nots] |
| sepultura (f), túmulo (m) | գերեզման | [gerez'man] |
| cruz (f) | խաչ | [hatʃ] |
| lápide (f) | տապանաքար | [tapana'kar] |
| cerca (f) | ցանկապատ | [tsaŋka'pat] |
| capela (f) | մատուռ | [ma'tur] |

| | | |
|---|---|---|
| morte (f) | մահ | [mah] |
| morrer (vi) | մահանալ | [ma:'nal] |
| defunto (m) | հանգուցյալ | [aŋu'tsʲal] |
| luto (m) | սուգ | [sug] |

| | | |
|---|---|---|
| enterrar, sepultar (vt) | թաղել | [ta'hel] |
| agência (f) funerária | թաղման բյուրո | [tah'man by'ro] |
| funeral (m) | թաղման արարողություն | [tah'man ararohu'tsyn] |

| | | |
|---|---|---|
| coroa (f) de flores | պսակ | [psak] |
| caixão (m) | դագաղ | [da'gah] |
| carro (m) funerário | դիակառք | [dia'kark] |
| mortalha (f) | սավան | [sa'van] |

| | | |
|---|---|---|
| urna (f) funerária | աճյունասափոր | [atʃunasa'por] |
| crematório (m) | դիակիզարան | [diakiza'ran] |

| | | |
|---|---|---|
| obituário (m), necrologia (f) | մահախոսական | [ma:hosa'kan] |
| chorar (vi) | լացել | [la'tsel] |
| soluçar (vi) | ողբալ | [voh'bal] |

## 154. Guerra. Soldados

| | | |
|---|---|---|
| pelotão (m) | դասակ | [da'sak] |
| companhia (f) | վաշտ | [vaʃt] |
| regimento (m) | գունդ | [gund] |
| exército (m) | բանակ | [ba'nak] |
| divisão (f) | դիվիզիա | [di'vizia] |

| | | |
|---|---|---|
| destacamento (m) | ջոկատ | [dʒo'kat] |
| hoste (f) | զորք | [zork] |

| | | |
|---|---|---|
| soldado (m) | զինվոր | [zin'vor] |
| oficial (m) | սպա | [spa] |

| | | |
|---|---|---|
| soldado (m) raso | շարքային | [ʃʌrka'jɪn] |
| sargento (m) | սերժանտ | [ser'ʒant] |
| tenente (m) | լեյտենանտ | [lejte'nant] |
| capitão (m) | կապիտան | [kapi'tan] |
| major (m) | մայոր | [ma'jor] |
| coronel (m) | գնդապետ | [gnda'pet] |
| general (m) | գեներալ | [gene'ral] |

| | | |
|---|---|---|
| marujo (m) | ծովային | [ʦova'jɪn] |
| capitão (m) | կապիտան | [kapi'tan] |
| contramestre (m) | բոցման | [boʦ'man] |

| | | |
|---|---|---|
| artilheiro (m) | հրետանավոր | [ɛretana'vor] |
| soldado (m) paraquedista | դեսանտային | [desanta'jɪn] |
| piloto (m) | օդաչու | [oda'ʧu] |
| navegador (m) | դեկապետ | [heka'pet] |
| mecânico (m) | մեխանիկ | [meha'nik] |

| | | |
|---|---|---|
| sapador (m) | սակրավոր | [sakra'vor] |
| paraquedista (m) | պարաշյուտիստ | [paraʃy'tist] |
| explorador (m) | հետախույզ | [ɛta'hujz] |
| franco-atirador (m) | սնայպեր | [s'najper] |

| | | |
|---|---|---|
| patrulha (f) | պարեկ | [pa'rek] |
| patrulhar (vt) | պարեկել | [pare'kel] |
| sentinela (f) | ժամապահ | [ʒama'pa] |

| | | |
|---|---|---|
| guerreiro (m) | ռազմիկ | [raz'mik] |
| patriota (m) | հայրենասեր | [ajrena'ser] |
| herói (m) | հերոս | [ɛ'ros] |
| heroína (f) | հերոսուհի | [ɛrosu'i] |

| | | |
|---|---|---|
| traidor (m) | դավաճան | [dava'ʧan] |
| desertor (m) | դասալիք | [dasa'lik] |
| desertar (vt) | դասալքել | [dasal'kel] |

| | | |
|---|---|---|
| mercenário (m) | վարձկան | [vardz'kan] |
| recruta (m) | նորակոչիկ | [norako'ʧik] |
| voluntário (m) | կամավոր | [kama'vor] |

| | | |
|---|---|---|
| morto (m) | սպանվածը | [span'vatsɪ] |
| ferido (m) | վիրավոր | [vira'vor] |
| prisioneiro (m) de guerra | գերի | [ge'ri] |

## 155. Guerra. Ações militares. Parte 1

| | | |
|---|---|---|
| guerra (f) | պատերազմ | [pate'razm] |
| guerrear (vt) | պատերազմել | [pateraz'mel] |

| | | |
|---|---|---|
| guerra (f) civil | քաղաքացիական պատերազմ | [kahakatsia'kan pate'razm] |
| perfidamente | նենգորեն | [neŋo'ren] |
| declaração (f) de guerra | հայտարարում | [ajtara'rum] |
| declarar (vt) guerra | հայտարարել | [ajtara'rel] |
| agressão (f) | ագրեսիա | [ag'resia] |
| atacar (vt) | հարձակվել | [ardzak'vel] |

| | | |
|---|---|---|
| invadir (vt) | զավթել | [zav'tel] |
| invasor (m) | զավթիչ | [zav'titʃ] |
| conquistador (m) | նվաճող | [nva'tʃoh] |

| | | |
|---|---|---|
| defesa (f) | պաշտպանություն | [paʃtpanu'tsyn] |
| defender (vt) | պաշտպանել | [paʃtpa'nel] |
| defender-se (vr) | պաշտպանվել | [paʃtpan'vel] |

| | | |
|---|---|---|
| inimigo (m) | թշնամի | [tʃna'mi] |
| adversário (m) | հակառակորդ | [akara'kord] |
| inimigo | թշնամական | [tʃnama'kan] |

| | | |
|---|---|---|
| estratégia (f) | ռազմավարություն | [razmavaru'tsyn] |
| tática (f) | մարտավարություն | [martavaru'tsyn] |

| | | |
|---|---|---|
| ordem (f) | հրաման | [ɛra'man] |
| comando (m) | հրաման | [ɛra'man] |
| ordenar (vt) | հրամայել | [ɛrama'jel] |
| missão (f) | առաջադրանք | [aradʒad'raŋk] |
| secreto | գաղտնի | [gaht'ni] |

| | | |
|---|---|---|
| batalha (f) | ճակատամարտ | [tʃakata'mart] |
| combate (m) | մարտ | [mart] |

| | | |
|---|---|---|
| ataque (m) | հարձակում | [ardza'kum] |
| assalto (m) | գրոհ | [groh] |
| assaltar (vt) | գրոհել | [gro'el] |
| assédio, sítio (m) | պաշարում | [paʃʌ'rum] |

| | | |
|---|---|---|
| ofensiva (f) | հարձակում | [ardza'kum] |
| passar à ofensiva | հարձակվել | [ardzak'vel] |

| | | |
|---|---|---|
| retirada (f) | նահանջ | [na'andʒ] |
| retirar-se (vr) | նահանջել | [na:n'dʒel] |

| | | |
|---|---|---|
| cerco (m) | շրջապատում | [ʃrdʒapa'tum] |
| cercar (vt) | շրջապատել | [ʃrdʒapa'tel] |

| | | |
|---|---|---|
| bombardeio (m) | ռմբակոծություն | [rmbakotsuts'tyn] |
| lançar uma bomba | ռումբ նետել | ['rumb ne'tel] |
| bombardear (vt) | ռմբակոծել | [rmbako'tsel] |
| explosão (f) | պայթյուն | [paj'tsyn] |

| | | |
|---|---|---|
| tiro (m) | կրակոց | [kra'kots] |
| disparar um tiro | կրակել | [kra'kel] |
| tiroteio (m) | հրաձգություն | [ıradzgu'tsyn] |
| apontar para ... | նշան բռնել | [n'ʃʌn brnel] |
| apontar (vt) | ուղղել | [u'hel] |

| acertar (vt) | դիպչել | [dip'tʃel] |
| afundar (um navio) | խորտակել | [horta'kel] |
| brecha (f) | ձեղքվածք | [tʃehk'vatsk] |
| afundar (vi) | ընդհատակ գնալ | [ında'tak g'nal] |

| frente (m) | ճակատ | [tʃa'kat] |
| evacuação (f) | էվակուացիա | [ɛvaku'atsia] |
| evacuar (vt) | էվակուացնել | [ɛvakuats'nel] |

| trincheira (f) | խրամատ | [hra'mat] |
| arame (m) farpado | փշալար | [pʃʌ'lar] |
| obstáculo (m) anticarro | փակոց | [pa'kots] |
| torre (f) de vigia | աշտարակ | [aʃta'rak] |

| hospital (m) | գոսպիտալ | [gospi'tal] |
| ferir (vt) | վիրավորել | [viravo'rel] |
| ferida (f) | վերք | [verk] |
| ferido (m) | վիրավոր | [vira'vor] |
| ficar ferido | վիրավորվել | [viravor'vel] |
| grave (ferida ~) | ծանր | [tsanr] |

## 156. Armas

| arma (f) | զենք | [zeŋk] |
| arma (f) de fogo | հրազեն | [ɛra'zen] |
| arma (f) branca | սառը զենք | ['sarı 'zeŋk] |

| arma (f) química | քիմիական զենք | [kimia'kan 'zeŋk] |
| nuclear | միջուկային | [midʒuka'jın] |
| arma (f) nuclear | միջուկային զենք | [midʒuka'jın 'zeŋk] |

| bomba (f) | ռումբ | [rumb] |
| bomba (f) atómica | ատոմային ռումբ | [atoma'jın 'rumb] |

| pistola (f) | ատրճանակ | [atrtʃa'nak] |
| caçadeira (f) | հրացան | [ɛra'tsan] |
| pistola-metralhadora (f) | ավտոմատ | [avto'mat] |
| metralhadora (f) | գնդացիր | [gnda'tsir] |

| boca (f) | փողաբերան | [pohabe'ran] |
| cano (m) | փող | [poh] |
| calibre (m) | տրամաչափ | [trama'tʃap] |

| gatilho (m) | հրահան | [ɛra'an] |
| mira (f) | նշան | [nʃʌn] |
| carregador (m) | պահեստատուփ | [paɛsta'tup] |
| coronha (f) | կոթ | [kot] |

| granada (f) de mão | նռնակ | [nrnak] |
| explosivo (m) | պայթուցիկ | [pajtu'tsik] |

| bala (f) | գնդակ | [gndak] |
| cartucho (m) | փամփուշտ | [pam'puʃt] |
| carga (f) | լից | [lits] |

| munições (f pl) | զինամթերք | [zinam'terk] |
| bombardeiro (m) | ռմբակոծիչ | [rmbako'tsitʃ] |
| avião (m) de caça | կործանիչ | [kortsa'nitʃ] |
| helicóptero (m) | ուղղաթիռ | [uha'tir] |

| canhão (m) antiaéreo | զենիթային թնդանոթ | [zenita'jın tnda'not] |
| tanque (m) | տանկ | [taŋk] |
| canhão (de um tanque) | թնդանոթ | [tnda'not] |

| artilharia (f) | հրետանի | [ɛreta'ni] |
| fazer a pontaria | ուղղել | [u'hel] |

| obus (m) | արկ | [ark] |
| granada (f) de morteiro | ական | [a'kan] |
| morteiro (m) | ականանետ | [akana'net] |
| estilhaço (m) | բեկոր | [be'kor] |

| submarino (m) | սուզանավ | [suza'nav] |
| torpedo (m) | տորպեդ | [tor'ped] |
| míssil (m) | հրթիռ | [ɛr'tir] |

| carregar (uma arma) | լցնել | [ltsnel] |
| atirar, disparar (vi) | կրակել | [kra'kel] |
| apontar para ... | նշան բռնել | [n'ʃʌn brnel] |
| baioneta (f) | սվին | [svin] |

| espada (f) | սուսեր | [su'ser] |
| sabre (m) | սուր | [sur] |
| lança (f) | նիզակ | [ni'zak] |
| arco (m) | աղեղ | [a'heh] |
| flecha (f) | նետ | [net] |
| mosquete (m) | մուշկետ | [muʃ'ket] |
| besta (f) | աղեղնաձեն | [ahehna'zen] |

## 157. Povos da antiguidade

| primitivo | նախնադարյան | [nahnada'rɪan] |
| pré-histórico | նախապատմական | [nahapatma'kan] |
| antigo | հին | [in] |

| Idade (f) da Pedra | քարե դար | [ka're 'dar] |
| Idade (f) do Bronze | բրոնզե դար | [bron'ze 'dar] |
| período (m) glacial | սառցե դարաշրջան | [sar'tse daraʃr'dʒan] |

| tribo (f) | ցեղ | [tseh] |
| canibal (m) | մարդակեր | [marda'ker] |
| caçador (m) | որսորդ | [vor'sord] |
| caçar (vi) | որս անել | ['vors a'nel] |
| mamute (m) | մամոնտ | [ma'mont] |

| caverna (f) | քարանձավ | [karan'dzav] |
| fogo (m) | կրակ | [krak] |
| fogueira (f) | խարույկ | [ha'rujk] |
| pintura (f) rupestre | ժայռանկար | [ʒajrapat'ker] |

145

| ferramenta (f) | աշխատանքի գործիք | [aʃhata'ŋki gor'tsik] |
|---|---|---|
| lança (f) | նիզակ | [ni'zak] |
| machado (m) de pedra | քարե կացին | [ka're ka'tsin] |
| guerrear (vt) | պատերազմել | [pateraz'mel] |
| domesticar (vt) | ընտելացնել | [ɪntelats'nel] |

| ídolo (m) | կուռք | [kurk] |
|---|---|---|
| adorar, venerar (vt) | պաշտել | [paʃ'tel] |
| superstição (f) | սնապաշտություն | [snapaʃtu'tsyn] |

| evolução (f) | էվոլյուցիա | [ɛvo'lytsia] |
|---|---|---|
| desenvolvimento (m) | զարգացում | [zarga'tsum] |
| desaparecimento (m) | անհետացում | [anɛta'tsum] |
| adaptar-se (vr) | ընտելանալ | [ɪntela'nal] |

| arqueologia (f) | հնեաբանություն | [ɛneabanu'tsyn] |
|---|---|---|
| arqueólogo (m) | հնագետ | [ɛna'get] |
| arqueológico | հնեաբանական | [ɛneabana'kan] |

| local (m) das escavações | պեղումներ | [pehum'ner] |
|---|---|---|
| escavações (f pl) | պեղումներ | [pehum'ner] |
| achado (m) | գտածո | [gta'tso] |
| fragmento (m) | բեկոր | [be'kor] |

## 158. Idade média

| povo (m) | ժողովուրդ | [ʒoho'vurd] |
|---|---|---|
| povos (m pl) | ժողովուրդներ | [ʒohovurd'ner] |
| tribo (f) | ցեղ | [tseh] |
| tribos (f pl) | ցեղեր | [tse'her] |

| bárbaros (m pl) | բարբարոսներ | [barbaros'ner] |
|---|---|---|
| gauleses (m pl) | գալլեր | [gal'ler] |
| godos (m pl) | գոտեր | [go'ter] |
| eslavos (m pl) | սլավոններ | [slavo'ŋer] |
| víquingues (m pl) | վիկինգներ | [viki'ŋer] |

| romanos (m pl) | հռոմեացիներ | [ɛromeatsi'ner] |
|---|---|---|
| romano | հռոմեական | [ɛromea'kan] |

| bizantinos (m pl) | բյուզանդացիներ | [babelonatsi'ner] |
|---|---|---|
| Bizâncio | Բյուզանդ | [babe'lon] |
| bizantino | բյուզանդյան | [babelona'kan] |

| imperador (m) | կայսր | [kajsr] |
|---|---|---|
| líder (m) | առաջնորդ | [aradʒ'nord] |
| poderoso | հզոր | [ɛ'zor] |
| rei (m) | թագավոր | [taga'vor] |
| governante (m) | դեկավար | [heka'var] |

| cavaleiro (m) | ասպետ | [as'pet] |
|---|---|---|
| senhor feudal (m) | ավատատեր | [avata'ter] |
| feudal | ավատատիրական | [avatatira'kan] |
| vassalo (m) | վասսալ | [vas'sal] |

| duque (m) | դուքս | [duks] |
|---|---|---|
| conde (m) | կոմս | [koms] |
| barão (m) | բարոն | [ba'ron] |
| bispo (m) | եպիսկոպոս | [episko'pos] |

| armadura (f) | զենք ու զրահ | ['zeŋk u z'ra] |
|---|---|---|
| escudo (m) | վահան | [va'an] |
| espada (f) | թուր | [tur] |
| viseira (f) | երեսկալ | [eres'kal] |
| cota (f) de malha | օղազրահ | [ohaz'ra] |

| cruzada (f) | խաչակրաց արշավանք | [hatʃak'rats arʃʌ'vaŋk] |
|---|---|---|
| cruzado (m) | խաչակիր | [hatʃa'kir] |

| território (m) | տարածք | [ta'ratsk] |
|---|---|---|
| atacar (vt) | հարձակվել | [ardzak'vel] |
| conquistar (vt) | գրավել | [gra'vel] |
| ocupar, invadir (vt) | զավթել | [zav'tel] |

| assédio, sítio (m) | պաշարում | [paʃʌ'rum] |
|---|---|---|
| sitiado | պաշարված | [paʃʌr'vats] |
| assediar, sitiar (vt) | պաշարել | [paʃʌ'rel] |

| inquisição (f) | ատավատարբեություն | [avatakŋu'tsyn] |
|---|---|---|
| inquisidor (m) | ատավատարբեիչ | [avatak'ŋitʃ] |
| tortura (f) | խոշտանգում | [hoʃta'ŋum] |
| cruel | դաժան | [da'ʒan] |
| herege (m) | հերետիկոս | [ɛreti'kos] |
| heresia (f) | հերետիկոսություն | [ɛretiku'tsyn] |

| navegação (f) marítima | ծովագնացություն | [tsovagnatsu'tsyn] |
|---|---|---|
| pirata (m) | ծովահեն | [tsova'ɛn] |
| pirataria (f) | ծովահենություն | [tsovaɛnu'tsyn] |
| abordagem (f) | նավագգերում | [navagze'rum] |
| saque (m), pulhagem (f) | որս | [vors] |
| tesouros (m pl) | գանձեր | [gan'dzer] |

| descobrimento (m) | հայտնագործություն | [ajtnagortsu'tsyn] |
|---|---|---|
| descobrir (novas terras) | հայտնագործել | [ajtnagor'tsel] |
| expedição (f) | արշավ | [ar'ʃʌv] |

| mosqueteiro (m) | հրացանակիր | [ɛratsana'kir] |
|---|---|---|
| cardeal (m) | կարդինալ | [kardi'nal] |
| heráldica (f) | զինանշանագիտություն | [zinaniʃʌgitu'tsyn] |
| heráldico | զինանշանագիտական | [zinaniʃʌgita'kan] |

## 159. Líder. Chefe. Autoridades

| rei (m) | թագավոր | [taga'vor] |
|---|---|---|
| rainha (f) | թագուհի | [tagu'i] |
| real | թագավորական | [tagavora'kan] |
| reino (m) | թագավորություն | [tagavoru'tsyn] |
| príncipe (m) | արքայազն | [arka'jazn] |
| princesa (f) | արքայադուստր | [arkaja'dustr] |

| presidente (m) | նախագահ | [naha'ga] |
| vice-presidente (m) | փոխնախագահ | [pohnaha'ga] |
| senador (m) | սենատոր | [sena'tor] |

| monarca (m) | միապետ | [marz'pet] |
| governante (m) | ղեկավար | [heka'var] |
| ditador (m) | դիկտատոր | [dikta'tor] |
| tirano (m) | բռնապետ | [brna'pet] |
| magnata (m) | մագնատ | [mag'nat] |

| diretor (m) | տնօրեն | [tno'ren] |
| chefe (m) | շեֆ | [ʃəf] |
| dirigente (m) | կառավարիչ | [karava'ritʃ] |
| patrão (m) | պետ | [pet] |
| dono (m) | տեր | [ter] |

| chefe (~ de delegação) | գլուխ | [gluh] |
| autoridades (f pl) | իշխանություններ | [iʃhanutsy'ŋer] |
| superiores (m pl) | ղեկավարություն | [hekavaru'tsyn] |

| governador (m) | գուբերնատոր | [guber'nator] |
| cônsul (m) | հյուպատոս | [jupa'tos] |
| diplomata (m) | դիվանագետ | [divana'get] |
| prefeito (m) | քաղաքապետ | [kahaka'pet] |
| xerife (m) | ոստիկանապետ | [vostikana'pet] |

| imperador (m) | կայսր | [kajsr] |
| czar (m) | թագավոր | [taga'vor] |
| faraó (m) | փարավոն | [para'von] |
| cã (m) | խան | [han] |

## 160. Viloação da lei. Criminosos. Parte 1

| bandido (m) | ավազակ | [ava'zak] |
| crime (m) | հանցագործություն | [antsagortsu'tsyn] |
| criminoso (m) | հանցագործ | [antsa'gorts] |

| ladrão (m) | գող | [goh] |
| roubar (vt) | գողանալ | [goha'nal] |
| furto, roubo (m) | գողություն | [gohu'tsyn] |

| raptar (ex. ~ uma criança) | առնանգել | [areva'ŋel] |
| rapto (m) | առնանգում | [areva'ŋum] |
| raptor (m) | առնանգող | [areva'ŋoh] |

| resgate (m) | փրկագին | [prka'gin] |
| pedir resgate | փրկագին պահանջել | [prka'gin pa:n'dʒel] |

| roubar (vt) | կողոպտել | [kohop'tel] |
| assaltante (m) | կողոպտիչ | [kohop'titʃ] |

| extorquir (vt) | շորթել | [ʃor'tel] |
| extorsionário (m) | շորթիչ | [ʃor'titʃ] |
| extorsão (f) | շորթում | [ʃor'tum] |

| | | |
|---|---|---|
| matar, assassinar (vt) | սպանել | [spa'nel] |
| homicídio (m) | սպանություն | [spanu'tsyn] |
| homicida, assassino (m) | մարդասպան | [mardas'pan] |

| | | |
|---|---|---|
| tiro (m) | կրակոց | [kra'kots] |
| dar um tiro | կրակել | [kra'kel] |
| matar a tiro | կրակել | [kra'kel] |
| atirar, disparar (vi) | կրակել | [kra'kel] |
| tiroteio (m) | հրաձգություն | [ıradzgu'tsyn] |

| | | |
|---|---|---|
| acontecimento (m) | պատահար | [pata'ar] |
| porrada (f) | կռիվ | [kriv] |
| vítima (f) | զոհ | [zoh] |

| | | |
|---|---|---|
| danificar (vt) | վնաս հասցնել | [v'nas asts'nel] |
| dano (m) | վնաս | [vnas] |
| cadáver (m) | դիակ | [di'ak] |
| grave | ծանր | [tsanr] |

| | | |
|---|---|---|
| atacar (vt) | հարձակում կատարել | [ardza'kum kata'rel] |
| bater (espancar) | հարվածել | [arva'tsel] |
| espancar (vt) | ծեծել | [tse'tsel] |
| tirar, roubar (dinheiro) | խլել | [hlel] |
| esfaquear (vt) | մորթել | [mor'tel] |
| mutilar (vt) | խեղանդամացնել | [hehandamats'nel] |
| ferir (vt) | վիրավորել | [viravo'rel] |

| | | |
|---|---|---|
| chantagem (f) | շորթում | [ʃor'tum] |
| chantagear (vt) | շորթել | [ʃor'tel] |
| chantagista (m) | շորթումնագործ | [ʃortumna'gorts] |

| | | |
|---|---|---|
| extorsão (em troca de proteção) | դրամաշորթություն | [dramaʃnoru'tsyn] |
| extorsionário (m) | դրամաշորթ | [drama'ʃort] |
| gângster (m) | ավազակ | [ava'zak] |
| máfia (f) | մաֆիա | ['mafia] |

| | | |
|---|---|---|
| carteirista (m) | գրպանահատ | [grpana'at] |
| assaltante, ladrão (m) | կողոպտիչ կատարող | [kot'raŋk kata'roh] |
| contrabando (m) | մաքսանենգություն | [maksaneŋu'tsyn] |
| contrabandista (m) | մաքսանենգ | [maksa'neŋ] |

| | | |
|---|---|---|
| falsificação (f) | կեղծիք | [keh'tsik] |
| falsificar (vt) | կեղծել | [keh'tsel] |
| falsificado | կեղծ | [kehts] |

## 161. Viloação da lei. Criminosos. Parte 2

| | | |
|---|---|---|
| violação (f) | բռնաբարություն | [brnabaru'tsyn] |
| violar (vt) | բռնաբարել | [brnaba'rel] |
| violador (m) | բռնաբարող | [brnaba'roh] |
| maníaco (m) | մոլագար | [mola'gar] |
| prostituta (f) | պոռնիկ | [por'nik] |
| prostituição (f) | պոռնկություն | [porŋku'tsyn] |

| chulo (m) | կավատ | [ka'vat] |
| toxicodependente (m) | թմրամոլ | [tmra'mol] |
| traficante (m) | թմրավաճառ | [tmrava'tʃar] |

| explodir (vt) | պայթեցնել | [pajtets'nel] |
| explosão (f) | պայթյուն | [paj'tsyn] |
| incendiar (vt) | հրկիզել | [ɛrki'zel] |
| incendiário (m) | հրկիզող | [ɛrki'zoh] |

| terrorismo (m) | ահաբեկչություն | [ahabektʃu'tsyn] |
| terrorista (m) | ահաբեկիչ | [ahabe'kitʃ] |
| refém (m) | պատանդ | [pa'tand] |

| enganar (vt) | խաբել | [ha'bel] |
| engano (m) | խաբեություն | [habeu'tsyn] |
| vigarista (m) | խարդախ | [har'dah] |

| subornar (vt) | կաշառել | [kaʃʌ'rel] |
| suborno (atividade) | կաշառք | [ka'ʃʌrk] |
| suborno (dinheiro) | կաշառք | [ka'ʃʌrk] |

| veneno (m) | թույն | [tujn] |
| envenenar (vt) | թունավորել | [tunavo'rel] |
| envenenar-se (vr) | թունավորվլ | [tunavo'rel] |

| suicídio (m) | ինքնասպանություն | [iŋknaspanu'tsyn] |
| suicida (m) | ինքնասպան | [iŋknas'pan] |
| ameaçar (vt) | սպառնալ | [spar'nal] |
| ameaça (f) | սպառնալիք | [sparna'lik] |
| atentar contra a vida de ... | մահափորձ կատարել | [ma:'pordz kata'rel] |
| atentado (m) | մահափորձ | [ma:'pordz] |

| roubar (o carro) | առևանգել | [areva'ŋel] |
| desviar (o avião) | առևանգել | [areva'ŋel] |

| vingança (f) | վրեժ | [vreʒ] |
| vingar (vt) | վրեժ լուծել | [v'reʒ lu'tsel] |

| torturar (vt) | խոշտանգել | [hoʃta'ŋel] |
| tortura (f) | խոշտանգում | [hoʃta'ŋum] |
| atormentar (vt) | խոշտանգել | [hoʃta'ŋel] |

| pirata (m) | ծովահեն | [tsova'ɛn] |
| desordeiro (m) | խուլիգան | [huli'gan] |
| armado | զինված | [zin'vats] |
| violência (f) | բռնություն | [brnu'tyn] |

| espionagem (f) | լրտեսություն | [lrtesu'tyn] |
| espionar (vi) | լրտեսել | [lrte'sel] |

## 162. Polícia. Lei. Parte 1

| justiça (f) | դատ | [dat] |
| tribunal (m) | դատարան | [data'ran] |

| | | |
|---|---|---|
| juiz (m) | դատավոր | [data'vor] |
| jurados (m pl) | ատենակալ | [atena'kal] |
| tribunal (m) do júri | ատենակալների դատարան | [atenakalne'ri data'ran] |
| julgar (vt) | դատել | [da'tel] |

| | | |
|---|---|---|
| advogado (m) | փաստաբան | [pasta'ban] |
| réu (m) | ամբաստանյալ | [ambasta'ɲal] |
| banco (m) dos réus | ամբաստանյալների աթոռ | [ambastaɲalne'ri a'tor] |

| | | |
|---|---|---|
| acusação (f) | մեղադրանք | [mehad'raŋk] |
| acusado (m) | մեղադրյալ | [mehad'rʲal] |

| | | |
|---|---|---|
| sentença (f) | դատավճիռ | [datav'ʧir] |
| sentenciar (vt) | դատապարտել | [datapar'tel] |

| | | |
|---|---|---|
| culpado (m) | հանցավոր | [antsa'vor] |
| punir (vt) | պատժել | [pat'ʒel] |
| punição (f) | պատժամիջոց | [patʒami'dʒots] |

| | | |
|---|---|---|
| multa (f) | տուգանք | [tu'gaŋk] |
| prisão (f) perpétua | ցմահ բանտարկություն | [ts'ma bantarku'tyn] |
| pena (f) de morte | մահապատիժ | [ma:pa'tiʒ] |
| cadeira (f) elétrica | էլեկտրական աթոռ | [ɛlektra'kan a'tor] |
| forca (f) | կախաղան | [kaha'han] |

| | | |
|---|---|---|
| executar (vt) | մահապատժի ենթարկել | [ma:pat'ʒi entar'kel] |
| execução (f) | մահապատիժ | [ma:pa'tiʒ] |

| | | |
|---|---|---|
| prisão (f) | բանտ | [bant] |
| cela (f) de prisão | բանտախցիկ | [bantah'tsik] |

| | | |
|---|---|---|
| escolta (f) | պահակախումբ | [pa:ka'humb] |
| guarda (m) prisional | հսկիչ | [ɛs'kitʃ] |
| preso (m) | բանտարկյալ | [bantar'kʲal] |

| | | |
|---|---|---|
| algemas (f pl) | ձեռնաշղթաներ | [dzernaʃhta'ner] |
| algemar (vt) | ձեռնաշղթաներ հագցնել | [dzernaʃhta'ner agts'nel] |

| | | |
|---|---|---|
| fuga, evasão (f) | փախուստ | [pa'hust] |
| fugir (vi) | փախչել | [pah'tʃel] |
| desaparecer (vi) | անհայտանալ | [anajta'nal] |
| soltar, libertar (vt) | ազատել | [aza'tel] |
| amnistia (f) | ներում | [ne'rum] |

| | | |
|---|---|---|
| polícia (instituição) | ոստիկանություն | [vostikanu'tsyn] |
| polícia (m) | ոստիկան | [vosti'kan] |
| esquadra (f) de polícia | ոստիկանության բաժանմունք | [vostikanu'tsʲan baʒan'muŋk] |
| cassetete (m) | ռետինե մահակ | [reti'ne ma'ak] |
| megafone (m) | խոսափող | [hosa'poh] |

| | | |
|---|---|---|
| carro (m) de patrulha | պարեկային ավտոմեքենա | [pareka'jın avtomeke'na] |
| sirene (f) | շչակ | [ʃ'tʃak] |
| ligar a sirene | շչակը միացնել | [ʃ'tʃakı miats'nel] |
| toque (m) da sirene | շչակի ոռնոց | [ʃ'tʃa'ki vor'nots] |
| cena (f) do crime | դեպքի վայր | [dep'ki 'vajr] |

| | | |
|---|---|---|
| testemunha (f) | վկա | [vka] |
| liberdade (f) | ազատություն | [azatu'tsyn] |
| cúmplice (m) | հանցակից | [antsa'kits] |
| escapar (vi) | փախչել | [pah'tʃel] |
| traço (não deixar ~s) | հետք | [ɛtk] |

## 163. Polícia. Lei. Parte 2

| | | |
|---|---|---|
| procura (f) | հետապնդություն | [ɛtaknu'tsyn] |
| procurar (vt) | փնտրել | [pntrel] |
| suspeita (f) | կասկած | [kas'kats] |
| suspeito | կասկածելի | [kaskatse'li] |
| parar (vt) | կանգնեցնել | [kaŋets'nel] |
| deter (vt) | ձերբակալել | [dzerbaka'lel] |

| | | |
|---|---|---|
| caso (criminal) | գործ | [gorts] |
| investigação (f) | հետապնդություն | [ɛtaknu'tsyn] |
| detetive (m) | խուզարկու | [huzar'ku] |
| investigador (m) | քննիչ | [kŋitʃ] |
| versão (f) | վարկած | [var'kats] |

| | | |
|---|---|---|
| motivo (m) | շարժառիթ | [ʃʌrʒa'rit] |
| interrogatório (m) | հարցաքննություն | [artsaknu'tsyn] |
| interrogar (vt) | հարդափաննել | [artsak'ŋel] |
| questionar (vt) | հարցաքննել | [artsak'ŋel] |
| verificação (f) | ստուգում | [stu'gum] |

| | | |
|---|---|---|
| rusga (f) | շուրջկալ | [ʃurdʒ'kal] |
| busca (f) | խուզարկություն | [huzarku'tsyn] |
| perseguição (f) | հետապնդում | [ɛtapn'dum] |
| perseguir (vt) | հետապնդել | [ɛtapn'del] |
| seguir (vt) | հետևել | [ɛte'vel] |

| | | |
|---|---|---|
| prisão (f) | ձերբակալություն | [dzerbakalu'tsyn] |
| prender (vt) | ձերբակալել | [dzerbaka'lel] |
| pegar, capturar (vt) | բռնել | [brnel] |
| captura (f) | բռնելը | [brne'lı] |

| | | |
|---|---|---|
| documento (m) | փաստաթուղթ | [pasta'tuht] |
| prova (f) | ապացույց | [apa'tsujts] |
| provar (vt) | ապացուցել | [apatsu'tsel] |
| pegada (f) | հետք | [ɛtk] |
| impressões (f pl) digitais | մատնահետքեր | [matnaɛt'ker] |
| prova (f) | հանցանշան | [antsan'ʃʌn] |

| | | |
|---|---|---|
| álibi (m) | ալիբի | ['alibi] |
| inocente | անմեղ | [an'meh] |
| injustiça (f) | անարդարություն | [anardaru'tsyn] |
| injusto | անարդար | [anar'dar] |

| | | |
|---|---|---|
| criminal | քրեական | [krea'kan] |
| confiscar (vt) | բռնագրավել | [brnagra'vel] |
| droga (f) | թմրանյութ | [tmra'nyt] |
| arma (f) | զենք | [zeŋk] |

| desarmar (vt) | զինաթափել | [zinata'pel] |
| ordenar (vt) | հրամայել | [ɛrama'jel] |
| desaparecer (vi) | անհետանալ | [anɛta'nal] |

| lei (f) | օրենք | [o'reŋk] |
| legal | օրինական | [orina'kan] |
| ilegal | անօրինական | [anorina'kan] |

| responsabilidade (f) | պատասխանատվություն | [patashanatvu'tsyn] |
| responsável | պատասխանատու | [patashana'tu] |

# NATUREZA

## A Terra. Parte 1

### 164. Espaço sideral

| | | |
|---|---|---|
| cosmos (m) | տիեզերք | [tie'zerk] |
| cósmico | տիեզերական | [tiezera'kan] |
| espaço (m) cósmico | տիեզերական տարածություն | [tiezera'kan taratsu'tsyn] |
| | | |
| mundo (m) | աշխարհ | [aʃ'har] |
| universo (m) | տիեզերք | [tie'zerk] |
| galáxia (f) | գալակտիկա | [ga'laktika] |
| | | |
| estrela (f) | աստղ | [asth] |
| constelação (f) | համաստեղություն | [amastehu'tsyn] |
| planeta (m) | մոլորակ | [molo'rak] |
| satélite (m) | արբանյակ | [arba'ɲak] |
| | | |
| meteorito (m) | երկնաքար | [erkna'kar] |
| cometa (m) | գիսաստղ | [gi'sasth] |
| asteroide (m) | աստղակերպ | [astha'kerp] |
| | | |
| órbita (f) | ուղեծիր | [uhe'tsir] |
| girar (vi) | պտտվել | [ptɪt'vel] |
| atmosfera (f) | մթնոլորտ | [mtno'lort] |
| | | |
| Sol (m) | արեգակ | [are'gak] |
| Sistema (m) Solar | արեգակնային համակարգ | [aregakna'jɪn ama'karg] |
| eclipse (m) solar | արեևի խավարում | [are'vi hava'rum] |
| | | |
| Terra (f) | Երկիր | [er'kir] |
| Lua (f) | Լուսին | [lu'sin] |
| | | |
| Marte (m) | Մարս | [mars] |
| Vénus (m) | Վեներա | [ve'nera] |
| Júpiter (m) | Յուպիտեր | [ju'piter] |
| Saturno (m) | Սատուրն | [sa'turn] |
| | | |
| Mercúrio (m) | Մերկուրի | [mer'kuri] |
| Urano (m) | Ուրան | [u'ran] |
| Neptuno (m) | Նեպտուն | [nep'tun] |
| Plutão (m) | Պլուտոն | [plu'ton] |
| | | |
| Via Láctea (f) | Կաթնածիր | [katna'tsir] |
| Ursa Maior (f) | Մեծ Արջ | [mets 'ardʒ] |
| Estrela Polar (f) | Բևեռային Աստղ | [bevera'jɪn 'asth] |
| marciano (m) | Մարսի բնակիչ | [mar'si bna'kitʃ] |

| | | |
|---|---|---|
| extraterrestre (m) | այլմոլորակային | [ajlmoloraka'jın] |
| alienígena (m) | եկվոր | [ek'vor] |
| disco (m) voador | թռչող ափսե | [tr'tʃoh ap'se] |

| | | |
|---|---|---|
| nave (f) espacial | տիեզերանավ | [tiezerag'nats] |
| estação (f) orbital | ուղեծրային կայան | [uhetsra'jın ka'jan] |
| lançamento (m) | մեկնարթիք | [meknat'ritʃk] |

| | | |
|---|---|---|
| motor (m) | շարժիչ | [ʃʌr'ʒitʃ] |
| bocal (m) | փողեր | [po'helk] |
| combustível (m) | վառելիք | [vare'lik] |

| | | |
|---|---|---|
| cabine (f) | խցիկ | [htsik] |
| antena (f) | ալեհավաք | [alea'vak] |
| vigia (f) | իլյումինատոր | [ilymi'nator] |
| bateria (f) solar | արևային մարտկոց | [areva'jın mart'kots] |
| traje (m) espacial | սկաֆանդր | [ska'fandr] |

| | | |
|---|---|---|
| imponderabilidade (f) | անկշռություն | [aŋkʃru'tsyn] |
| oxigénio (m) | թթվածին | [ttva'tsin] |

| | | |
|---|---|---|
| acoplagem (f) | միակցում | [miak'tsum] |
| fazer uma acoplagem | միակցում կատարել | [miak'tsum kata'rel] |

| | | |
|---|---|---|
| observatório (m) | աստղադիտարան | [asthadita'ran] |
| telescópio (m) | աստղադիտակ | [asthadi'tak] |
| observar (vt) | հետևել | [ɛte'vel] |
| explorar (vt) | հետազոտել | [ɛtazo'tel] |

## 165. A Terra

| | | |
|---|---|---|
| Terra (f) | Երկիր | [er'kir] |
| globo terrestre (Terra) | երկրագունդ | [erkra'gund] |
| planeta (m) | մոլորակ | [molo'rak] |

| | | |
|---|---|---|
| atmosfera (f) | մթնոլորտ | [mtno'lort] |
| geografia (f) | աշխարհագրություն | [aʃharagru'tsyn] |
| natureza (f) | բնություն | [bnu'tsyn] |

| | | |
|---|---|---|
| globo (mapa esférico) | գլոբուս | [glo'bus] |
| mapa (m) | քարտեզ | [kar'tez] |
| atlas (m) | ատլաս | [at'las] |

| | | |
|---|---|---|
| Europa (f) | Եվրոպա | [ev'ropa] |
| Ásia (f) | Ասիա | ['asia] |
| África (f) | Աֆրիկա | ['afrika] |
| Austrália (f) | Ավստրալիա | [avst'ralia] |

| | | |
|---|---|---|
| América (f) | Ամերիկա | [a'merika] |
| América (f) do Norte | Հյուսիսային Ամերիկա | [jusisa'jın a'merika] |
| América (f) do Sul | Հարավային Ամերիկա | [arava'jın a'merika] |

| | | |
|---|---|---|
| Antártida (f) | Անտարկտիդա | [antark'tida] |
| Ártico (m) | Արկտիկա | ['arktika] |

## 166. Pontos cardeais

| | | |
|---|---|---|
| norte (m) | հյուսիս | [ju'sis] |
| para norte | դեպի հյուսիս | [de'pi ju'sis] |
| no norte | հյուսիսում | [jusi'sum] |
| do norte | հյուսիսային | [jusisa'jın] |
| | | |
| sul (m) | հարավ | [a'rav] |
| para sul | դեպի հարավ | [de'pi a'rav] |
| no sul | հարավում | [ara'vum] |
| do sul | հարավային | [arava'jın] |
| | | |
| oeste, ocidente (m) | արևմուտք | [arev'mutk] |
| para oeste | դեպի արևմուտք | [de'pi arev'mutk] |
| no oeste | արևմուտքում | [arevmut'kum] |
| ocidental | արևմտյան | [arevm't'an] |
| | | |
| leste, oriente (m) | արևելք | [are'velk] |
| para leste | դեպի արևելք | [de'pi are'velk] |
| no leste | արևելքում | [arevel'kum] |
| oriental | արևելյան | [areve'ʎan] |

## 167. Mar. Oceano

| | | |
|---|---|---|
| mar (m) | ծով | [ʦov] |
| oceano (m) | օվկիանոս | [ovkia'nos] |
| golfo (m) | ծոց | [ʦoʦ] |
| estreito (m) | նեղուց | [ne'huʦ] |
| | | |
| terra (f) firme | ցամաք | [ʦa'mak] |
| continente (m) | մայրցամաք | [majrʦa'mak] |
| ilha (f) | կղզի | [khzi] |
| península (f) | թերակղզի | [terakh'zi] |
| arquipélago (m) | արշիպելագ | [arʃipe'lag] |
| | | |
| baía (f) | ծովախորշ | [ʦova'horʃ] |
| porto (m) | նավահանգիստ | [nava:'ŋist] |
| lagoa (f) | ծովալճակ | [ʦoval'ʧak] |
| cabo (m) | հրվանդան | [ɛrvan'dan] |
| | | |
| atol (m) | ատոլ | [a'tol] |
| recife (m) | խութ | [hut] |
| coral (m) | մարջան | [mar'dʒan] |
| recife (m) de coral | մարջանախութ | [mardʒana'hut] |
| | | |
| profundo | խորը | ['hori] |
| profundidade (f) | խորություն | [horu'ʦyn] |
| abismo (m) | անդունդ | [an'dund] |
| fossa (f) oceânica | ծովախորշ | [ʦova'horʃ] |
| | | |
| corrente (f) | հոսանք | [o'saŋk] |
| banhar (vt) | ողողել | [voho'hel] |
| litoral (m) | ափ | [ap] |

| costa (f) | ծովափ | [tso'vap] |
| maré (f) alta | մակընթացություն | [makıntatsu'tsyn] |
| maré (f) baixa | տեղատվություն | [tehatvu'tsyn] |
| restinga (f) | առափնյա ծանծաղուտ | [arap'ɲa tsantsa'hut] |
| fundo (m) | հատակ | [a'tak] |

| onda (f) | ալիք | [a'lik] |
| crista (f) da onda | ալիքի կատար | [ali'ki ka'tar] |
| espuma (f) | փրփուր | [prpur] |

| tempestade (f) | փոթորիկ | [poto'rik] |
| furacão (m) | մրրիկ | [mrrik] |
| tsunami (m) | ցունամի | [tsu'nami] |
| calmaria (f) | խաղաղություն | [hahahu'tsyn] |
| calmo | հանգիստ | [a'ɲist] |

| polo (m) | բևեռ | [be'ver] |
| polar | բևեռային | [bevera'jın] |

| latitude (f) | լայնություն | [lajnu'tsyn] |
| longitude (f) | երկայնություն | [erkaru'tsyn] |
| paralela (f) | զուգահեռական | [zugɑɛra'kan] |
| equador (m) | հասարակած | [asara'kats] |

| céu (m) | երկինք | [er'kiŋk] |
| horizonte (m) | հորիզոն | [ori'zon] |
| ar (m) | օդ | [od] |

| farol (m) | փարոս | [pa'ros] |
| mergulhar (vi) | սուզվել | [suz'vel] |
| afundar-se (vr) | խորտակվել | [hortak'vel] |
| tesouros (m pl) | գանձեր | [gan'dzer] |

## 168. Montanhas

| montanha (f) | լեռ | [ler] |
| cordilheira (f) | լեռնաշղթա | [lernaʃh'ta] |
| serra (f) | լեռնագագաթ | [lernaga'gat] |

| cume (m) | գագաթ | [ga'gat] |
| pico (m) | լեռնագագաթ | [lernaga'gat] |
| sopé (m) | ստորոտ | [sto'rot] |
| declive (m) | սարալանջ | [sara'landʒ] |

| vulcão (m) | հրաբուխ | [ɛra'buh] |
| vulcão (m) ativo | գործող հրաբուխ | [gor'tsoh ɛra'buh] |
| vulcão (m) extinto | հանգած հրաբուխ | [a'ɲats ɛra'buh] |

| erupção (f) | ժայթքում | [ʒajt'kum] |
| cratera (f) | խառնարան | [harna'ran] |
| magma (m) | մագմա | ['magma] |
| lava (f) | լավա | ['lava] |
| fundido (lava ~a) | շիկացած | [ʃika'tsats] |
| desfiladeiro (m) | խնձահովիտ | [hndzao'vit] |

| garganta (f) | կիրճ | [kirtʃ] |
| fenda (f) | ևեղ կիրճ | [neh 'kirtʃ] |

| passo, colo (m) | լեռնանցք | [ler'nantsk] |
| planalto (m) | սարահարթ | [sara'art] |
| falésia (f) | ժայռ | [ʒajr] |
| colina (f) | բլուր | [blur] |

| glaciar (m) | սառցադաշտ | [sartsa'daʃt] |
| queda (f) d'água | ջրվեժ | [dʒrveʒ] |
| géiser (m) | գեյզեր | ['gejzer] |
| lago (m) | լիճ | [litʃ] |

| planície (f) | հարթավայր | [arta'vajr] |
| paisagem (f) | բնատեսարան | [bnatesa'ran] |
| eco (m) | արձագանք | [ardza'gaŋk] |

| alpinista (m) | լեռնագնաց | [lernag'nats] |
| escalador (m) | ժայռամագլցող | [ʒajramagl'tsoh] |
| conquistar (vt) | գերել | [ge'rel] |
| subida, escalada (f) | վերելք | [ve'relk] |

## 169. Rios

| rio (m) | գետ | [get] |
| fonte, nascente (f) | աղբյուր | [ah'byr] |
| leito (m) do rio | հուն | [un] |
| bacia (f) | ջրավազան | [dʒrava'zan] |
| desaguar no ... | թափվել | [tap'vel] |

| afluente (m) | վտակ | [vtak] |
| margem (do rio) | ափ | [ap] |

| corrente (f) | հոսանք | [o'saŋk] |
| rio abaixo | հոսանքն ի վայր | [o'saŋkn 'i 'vajr] |
| rio acima | հոսանքն ի վեր | [o'saŋkn 'i 'ver] |

| inundação (f) | հեղեղում | [ɛhe'hum] |
| cheia (f) | վարարություն | [vararu'tsyn] |
| transbordar (vi) | վարարել | [vara'rel] |
| inundar (vt) | հեղեղել | [ɛhe'hel] |

| baixio (m) | ծանծաղուտ | [tsantsa'hut] |
| rápidos (m pl) | սահանք | [sa'aŋk] |

| barragem (f) | ամբարտակ | [ambar'tak] |
| canal (m) | ջրանցք | [dʒ'rantsk] |
| reservatório (m) de água | ջրամբար | [dʒram'bar] |
| eclusa (f) | ջրագելակ | [dʒrage'lak] |

| corpo (m) de água | ջրավազան | [dʒrava'zan] |
| pântano (m) | ճահիճ | [tʃa'itʃ] |
| tremedal (m) | ճահճուտ | [tʃah'tʃut] |
| remoinho (m) | հորձանուտ | [ordza'nut] |

| | | |
|---|---|---|
| arroio, regato (m) | առու | [a'ru] |
| potável | խմելու | [hme'lu] |
| doce (água) | քաղցրահամ | [kahtsra'am] |
| | | |
| gelo (m) | սառույց | [sa'rujts] |
| congelar-se (vr) | սառչել | [sar'tʃel] |

## 170. Floresta

| | | |
|---|---|---|
| floresta (f), bosque (m) | անտառ | [an'tar] |
| florestal | անտառային | [antara'jın] |
| | | |
| mata (f) cerrada | թավուտ | [ta'vut] |
| arvoredo (m) | պուրակ | [pu'rak] |
| clareira (f) | բացատ | [ba'tsat] |
| | | |
| matagal (f) | մացառուտ | [matsa'rut] |
| mato (m) | թփուտ | [tput] |
| | | |
| vereda (f) | կածան | [ka'tsan] |
| ravina (f) | ձորակ | [dzo'rak] |
| | | |
| árvore (f) | ծառ | [tsar] |
| folha (f) | տերև | [te'rev] |
| folhagem (f) | տերևներ | [terev'ner] |
| | | |
| queda (f) das folha | տերևաթափ | [tereva'tap] |
| cair (vi) | թափվել | [tap'vel] |
| topo (m) | կատար | [ka'tar] |
| | | |
| ramo (m) | ճյուղ | [tʃuh] |
| galho (m) | ոստ | [vost] |
| botão, rebento (m) | բողբոջ | [boh'bodʒ] |
| agulha (f) | փուշ | [puʃ] |
| pinha (f) | եղունդ | [e'lund] |
| | | |
| buraco (m) de árvore | փչակ | [ptʃak] |
| ninho (m) | բույն | [bujn] |
| toca (f) | որջ | [vordʒ] |
| | | |
| tronco (m) | բուն | [bun] |
| raiz (f) | արմատ | [ar'mat] |
| casca (f) de árvore | կեղև | [ke'hev] |
| musgo (m) | մամուռ | [ma'mur] |
| | | |
| arrancar pela raiz | արմատախիլ անել | [armata'hil a'nel] |
| cortar (vt) | հատել | [a'tel] |
| desflorestar (vt) | անտառահատել | [antara:'tel] |
| toco, cepo (m) | կոճղ | [kotʃh] |
| | | |
| fogueira (f) | խարույկ | [ha'rujk] |
| incêndio (m) florestal | հրդեհ | [ɛr'dɛ] |
| apagar (vt) | հանգցնել | [aŋts'nel] |
| guarda-florestal (m) | անտառապահ | [antara'pa] |

| | | |
|---|---|---|
| proteção (f) | պահպանություն | [pahpanu'tsyn] |
| proteger (a natureza) | պահպանել | [pahpa'nel] |
| caçador (m) furtivo | որսագող | [vorsa'goh] |
| armadilha (f) | թակարդ | [ta'kard] |
| | | |
| colher (cogumelos, bagas) | հավաքել | [ava'kel] |
| perder-se (vr) | մոլորվել | [molor'vel] |

## 171. Recursos naturais

| | | |
|---|---|---|
| recursos (m pl) naturais | բնական ռեսուրսներ | [bna'kan resurs'ner] |
| minerais (m pl) | օգտակար հանածոներ | [ogta'kar anatso'ner] |
| depósitos (m pl) | հանքաշերտ | [aŋka'ʃərt] |
| jazida (f) | հանքավայր | [aŋka'vajr] |
| | | |
| extrair (vt) | արդյունահանել | [ardyna:'nel] |
| extração (f) | արդյունահանում | [ardyna:'num] |
| minério (m) | հանքաքար | [aŋka'kar] |
| mina (f) | հանք | [aŋk] |
| poço (m) de mina | հորան | [o'ran] |
| mineiro (m) | հանքափոր | [aŋka'por] |
| | | |
| gás (m) | գազ | [gaz] |
| gasoduto (m) | գազատար | [gaza'tar] |
| | | |
| petróleo (m) | նավթ | [navt] |
| oleoduto (m) | նավթատար | [navta'tar] |
| poço (m) de petróleo | նավթային աշտարակ | [navta'jın aʃta'rak] |
| torre (f) petrolífera | հորատման աշտարակ | [orat'man aʃta'rak] |
| petroleiro (m) | լցանավ | [ltsa'nav] |
| | | |
| areia (f) | ավազ | [a'vaz] |
| calcário (m) | կրաքար | [kra'kar] |
| cascalho (m) | խիճ | [hitʃ] |
| turfa (f) | տորֆ | [torf] |
| argila (f) | կավ | [kav] |
| carvão (m) | ածուխ | [a'tsuh] |
| | | |
| ferro (m) | երկաթ | [er'kat] |
| ouro (m) | ոսկի | [vos'ki] |
| prata (f) | արծաթ | [ar'tsat] |
| níquel (m) | նիկել | [ni'kel] |
| cobre (m) | պղինձ | [phindz] |
| | | |
| zinco (m) | ցինկ | [tsiŋk] |
| manganês (m) | մանգան | [ma'ŋan] |
| | | |
| mercúrio (m) | սնդիկ | [sndik] |
| chumbo (m) | արճիճ | [ar'tʃitʃ] |
| | | |
| mineral (m) | հանքանյութ | [aŋka'nyt] |
| cristal (m) | բյուրեղ | [by'reh] |
| mármore (m) | մարմար | [mar'mar] |
| urânio (m) | ուրան | [u'ran] |

# A Terra. Parte 2

## 172. Tempo

| | | |
|---|---|---|
| tempo (m) | եղանակ | [eha'nak] |
| previsão (f) do tempo | եղանակի տեսություն | [ehana'ki tesu'tsyn] |
| temperatura (f) | ջերմաստիճան | [dʒermasti'tʃan] |
| termómetro (m) | ջերմաչափ | [dʒerma'tʃap] |
| barómetro (m) | ճնշաչափ | [tsanra'tʃap] |
| | | |
| humidade (f) | խոնավություն | [honavu'tsyn] |
| calor (m) | տապ | [tap] |
| cálido | շոգ | [ʃog] |
| está muito calor | շոգ է | ['ʃog ɛ] |
| | | |
| está calor | տաք է | ['tak ɛ] |
| quente | տաք | [tak] |
| | | |
| está frio | ցուրտ է | ['tsurt ɛ] |
| frio | սառը | ['sarı] |
| | | |
| sol (m) | արև | [a'rev] |
| brilhar (vi) | շողալ | [ʃo'hal] |
| de sol, ensolarado | արևային | [areva'jın] |
| nascer (vi) | ծագել | [tsa'gel] |
| pôr-se (vr) | մայր մտնել | ['majr mt'nel] |
| | | |
| nuvem (f) | ամպ | [amp] |
| nublado | ամպամած | [ampa'mats] |
| | | |
| nuvem (f) preta | թուխպ | [tuhp] |
| escuro, cinzento | ամպամած | [ampa'mats] |
| | | |
| chuva (f) | անձրև | [andz'rev] |
| está a chover | անձրև է գալիս | [andz'rev ɛ ga'lis] |
| | | |
| chuvoso | անձրևային | [andzreva'jın] |
| chuviscar (vi) | մաղել | [ma'hel] |
| | | |
| chuva (f) torrencial | տեղատարափ անձրև | [tehata'rap andz'rev] |
| chuvada (f) | տեղատարափ անձրև | [tehata'rap andz'rev] |
| forte (chuva) | տարափ | [ta'rap] |
| | | |
| poça (f) |ջրակույտ | [dʒra'kujt] |
| molhar-se (vr) | թրջվել | [trdʒvel] |
| | | |
| nevoeiro (m) | մառախուղ | [mara'huh] |
| de nevoeiro | մառախլապատ | [marahla'pat] |
| neve (f) | ձյուն | [dzyn] |
| está a nevar | ձյուն է գալիս | ['dzyn ɛ ga'lis] |

## 173. Tempo extremo. Catástrofes naturais

| | | |
|---|---|---|
| trovoada (f) | փոթորիկ | [poto'rik] |
| relâmpago (m) | կայծակ | [kaj'tsak] |
| relampejar (vi) | փայլատակել | [pajlata'kel] |
| | | |
| trovão (m) | որոտ | [vo'rot] |
| trovejar (vi) | որոտալ | [voro'tal] |
| está a trovejar | ամպերը որոտում են | [am'perı voro'tum 'ɛn] |
| | | |
| granizo (m) | կարկուտ | [kar'kut] |
| está a cair granizo | կարկուտ է գալիս | [kar'kut ɛ ga'lis] |
| | | |
| inundar (vt) | հեղեղել | [ɛhe'hel] |
| inundação (f) | հեղեղում | [ɛhe'hum] |
| | | |
| terremoto (m) | երկրաշարժ | [erkra'ʃʌrʒ] |
| abalo, tremor (m) | ցնցում | [tsntsum] |
| epicentro (m) | էպիկենտրոն | [ɛpikent'ron] |
| | | |
| erupção (f) | ժայթքում | [ʒajt'kum] |
| lava (f) | լավա | ['lava] |
| | | |
| turbilhão (m) | մրրկասյուն | [mrrka'syn] |
| tornado (m) | տորնադո | [tor'nado] |
| tufão (m) | տայֆուն | [taj'fun] |
| | | |
| furacão (m) | մրրիկ | [mrrik] |
| tempestade (f) | փոթորիկ | [poto'rik] |
| tsunami (m) | ցունամի | [tsu'nami] |
| | | |
| ciclone (m) | ցիկլոն | [tsik'lon] |
| mau tempo (m) | վատ եղանակ | ['vat eha'nak] |
| incêndio (m) | հրդեհ | [ɛr'dɛ] |
| catástrofe (f) | աղետ | [a'het] |
| meteorito (m) | երկնաքար | [erkna'kar] |
| | | |
| avalanche (f) | հուսին | [u'sin] |
| deslizamento (f) de neve | ձնահյուս | [dzna'hys] |
| nevasca (f) | բուք | [buk] |
| tempestade (f) de neve | բորան | [bo'ran] |

# Fauna

## 174. Mamíferos. Predadores

| | | |
|---|---|---|
| predador (m) | գիշատիչ | [giʃʌ'titʃ] |
| tigre (m) | վագր | [vagr] |
| leão (m) | առյուծ | [a'ryts] |
| lobo (m) | գայլ | [gajl] |
| raposa (f) | աղվես | [ah'ves] |
| | | |
| jaguar (m) | հովազ | [o'vaz] |
| leopardo (m) | ընձառյուծ | [ɪndza'ryts] |
| chita (f) | շնականու | [ʃnaka'tu] |
| | | |
| pantera (f) | հովազ | [o'vaz] |
| puma (m) | կուգուար | [kugu'ar] |
| leopardo-das-neves (m) | ձյունամ́երմակ հովազ | [dzynatʃer'mak o'vaz] |
| lince (m) | լուսան | [lu'san] |
| | | |
| coiote (m) | կոյոտ | [ko'jot] |
| chacal (m) | շնագայլ | [ʃna'gajl] |
| hiena (f) | բորենի | [bore'ni] |

## 175. Animais selvagens

| | | |
|---|---|---|
| animal (m) | կենդանի | [kenda'ni] |
| besta (f) | գազան | [ga'zan] |
| | | |
| esquilo (m) | սկյուռ | [skyr] |
| ouriço (m) | ոզնի | [voz'ni] |
| lebre (f) | նապաստակ | [napas'tak] |
| coelho (m) | ճագար | [tʃa'gar] |
| | | |
| texugo (m) | փորսուղ | [por'suh] |
| guaxinim (m) | ջրարջ | [dʒrardʒ] |
| hamster (m) | գերմանամուկ | [germana'muk] |
| marmota (f) | արջամուկ | [ardʒa'muk] |
| | | |
| toupeira (f) | խլուրդ | [hlurd] |
| rato (m) | մուկ | [muk] |
| ratazana (f) | առնետ | [ar'net] |
| morcego (m) | չղջիկ | [tʃhdʒik] |
| | | |
| arminho (m) | կզում | [kɳum] |
| zibelina (f) | սամույր | [sa'mujr] |
| marta (f) | կզաքիս | [kza'kis] |
| doninha (f) | աքիս | [a'kis] |
| vison (m) | ջրաքիս | [dʒra'kis] |

| castor (m) | կուղբ | [kuhb] |
| lontra (f) | ջրասամույր | [dʒrasa'mujr] |

| cavalo (m) | ձի | [dzi] |
| alce (m) americano | որմզդեղն | [vormz'dehn] |
| veado (m) | եղջերու | [ehdʒe'ru] |
| camelo (m) | ուղտ | [uht] |

| bisão (m) | բիզոն | [bi'zon] |
| auroque (m) | վայրի ցուլ | [vaj'ri 'tsul] |
| búfalo (m) | գոմեշ | [go'meʃ] |

| zebra (f) | զեբր | [zebr] |
| antílope (m) | այծեղջերու | [ajtsehdʒe'ru] |
| corça (f) | այծյամ | [aj'tsʲam] |
| gamo (m) | եղնիկ | [eh'nik] |
| camurça (f) | քարայծ | [ka'rajts] |
| javali (m) | վարազ | [va'raz] |

| baleia (f) | կետ | [ket] |
| foca (f) | փոկ | [pok] |
| morsa (f) | ծովափիղ | [tsova'pih] |
| urso-marinho (m) | ծովարջ | [tso'vardʒ] |
| golfinho (m) | դելֆին | [deʎ'fin] |

| urso (m) | արջ | [ardʒ] |
| urso (m) branco | սպիտակ արջ | [spi'tak 'ardʒ] |
| panda (m) | պանդա | ['panda] |

| macaco (em geral) | կապիկ | [ka'pik] |
| chimpanzé (m) | շիմպանզե | [ʃimpan'ze] |
| orangotango (m) | օրանգուտանգ | [oraŋu'taŋ] |
| gorila (m) | գորիլա | [go'rilla] |
| macaco (m) | մակակա | [ma'kaka] |
| gibão (m) | գիբբոն | [gib'bon] |

| elefante (m) | փիղ | [pih] |
| rinoceronte (m) | ունեղջյուր | [rŋeh'dʒyr] |
| girafa (f) | ընձուղտ | [ɪn'dzuht] |
| hipopótamo (m) | գետաձի | [geta'dzi] |

| canguru (m) | ագևազ | [age'vaz] |
| coala (m) | կոալա | [ko'ala] |

| mangusto (m) | մանգուստ | [ma'ŋust] |
| chinchila (f) | շինշիլա | [ʃin'ʃila] |
| doninha-fedorenta (f) | սկունս | [skuns] |
| porco-espinho (m) | խոզուկ | [ho'zuk] |

## 176. Animais domésticos

| gata (f) | կատու | [ka'tu] |
| gato (m) macho | կատու | [ka'tu] |
| cão (m) | շուն | [ʃun] |

| | | |
|---|---|---|
| cavalo (m) | ձի | [dzi] |
| garanhão (m) | հովատակ | [ova'tak] |
| égua (f) | զամբիկ | [zam'bik] |
| | | |
| vaca (f) | կով | [kov] |
| touro (m) | ցուլ | [tsul] |
| boi (m) | եզ | [ez] |
| | | |
| ovelha (f) | ոչխար | [votʃ'har] |
| carneiro (m) | խոյ | [hoj] |
| cabra (f) | այծ | [ajts] |
| bode (m) | այծ | [ajts] |
| | | |
| burro (m) | ավանակ | [ava'nak] |
| mula (f) | ջորի | [dʒo'ri] |
| | | |
| porco (m) | խոզ | [hoz] |
| porquinho (m) | գոճի | [go'tʃi] |
| coelho (m) | ճագար | [tʃa'gar] |
| | | |
| galinha (f) | հավ | [av] |
| galo (m) | աքլոր | [ak'lor] |
| | | |
| pato (m), pata (f) | բադ | [bad] |
| pato (macho) | բադաքլոր | [badak'lor] |
| ganso (m) | սագ | [sag] |
| | | |
| peru (m) | հնդկահավ | [ındka'av] |
| perua (f) | հնդկահավ | [ındka'av] |
| | | |
| animais (m pl) domésticos | ընտանի կենդանիներ | [ınta'ni kendani'ner] |
| domesticado | ձեռնասուն | [dzerna'sun] |
| domesticar (vt) | ընտելացնել | [ıntelats'nel] |
| criar (vt) | բուծել | [bu'tsel] |
| | | |
| quinta (f) | ֆերմա | ['ferma] |
| aves (f pl) domésticas | ընտանի թռչուններ | [ınta'ni trtʃu'ŋer] |
| gado (m) | անասուն | [ana'sun] |
| rebanho (m), manada (f) | նախիր | [na'hir] |
| | | |
| estábulo (m) | ախոռ | [a'hor] |
| pocilga (f) | խոզանոց | [hoza'nots] |
| estábulo (m) | գոմ | [gom] |
| coelheira (f) | ճագարանոց | [tʃagara'nots] |
| galinheiro (m) | հավանոց | [ava'nots] |

## 177. Cães. Raças de cães

| | | |
|---|---|---|
| cão (m) | շուն | [ʃun] |
| cão pastor (m) | հովվաշուն | [ovva'ʃun] |
| caniche (m) | պուդել | [pu'del] |
| teckel (m) | տաքսա | ['taksa] |
| buldogue (m) | բուլդոգ | [buʎ'dog] |
| boxer (m) | բոքսյոր | [bok's3r] |

| mastim (m) | մաստիֆ | [mas'tif] |
| rottweiler (m) | ոտվելեր | [rot'vejler] |
| dobermann (m) | դոբերման | [dober'man] |

| basset (m) | բասետ | ['basset] |
| pastor inglês (m) | բոբտեյլ | [bob'tejl] |
| dálmata (m) | դալմատինեց | [dalma'tinets] |
| cocker spaniel (m) | կոկեր-սպանիել | [ko'ker spani'eʎ] |

| terra-nova (m) | նյուֆաունդլենդ | [ɲjy'faundlend] |
| são-bernardo (m) | սենբեռնար | [senber'nar] |

| husky (m) | խասկի | ['haski] |
| Chow-chow (m) | չաու-չաու | ['ʧau 'ʧau] |
| spitz alemão (m) | շպից | [ʃpits] |
| carlindogue (m) | մոպս | [mops] |

## 178. Sons produzidos pelos animais

| latido (m) | հաչոց | [a'ʧots] |
| latir (vi) | հաչել | [a'ʧel] |
| miar (vi) | մլավել | [mla'vel] |
| ronronar (vi) | մլավոց | [mla'vots] |

| mugir (vaca) | բառաչել | [bara'ʧel] |
| bramir (touro) | մռնչալ | [mrnʧal] |
| rosnar (vi) | գռմռալ | [grmral] |

| uivo (m) | ոռնոց | [vor'nots] |
| uivar (vi) | ոռնալ | [vor'nal] |
| ganir (vi) | վնգստալ | [vŋstal] |

| balir (vi) | մկկալ | [mkɪ'kal] |
| grunhir (porco) | խռնչալ | [hrnʧal] |
| guinchar (vi) | կաղկանձել | [kahkan'dzel] |

| coaxar (sapo) | կռկռալ | [krkral] |
| zumbir (inseto) | բզզալ | [bzzal] |
| estridular, ziziar (vi) | ճռճռալ | [ʧrʧral] |

## 179. Pássaros

| pássaro, ave (m) | թռչուն | [trʧun] |
| pombo (m) | աղավնի | [ahav'ni] |
| pardal (m) | ճնճղուկ | [ʧnʧhuk] |
| chapim-real (m) | երաշտահավ | [eraʃta'av] |
| pega-rabuda (f) | կաչաղակ | [katʧa'hak] |

| corvo (m) | ագռավ | [ag'rav] |
| gralha (f) cinzenta | ագռավ | [ag'rav] |
| gralha-de-nuca-cinzenta (f) | ճայակ | [ʧa'jak] |
| gralha-calva (f) | սերմնագռավ | [sermnag'rav] |

| pato (m) | բադ | [bad] |
|---|---|---|
| ganso (m) | սագ | [sag] |
| faisão (m) | փասիան | [pasi'an] |

| águia (f) | արծիվ | [ar'tsiv] |
|---|---|---|
| açor (m) | շահեն | [ʃʌ'ɛn] |
| falcão (m) | բազե | [ba'ze] |
| abutre (m) | անգղ | [aŋh] |
| condor (m) | պասկուճ | [pas'kutʃ] |

| cisne (m) | կարապ | [ka'rap] |
|---|---|---|
| grou (m) | կռունկ | [kruŋk] |
| cegonha (f) | արագիլ | [ara'gil] |
| papagaio (m) | թութակ | [tu'tak] |
| beija-flor (m) | կոլիբրի | [ko'libri] |
| pavão (m) | սիրամարգ | [sira'marg] |

| avestruz (f) | ջայլամ | [dʒaj'lam] |
|---|---|---|
| garça (f) | ձկնկուլ | [dzkŋkul] |
| flamingo (m) | վարդապենիկ | [vardate'vik] |
| pelicano (m) | հավալուսն | [ava'lusn] |

| rouxinol (m) | սոխակ | [so'hak] |
|---|---|---|
| andorinha (f) | ծիծեռնակ | [tsitser'nak] |
| tordo-zornal (m) | կեռնեխ | [ker'neh] |
| tordo-músico (m) | երգող կեռնեխ | [er'goh ker'neh] |
| melro-preto (m) | սև կեռնեխ | ['sev ker'neh] |

| andorinhão (m) | շրածիծառ | [dʒratsi'tsar] |
|---|---|---|
| cotovia (f) | արտույտ | [ar'tujt] |
| codorna (f) | լոր | [lor] |

| pica-pau (m) | փայտփորիկ | [pajtpo'rik] |
|---|---|---|
| cuco (m) | կկու | [kɪ'ku] |
| coruja (f) | բու | [bu] |
| corujão, bufo (m) | բվեճ | [bvetʃ] |
| tetraz-grande (m) | խլահավ | [hla'av] |
| tetraz-lira (m) | ցախաքլոր | [tsahak'lor] |
| perdiz-cinzenta (f) | կաքav | [ka'kav] |

| estorninho (m) | սարյակ | [sa'rʲak] |
|---|---|---|
| canário (m) | դեղձանիկ | [dehdza'nik] |
| galinha-do-mato (f) | ակար | [a'kar] |
| tentilhão (m) | սերինոս | [seri'nos] |
| dom-fafe (m) | խածկտիկ | [hatsk'tik] |

| gaivota (f) | ճայ | [tʃaj] |
|---|---|---|
| albatroz (m) | ալբատրոս | [aʌbat'ros] |
| pinguim (m) | պինգվին | [piŋ'vin] |

## 180. Pássaros. Canto e sons

| cantar (vi) | դայլայլել | [dajlaj'lel] |
|---|---|---|
| gritar (vi) | կանչել | [kan'tʃel] |

167

| cantar (o galo) | ծուղրուղու կանչել | [tsuhru'hu kan'tʃel] |
| cocorocó (m) | ծուղրուղու | [tsuhru'hu] |

| cacarejar (vi) | կրթկրթալ | [krtkrtal] |
| crocitar (vi) | կռկռալ | [krkral] |
| grasnar (vi) | կռնչալ | [krntʃal] |
| piar (vi) | ծվծվալ | [tsvtsval] |
| chilrear, gorjear (vi) | ճռվողել | [tʃrvo'hel] |

## 181. Peixes. Animais marinhos

| brema (f) | բրամ | [bram] |
| carpa (f) | գետածածան | [getatsa'tsan] |
| perca (f) | պերկես | [per'kes] |
| siluro (m) | լոքո | [lo'ko] |
| lúcio (m) | գայլաձուկ | [gajla'dzuk] |

| salmão (m) | սաղման | [sah'man] |
| esturjão (m) | թառափ | [ta'rap] |

| arenque (m) | ծովատառեխ | [tsovata'reh] |
| salmão (m) | սաղման ձուկ | [sah'man 'dzuk] |

| cavala, sarda (f) | թյունիկ | [ty'nik] |
| solha (f) | տափակաձուկ | [tapaka'dzuk] |

| lúcio perca (m) | շիղաձուկ | [ʃiha'dzuk] |
| bacalhau (m) | ձողաձուկ | [dzoha'dzuk] |

| atum (m) | թյունոս | [ty'ŋos] |
| truta (f) | իշխան | [iʃ'han] |

| enguia (f) | օձաձուկ | [odza'dzuk] |
| raia elétrica (f) | էլեկտրավոր կատվաձուկ | [ɛlektra'vor katva'dzuk] |

| moreia (f) | մուրենա | [mu'rena] |
| piranha (f) | պիրանյա | [pi'raŋja] |

| tubarão (m) | շնաձուկ | [ʃna'dzuk] |
| golfinho (m) | դելֆին | [deʎ'fin] |
| baleia (f) | կետ | [ket] |

| caranguejo (m) | ծովախեցգետին | [tsovahetsge'tin] |
| medusa, alforreca (f) | մեդուզա | [me'duza] |
| polvo (m) | ութոտնուկ | [utvot'nuk] |

| estrela-do-mar (f) | ծովաստղ | [tso'vasth] |
| ouriço-do-mar (m) | ծովոզնի | [tsovoz'ni] |
| cavalo-marinho (m) | ծովաձի | [tsova'dzi] |

| ostra (f) | ոստրե | [vost're] |
| camarão (m) | մանր ծովախեցգետին | ['manr tsovahetsge'tin] |
| lavagante (m) | օմար | [o'mar] |
| lagosta (f) | լանգուստ | [la'ŋust] |

## 182. Amfíbios. Répteis

| | | |
|---|---|---|
| serpente, cobra (f) | oձ | [odz] |
| venenoso | թունավոր | [tuna'vor] |
| | | |
| víbora (f) | իժ | [iʒ] |
| cobra-capelo, naja (f) | կոբրա | ['kobra] |
| pitão (m) | պիթոն | [pi'ton] |
| jiboia (f) | վիշապօձ | [viʃʌ'podz] |
| | | |
| cobra-de-água (f) | լորտու | [lor'tu] |
| cascavel (f) | խարամանի | [harama'ni] |
| anaconda (f) | անակոնդա | [ana'konda] |
| | | |
| lagarto (m) | մողես | [mo'hes] |
| iguana (f) | իգուանա | [igu'ana] |
| varano (m) | վարան | [va'ran] |
| salamandra (f) | սալամանդր | [sala'mandr] |
| camaleão (m) | քամելեոն | [kamele'on] |
| escorpião (m) | կարիճ | [ka'ritʃ] |
| | | |
| tartaruga (f) | կրիա | [kri'a] |
| rã (f) | գորտ | [gort] |
| sapo (m) | դոդոշ | [do'doʃ] |
| crocodilo (m) | կոկորդիլոս | [kokordi'los] |

## 183. Insetos

| | | |
|---|---|---|
| inseto (m) | միջատ | [mi'dʒat] |
| borboleta (f) | թիթեռ | [ti'ter] |
| formiga (f) | մրջուն | [mrdʒun] |
| mosca (f) | ճանճ | [tʃantʃ] |
| mosquito (m) | մծսակ | [mo'tsak] |
| escaravelho (m) | բզեզ | [bzez] |
| | | |
| vespa (f) | իշմեղու | [iʃʌme'hu] |
| abelha (f) | մեղու | [me'hu] |
| zangão (m) | կրետ | [kret] |
| moscardo (m) | բոռ | [bor] |
| | | |
| aranha (f) | սարդ | [sard] |
| teia (f) de aranha | սարդոստայն | [sardos'tajn] |
| | | |
| libélula (f) | ճպուր | [tʃpur] |
| gafanhoto-do-campo (m) | մորեխ | [mo'reh] |
| traça (f) | թիթեռնիկ | [titer'nik] |
| | | |
| barata (f) | ուտիճ | [u'titʃ] |
| carraça (f) | տիզ | [tiz] |
| pulga (f) | լու | [lu] |
| borrachudo (m) | մլակ | [mlak] |
| gafanhoto (m) | մարախ | [ma'rah] |
| caracol (m) | խխունջ | [hɪ'hundʒ] |

| | | |
|---|---|---|
| grilo (m) | ծղրիդ | [tshrid] |
| pirilampo (m) | լուսատիտիկ | [lusati'tik] |
| joaninha (f) | զատիկ | [za'tik] |
| besouro (m) | մայիսյան բզեզ | [majı's'an b'zez] |

| | | |
|---|---|---|
| sanguessuga (f) | տզրուկ | [tzruk] |
| lagarta (f) | թրթուր | [trtur] |
| minhoca (f) | որդ | [vord] |
| larva (f) | թրթուր | [trtur] |

## 184. Animais. Partes do corpo

| | | |
|---|---|---|
| bico (m) | կտուց | [ktuts] |
| asas (f pl) | թևեր | [te'ver] |
| pata (f) | տոտիկ | [to'tik] |
| plumagem (f) | փետրավորություն | [petravoru'tsyn] |
| pena, pluma (f) | փետուր | [pe'tur] |
| crista (f) | փունջ | [pom'pol] |

| | | |
|---|---|---|
| brânquias, guelras (f pl) | խռիկներ | [hrik'ner] |
| ovas (f pl) | ձկնկիթ | [dzknkit] |
| larva (f) | թրթուր | [trtur] |
| barbatana (f) | լողաթև | [loha'tev] |
| escama (f) | թեփուկ | [te'puk] |

| | | |
|---|---|---|
| canino (m) | ժանիք | [ʒa'nik] |
| pata (f) | թաթ | [tat] |
| focinho (m) | մռութ | [mrut] |
| boca (f) | երախ | [e'rah] |
| cauda (f), rabo (m) | պոչ | [potʃ] |
| bigodes (m pl) | բեղեր | [be'her] |

| | | |
|---|---|---|
| casco (m) | սմբակ | [smbak] |
| corno (m) | կոտոշ | [ko'toʃ] |

| | | |
|---|---|---|
| carapaça (f) | վահան | [va'an] |
| concha (f) | խեցեմորթ | [hetse'mort] |
| casca (f) de ovo | կեղև | [ke'hev] |

| | | |
|---|---|---|
| pelo (m) | բուրդ | [burd] |
| pele (f), couro (m) | մորթի | [mor'ti] |

## 185. Animais. Habitats

| | | |
|---|---|---|
| habitat (m) | միջավայր | [midʒa'vajr] |
| migração (f) | միգրացիա | [mig'ratsia] |

| | | |
|---|---|---|
| montanha (f) | լեռ | [ler] |
| recife (m) | խութ | [hut] |
| falésia (f) | ժայր | [ʒajr] |
| floresta (f) | անտառ | [an'tar] |
| selva (f) | ջունգլի | [dʒuŋ'li] |

| | | |
|---|---|---|
| savana (f) | սավաննա | [sa'vana] |
| tundra (f) | տունդրա | ['tundra] |
| | | |
| estepe (f) | տափաստան | [tapas'tan] |
| deserto (m) | անապատ | [ana'pat] |
| oásis (m) | օազիս | [o'azis] |
| | | |
| mar (m) | ծով | [tsov] |
| lago (m) | լիճ | [litʃ] |
| oceano (m) | օվկիանոս | [ovkia'nos] |
| | | |
| pântano (m) | ճահիճ | [tʃa'itʃ] |
| de água doce | քաղցրահամ | [kahtsra'am] |
| lagoa (f) | լճակ | [ltʃak] |
| rio (m) | գետ | [get] |
| | | |
| toca (f) do urso | որջ | [vordʒ] |
| ninho (m) | բույն | [bujn] |
| buraco (m) de árvore | փչակ | [ptʃak] |
| toca (f) | որջ | [vordʒ] |
| formigueiro (m) | մրջնաբույն | [mrdʒna'bujn] |

# Flora

## 186. Árvores

| | | |
|---|---|---|
| árvore (f) | ծառ | [tsar] |
| decídua | սաղարթավոր | [saharta'vor] |
| conífera | փշատերն | [pʃʌte'rev] |
| perene | մշտադալար | [mʃtada'lar] |

| | | |
|---|---|---|
| macieira (f) | խնձորենի | [hndzore'ni] |
| pereira (f) | տանձենի | [tandze'ni] |
| cerejeira (f) | կեռասենի | [kerase'ni] |
| ginjeira (f) | բալենի | [bale'ni] |
| ameixeira (f) | սալորենի | [salore'ni] |

| | | |
|---|---|---|
| bétula (f) | կեչի | [ke'tʃi] |
| carvalho (m) | կաղնի | [kah'ni] |
| tília (f) | լորի | [lo'ri] |
| choupo-tremedor (m) | կաղամախի | [kahama'hi] |
| bordo (m) | թխկի | [thki] |
| espruce-europeu (m) | եղեվի | [ehev'ni] |
| pinheiro (m) | սոճի | [so'tʃi] |
| alerce, lariço (m) | կուենի | [kue'ni] |
| abeto (m) | բրգաձև սոճի | [brga'dzev so'tʃi] |
| cedro (m) | մայրի | [maj'ri] |

| | | |
|---|---|---|
| choupo, álamo (m) | բարդի | [bar'di] |
| tramazeira (f) | սնձենի | [sndze'ni] |
| salgueiro (m) | ուռենի | [ure'ni] |
| amieiro (m) | լաստենի | [laste'ni] |
| faia (f) | հաճարենի | [atʃare'ni] |
| ulmeiro (m) | ծիրի | [tspi] |
| freixo (m) | հացենի | [atse'ni] |
| castanheiro (m) | շագանակենի | [ʃʌganake'ni] |

| | | |
|---|---|---|
| magnólia (f) | կղբի | [khbi] |
| palmeira (f) | արմավենի | [armave'ni] |
| cipreste (m) | նոճի | [no'tʃi] |

| | | |
|---|---|---|
| mangue (m) | մանգրածառ | [maŋra'tsar] |
| embondeiro, baobá (m) | բաոբաբ | [bao'bab] |
| eucalipto (m) | էվկալիպտ | [ɛvka'lipt] |
| sequoia (f) | սեկվոյա | [sek'voja] |

## 187. Arbustos

| | | |
|---|---|---|
| arbusto (m) | թուփ | [tup] |
| arbusto (m), moita (f) | թփուտ | [tput] |

| videira (f) | խաղող | [ha'hoh] |
|---|---|---|
| vinhedo (m) | խաղողի այգի | [haho'hi aj'gi] |

| framboeseira (f) | մորի | [mo'ri] |
|---|---|---|
| groselheira-vermelha (f) | կարմիր հաղարջ | [kar'mir a'hardʒ] |
| groselheira (f) espinhosa | հաղարջ | [a'hardʒ] |

| acácia (f) | ակացիա | [a'katsia] |
|---|---|---|
| bérberis (f) | ծորենի | [tsore'ni] |
| jasmim (m) | հասմիկ | [as'mik] |

| junípero (m) | գիհի | [gi'hi] |
|---|---|---|
| roseira (f) | վարդենի | [varde'ni] |
| roseira (f) brava | մասուր | [ma'sur] |

## 188. Cogumelos

| cogumelo (m) | սունկ | [suŋk] |
|---|---|---|
| cogumelo (m) comestível | ուտելու սունկ | [ute'lu 'suŋk] |
| cogumelo (m) venenoso | թունավոր սունկ | [tuna'vor 'suŋk] |
| chapéu (m) | գլխարկ | [glhark] |
| pé, caule (m) | ոտիկ | [to'tik] |

| cepe-de-bordéus (m) | սպիտակ սունկ | [spi'tak 'suŋk] |
|---|---|---|
| boleto (m) áspero | կարմրագլուխ սունկ | [karmrag'luh 'suŋk] |
| boleto (m) castanho | ձանտասունկ | [ʒanta'suŋk] |
| cantarelo (m) | ձվասունկ | [dʒva'suŋk] |
| rússula (f) | դառնամատիտեղ | [darnamati'teh] |

| morchela (f) | մորխ | [morh] |
|---|---|---|
| agário-das-moscas (m) | ճանճասպան | [tʃantʃas'pan] |
| cicuta (f) verde | թունավոր սունկ | [tuna'vor 'suŋk] |

## 189. Frutos. Bagas

| maçã (f) | խնձոր | [hndzor] |
|---|---|---|
| pera (f) | տանձ | [tandz] |
| ameixa (f) | սալոր | [sa'lor] |

| morango (m) | ելակ | [e'lak] |
|---|---|---|
| ginja (f) | բալ | [bal] |
| cereja (f) | կեռաս | [ke'ras] |
| uva (f) | խաղող | [ha'hoh] |

| framboesa (f) | մորի | [mo'ri] |
|---|---|---|
| groselha (f) preta | սև հաղարջ | ['sev a'hardʒ] |
| groselha (f) vermelha | կարմիր հաղարջ | [kar'mir a'hardʒ] |
| groselha (f) espinhosa | հաղարջ | [a'hardʒ] |
| oxicoco (m) | լոռամրգի | [loramr'gi] |

| laranja (f) | նարինջ | [na'rindʒ] |
|---|---|---|
| tangerina (f) | մանդարին | [manda'rin] |

| ananás (m) | արքայախնձոր | [arkajahn'dzor] |
| banana (f) | բանան | [ba'nan] |
| tâmara (f) | արմավ | [ar'mav] |

| limão (m) | կիտրոն | [kit'ron] |
| damasco (m) | ծիրան | [tsi'ran] |
| pêssego (m) | դեղձ | [dehdz] |
| kiwi (m) | կիվի | ['kivi] |
| toranja (f) | գրեյպֆրուտ | [grejpf'rut] |

| baga (f) | հատապտուղ | [atap'tuh] |
| bagas (f pl) | հատապտուղներ | [ataptuh'ner] |
| arando (m) vermelho | հապալաս | [apa'las] |
| morango-silvestre (m) | վայրի ելակ | [vaj'ri e'lak] |
| mirtilo (m) | հապալաս | [apa'las] |

## 190. Flores. Plantas

| flor (f) | ծաղիկ | [tsa'hik] |
| ramo (m) de flores | ծաղկեփունջ | [tsahke'pundʒ] |

| rosa (f) | վարդ | [vard] |
| tulipa (f) | վարդակակաչ | [vardaka'katʃ] |
| cravo (m) | մեխակ | [me'hak] |
| gladíolo (m) | թրաշուշան | [traʃu'ʃʌn] |

| centáurea (f) | կապույտ տերեփուկ | [ka'pujt tere'puk] |
| campânula (f) | զանգակ | [za'ŋak] |
| dente-de-leão (m) | կաթնուկ | [kat'nuk] |
| camomila (f) | երիցուկ | [eri'tsuk] |

| aloé (m) | ալոե | [a'loɛ] |
| cato (m) | կակտուս | ['kaktus] |
| fícus (m) | ֆիկուս | ['fikus] |

| lírio (m) | շուշան | [ʃu'ʃʌn] |
| gerânio (m) | խորդենի | [horde'ni] |
| jacinto (m) | հակինթ | [a'kint] |

| mimosa (f) | պատկառուկ | [patka'ruk] |
| narciso (m) | նարգիզ | [nar'giz] |
| capuchinha (f) | ջրկոտեմ | [dʒrko'tem] |

| orquídea (f) | խոլորձ | [ho'lordz] |
| peónia (f) | բաջվարդ | [kadʒ'vard] |
| violeta (f) | մանուշակ | [manu'ʃʌk] |

| amor-perfeito (m) | եռագույն մանուշակ | [era'gujn manu'ʃʌk] |
| não-me-esqueças (m) | անմոռուկ | [anmo'ruk] |
| margarida (f) | մարգարտածաղիկ | [margartatsa'hik] |

| papoula (f) | կակաչ | [ka'katʃ] |
| cânhamo (m) | կանեփ | [ka'nep] |
| hortelã (f) | անանուխ | [ana'nuh] |

| | | |
|---|---|---|
| lírio-do-vale (m) | hովտաշուշան | [ovtaʃu'ʃʌn] |
| campânula-branca (f) | ձնծաղիկ | [dzntsa'hik] |

| | | |
|---|---|---|
| urtiga (f) | եղինջ | [e'hindʒ] |
| azeda (f) | թրթնջուկ | [trtndʒuk] |
| nenúfar (m) | ջրաշուշան | [dʒraʃu'ʃʌn] |
| feto (m), samambaia (f) | ձարխոտ | [dzar'hot] |
| líquen (m) | քարաքոս | [kara'kos] |

| | | |
|---|---|---|
| estufa (f) | ջերմոց | [dʒer'mots] |
| relvado (m) | գազոն | [ga'zon] |
| canteiro (m) de flores | ծաղկապունջ | [tsahka'tumb] |

| | | |
|---|---|---|
| planta (f) | բույս | [bujs] |
| erva (f) | խոտ | [hot] |
| folha (f) de erva | խոտիկ | [ho'tik] |

| | | |
|---|---|---|
| folha (f) | տերև | [te'rev] |
| pétala (f) | թերթիկ | [ter'tik] |
| talo (m) | ցողուն | [tso'hun] |
| tubérculo (m) | պալար | [pa'lar] |

| | | |
|---|---|---|
| broto, rebento (m) | ծիլ | [tsil] |
| espinho (m) | փուշ | [puʃ] |

| | | |
|---|---|---|
| florescer (vi) | ծաղկել | [tsah'kel] |
| murchar (vi) | թոշնել | [trʃnel] |
| cheiro (m) | բուրմունք | [bur'muŋk] |
| cortar (flores) | կտրել | [ktrel] |
| colher (uma flor) | պոկել | [po'kel] |

## 191. Cereais, grãos

| | | |
|---|---|---|
| grão (m) | hացահատիկ | [atsa:'tik] |
| cereais (plantas) | hացահատիկային բույսեր | [atsa:tika'jın buj'ser] |
| espiga (f) | hասկ | [ask] |

| | | |
|---|---|---|
| trigo (m) | ցորեն | [tso'ren] |
| centeio (m) | տարեկան | [tare'kan] |
| aveia (f) | վարսակ | [var'sak] |
| milho-miúdo (m) | կորեկ | [ko'rek] |
| cevada (f) | գարի | [ga'ri] |

| | | |
|---|---|---|
| milho (m) | եգիպտացորեն | [egiptatso'ren] |
| arroz (m) | բրինձ | [brindz] |
| trigo-sarraceno (m) | hնդկացորեն | [ındkatso'ren] |

| | | |
|---|---|---|
| ervilha (f) | սիսեռ | [si'ser] |
| feijão (m) | լոբի | [lo'bi] |
| soja (f) | սոյա | [so'ja] |
| lentilha (f) | ոսպ | [vosp] |
| fava (f) | լոբազգիներ | [lobazgi'ner] |

175

# GEOGRAFIA REGIONAL

## Países. Nacionalidades

### 192. Política. Governo. Parte 1

| | | |
|---|---|---|
| política (f) | քաղաքականություն | [kahakakanu'tsyn] |
| político | քաղաքական | [kahaka'kan] |
| político (m) | քաղաքական գործիչ | [kahaka'kan gor'tsitʃ] |
| estado (m) | պետություն | [petu'tsyn] |
| cidadão (m) | քաղաքացի | [kahaka'tsi] |
| cidadania (f) | քաղաքացիություն | [kahakatsiu'tsyn] |
| brasão (m) de armas | զզային զինանշան | [azga'jın zinan'ʃʌn] |
| hino (m) nacional | պետական օրհներգ | [peta'kan or'nerg] |
| governo (m) | ղեկավարություն | [hekavaru'tsyn] |
| Chefe (m) de Estado | երկրի ղեկավար | [erk'ri heka'var] |
| parlamento (m) | խորհրդարան | [horɛrda'ran] |
| partido (m) | կուսակցություն | [kusaktsu'tsyn] |
| capitalismo (m) | կապիտալիզմ | [kapita'lizm] |
| capitalista | կապիտալիստական | [kapitalista'kan] |
| socialismo (m) | սոցիալիզմ | [sotsia'lizm] |
| socialista | սոցիալիստական | [sotsialista'kan] |
| comunismo (m) | կոմունիզմ | [komu'nizm] |
| comunista | կոմունիստական | [komunista'kan] |
| comunista (m) | կոմունիստ | [komu'nist] |
| democracia (f) | ժողովրդավարություն | [ʒohovrdavaru'tsyn] |
| democrata (m) | դեմոկրատ | [demok'rat] |
| democrático | ժողովրդավարական | [ʒohovrdavara'kan] |
| Partido (m) Democrático | ժողովրդավարական կուսակցություն | [ʒohovrdavara'kan kusaktsu'tsyn] |
| liberal (m) | լիբերալ | [libe'ral] |
| liberal | լիբերալ | [libe'ral] |
| conservador (m) | պահպանողական | [pahpanoha'kan] |
| conservador | պահպանողական | [pahpanoha'kan] |
| república (f) | հանրապետություն | [anrapetu'tsyn] |
| republicano (m) | հանրապետական | [anrapeta'kan] |
| Partido (m) Republicano | հանրապետական կուսակցություն | [anrapeta'kan kusaktsu'tsyn] |
| eleições (f pl) | ընտրություններ | [ıntrutsy'ŋer] |

| eleger (vt) | ընտրել | [ɪntˈrel] |
|---|---|---|
| eleitor (m) | ընտրող | [ɪntˈroh] |
| campanha (f) eleitoral | ընտրարշավ | [ɪntrarˈʃʌv] |

| votação (f) | քվեարկություն | [kvearkuˈtsyn] |
|---|---|---|
| votar (vi) | քվեարկել | [kvearˈkel] |
| direito (m) de voto | քվեարկության իրավունք | [kvearkuˈtʲan iraˈvuŋk] |

| candidato (m) | թեկնածու | [teknaˈtsu] |
|---|---|---|
| candidatar-se (vi) | թեկնածությունը դնել քվեարկության | [teknatsutsyˈnɪ dˈnel kvearkuˈtsʲan] |
| campanha (f) | արշav | [arˈʃʌv] |

| da oposição | ընդդիմական | [ɪnddimaˈkan] |
|---|---|---|
| oposição (f) | ընդդիմություն | [ɪnddimuˈtsyn] |

| visita (f) | այց | [ajts] |
|---|---|---|
| visita (f) oficial | պաշտոնական այց | [paʃtonaˈkan ˈajts] |
| internacional | միջազգային | [midʒazgaˈjɪn] |

| negociações (f pl) | բանակցություններ | [banaktsutsyˈŋer] |
|---|---|---|
| negociar (vi) | բանակցություններ վարել | [banaktsutsyˈŋer vaˈrel] |

## 193. Política. Governo. Parte 2

| sociedade (f) | հասարակություն | [asarakuˈtsyn] |
|---|---|---|
| constituição (f) | սահմանադրություն | [sahmanadruˈtsyn] |
| poder (ir para o ~) | իշխանություն | [iʃhanuˈtsyn] |
| corrupção (f) | կոռուպցիա | [koˈruptsia] |

| lei (f) | օրենք | [oˈreŋk] |
|---|---|---|
| legal | օրինական | [orinaˈkan] |

| justiça (f) | արդարություն | [ardaruˈtsyn] |
|---|---|---|
| justo | արդար | [arˈdar] |

| comité (m) | կոմիտե | [komiˈte] |
|---|---|---|
| projeto-lei (m) | օրինագիծ | [orinaˈgits] |
| orçamento (m) | բյուջե | [byˈdʒe] |
| política (f) | քաղաքականություն | [kahakakanuˈtsyn] |
| reforma (f) | բարեփոխում | [barepoˈhum] |
| radical | արմատական | [armataˈkan] |

| força (f) | հզորություն | [ɛzoruˈtsyn] |
|---|---|---|
| poderoso | հզոր | [ɛˈzor] |
| partidário (m) | կողմնակից | [kohmnaˈkits] |
| influência (f) | ազդեցություն | [azdetsuˈtsyn] |

| regime (m) | ռեժիմ | [reˈʒim] |
|---|---|---|
| conflito (m) | ընդհարում | [ɛndaˈrum] |
| conspiração (f) | դավադրություն | [davadruˈtsyn] |
| provocação (f) | պրովոկացիա | [provoˈkatsia] |
| derrubar (vt) | տապալել | [tapaˈlel] |
| derrube (m), queda (f) | տապալում | [tapaˈlum] |

| revolução (f) | հեղափոխություն | [ɛhapohuˈtsyn] |
| golpe (m) de Estado | հեղաշրջում | [ɛhaʃrˈdʒum] |
| golpe (m) militar | ռազմական հեղաշրջում | [razmaˈkan ɛhaʃrˈdʒum] |

| crise (f) | ճգնաժամ | [tʃgnaˈʒam] |
| recessão (f) económica | տնտեսական անկում | [tntesaˈkan aˈŋkum] |
| manifestante (m) | ցուցարար | [tsutsaˈrar] |
| manifestação (f) | ցույց | [tsujts] |
| lei (f) marcial | ռազմական դրություն | [razmaˈkan druˈtsyn] |
| base (f) militar | բազա | [ˈbaza] |

| estabilidade (f) | կայունություն | [kajunuˈtsyn] |
| estável | կայուն | [kaˈjun] |

| exploração (f) | շահագործում | [ʃʌagorˈtsum] |
| explorar (vt) | շահագործել | [ʃʌagorˈtsel] |

| racismo (m) | ռասիզմ | [raˈsizm] |
| racista (m) | ռասիստ | [raˈsist] |
| fascismo (m) | ֆաշիզմ | [faˈʃizm] |
| fascista (m) | ֆաշիստ | [faˈʃist] |

## 194. Países. Diversos

| estrangeiro (m) | օտարերկրացի | [otarjerkarˈtsi] |
| estrangeiro | օտարերկրյա | [otarerkˈrʲa] |
| no estrangeiro | արտասահմանում | [artasamaˈnum] |

| emigrante (m) | էմիգրանտ | [ɛmigˈrant] |
| emigração (f) | արտագաղթ | [artaˈgaht] |
| emigrar (vi) | արտագաղթել | [artagahˈtel] |

| Ocidente (m) | Արևմուտք | [arevˈmutk] |
| Oriente (m) | Արևելք | [areˈvelk] |
| Extremo Oriente (m) | Հեռավոր Արևելք | [ɛraˈvor areˈvelk] |

| civilização (f) | քաղաքակրթություն | [kahakakanuˈtsyn] |
| humanidade (f) | մարդկություն | [mardkuˈtsyn] |
| mundo (m) | աշխարհ | [aʃˈhar] |
| paz (f) | խաղաղություն | [hahahuˈtsyn] |
| mundial | համաշխարհային | [amaʃharaˈjın] |

| pátria (f) | հայրենիք | [ajreˈnik] |
| povo (m) | ժողովուրդ | [ʒohoˈvurd] |
| população (f) | բնակչություն | [bnaktʃuˈtsyn] |
| gente (f) | մարդիկ | [marˈdik] |
| nação (f) | ազգ | [azg] |
| geração (f) | սերունդ | [seˈrund] |

| território (m) | տարածք | [taˈratsk] |
| região (f) | շրջան | [ʃrdʒan] |
| estado (m) | նահանգ | [naˈaŋ] |
| tradição (f) | ավանդույթ | [avanˈdujt] |
| costume (m) | սովորույթ | [sovoˈrujt] |

| | | |
|---|---|---|
| ecologia (f) | բնապահպանություն | [bnapahpanu'tsyn] |
| índio (m) | հնդիկ | [ın'dik] |
| cigano (m) | գնչու | [gntʃu] |
| cigana (f) | գնչուհի | [gntʃu'i] |
| cigano | գնչուական | [gntʃua'kan] |

| | | |
|---|---|---|
| império (m) | կայսրություն | [kajsru'tsyn] |
| colónia (f) | գաղութ | [ga'hut] |
| escravidão (f) | ստրկություն | [strku'tsyn] |
| invasão (f) | արշավանք | [arʃʌ'vaŋk] |
| fome (f) | սով | [sov] |

## 195. Grupos religiosos mais importantes. Confissões

| | | |
|---|---|---|
| religião (f) | կրոն | [kron] |
| religioso | կրոնական | [krona'kan] |

| | | |
|---|---|---|
| crença (f) | հավատք | [a'vatk] |
| crer (vt) | հավատալ | [ava'tal] |
| crente (m) | հավատացյալ | [avata'tsʲal] |

| | | |
|---|---|---|
| ateísmo (m) | աթեիզմ | [ate'izm] |
| ateu (m) | աթեիստ | [ate'ist] |

| | | |
|---|---|---|
| cristianismo (m) | քրիստոնեություն | [kristoneu'tsyn] |
| cristão (m) | քրիստոնյա | [kristo'ɲa] |
| cristão | քրիստոնեական | [kristonea'kan] |

| | | |
|---|---|---|
| catolicismo (m) | Կաթոլիկություն | [katoliku'tsyn] |
| católico (m) | կաթոլիկ | [kato'lik] |
| católico | կաթոլիկական | [katolika'kan] |

| | | |
|---|---|---|
| protestantismo (m) | Բողոքականություն | [bohokakanu'tsyn] |
| Igreja (f) Protestante | Բողոքական եկեղեցի | [bohoka'kan ekehe'tsi] |
| protestante (m) | բողոքական | [bohoka'kan] |

| | | |
|---|---|---|
| ortodoxia (f) | Ուղղափառություն | [uhaparu'tsyn] |
| Igreja (f) Ortodoxa | Ուղղափառ եկեղեցի | [uha'par ekehe'tsi] |
| ortodoxo (m) | ուղղափառ | [uha'par] |

| | | |
|---|---|---|
| presbiterianismo (m) | Պրեսբիտերականություն | [presbiterakanu'tsyn] |
| Igreja (f) Presbiteriana | Պրեսբիտերական եկեղեցի | [presbitera'kan ekehe'tsi] |
| presbiteriano (m) | պրեսբիտեր | [presbi'ter] |

| | | |
|---|---|---|
| Igreja (f) Luterana | Լյութերական եկեղեցի | [lytera'kan ekehe'tsi] |
| luterano (m) | լյութերական | [lytera'kan] |

| | | |
|---|---|---|
| Igreja (f) Batista | Բապտիզմ | [bap'tizm] |
| batista (m) | բապտիստ | [bap'tist] |

| | | |
|---|---|---|
| Igreja (f) Anglicana | Անգլիական եկեղեցի | [aŋlia'kan ekehe'tsi] |
| anglicano (m) | անգլիկանցի | [aŋlia'kan] |
| mormonismo (m) | Մորմոնական կրոն | [mormona'kan k'ron] |
| mórmon (m) | մորմոն | [mor'mon] |

| Judaísmo (m) | Հուդայականություն | [udajakanu'tsyn] |
| judeu (m) | հուդայական | [udaja'kan] |

| budismo (m) | Բուդդայականություն | [buddajakanu'tsyn] |
| budista (m) | բուդդայական | [buddaja'kan] |

| hinduísmo (m) | Հինդուիզմ | [indu'izm] |
| hindu (m) | հինդուիստ | [indu'ist] |

| Islão (m) | Մահմեդականություն | [mahmedakanu'tsyn] |
| muçulmano (m) | մուսուլման | [musuʎ'man] |
| muçulmano | մուսուլմանական | [musuʎmana'kan] |

| Xiismo (m) | Շիա | ['ʃia] |
| xiita (m) | շիա | ['ʃia] |

| sunismo (m) | Սուննի | ['suŋi] |
| sunita (m) | սուննիտ | ['suŋit] |

## 196. Religiões. Padres

| padre (m) | հոգևորական | [ogevora'kan] |
| Papa (m) | Հռոմի պապ | [ɛro'mi 'pap] |

| monge (m) | վանական | [vana'kan] |
| freira (f) | միանձնուհի | [miandznu'i] |
| pastor (m) | պաստոր | ['pastor] |

| abade (m) | աբբատ | [ab'bat] |
| vigário (m) | քահանա | [ka:'na] |
| bispo (m) | եպիսկոպոս | [episko'pos] |
| cardeal (m) | կարդինալ | [kardi'nal] |

| pregador (m) | քարոզիչ | [karo'zitʃ] |
| sermão (m) | քարոզ | [ka'roz] |
| paroquianos (pl) | ծխականներ | [tshaka'ŋer] |

| crente (m) | հավատացյալ | [avata'tsial] |
| ateu (m) | աթեիստ | [ate'ist] |

## 197. Fé. Cristianismo. Islão

| Adão | Ադամ | [a'dam] |
| Eva | Եվա | ['eva] |

| Deus (m) | Աստված | [ast'vats] |
| Senhor (m) | Տեր | [ter] |
| Todo Poderoso (m) | Ամենազոր | [amena'zor] |

| pecado (m) | մեղք | [mehk] |
| pecar (vi) | մեղք գործել | ['mehk gor'tsel] |
| pecador (m) | մեղսագործ | [mehsa'gorts] |

| pecadora (f) | մեղսագործ | [mehsa'gorts] |
|---|---|---|
| inferno (m) | դժոխք | [dʒohk] |
| paraíso (m) | դրախտ | [draht] |

| Jesus | Հիսուս | [i'sus] |
|---|---|---|
| Jesus Cristo | Հիսուս Քրիստոս | [i'sus kris'tos] |

| Espírito (m) Santo | Սուրբ Հոգի | ['surb o'gi] |
|---|---|---|
| Salvador (m) | Փրկիչ | [prkitʃ] |
| Virgem Maria (f) | Աստվածածին | [astvatsa'tsin] |

| Diabo (m) | Սատանա | [sata'na] |
|---|---|---|
| diabólico | սատանայական | [satanaja'kan] |
| Satanás (m) | Սատանա | [sata'na] |
| satânico | սատանայական | [satanaja'kan] |

| anjo (m) | հրեշտակ | [ɛreʃ'tak] |
|---|---|---|
| anjo (m) da guarda | պահապան հրեշտակ | [pa:'pan ɛreʃ'tak] |
| angélico | հրեշտակային | [ɛreʃtaka'jın] |

| apóstolo (m) | առաքյալ | [ara'kıal] |
|---|---|---|
| arcanjo (m) | հրեշտակապետ | [ɛreʃtaka'pet] |
| anticristo (m) | հակաքրիստոս | [akakris'tos] |

| Igreja (f) | եկեղեցի | [ekehe'tsi] |
|---|---|---|
| Bíblia (f) | աստվածաշունչ | [astvatsa'ʃuntʃ] |
| bíblico | աստվածաշնչական | [astvatsaʃntʃa'kan] |

| Velho Testamento (m) | Հին Կտակարան | ['in ktaka'ran] |
|---|---|---|
| Novo Testamento (m) | Նոր Կտակարան | ['nor ktaka'ran] |
| Evangelho (m) | Ավետարան | [aveta'ran] |
| Sagradas Escrituras (f pl) | Սուրբ Գիրք | [surb 'girk] |
| Céu (m) | Երկնային թագավորություն | [erkna'jın tagavoru'tsyn] |

| mandamento (m) | պատվիրան | [patvi'ran] |
|---|---|---|
| profeta (m) | մարգարե | [marga'rɛ] |
| profecia (f) | մարգարեություն | [margarɛu'tsyn] |

| Alá | Ալլահ | [al'la] |
|---|---|---|
| Maomé | Մուհամեդ | [mua'med] |
| Corão, Alcorão (m) | Ղուրան | [hu'ran] |

| mesquita (f) | մզկիթ | [mzkit] |
|---|---|---|
| mulá (m) | մոլլա | [mol'la] |
| oração (f) | աղոթք | [a'hotk] |
| rezar, orar (vi) | աղոթել | [aho'tel] |

| peregrinação (f) | ուխտագնացություն | [uhtagnatsu'tsyn] |
|---|---|---|
| peregrino (m) | ուխտագնաց | [uhtag'nats] |
| Meca (f) | Մեքքա | ['mekka] |

| igreja (f) | եկեղեցի | [ekehe'tsi] |
|---|---|---|
| templo (m) | տաճար | [ta'tʃar] |
| catedral (f) | տաճար | [ta'tʃar] |
| gótico | գոթական | [gota'kan] |
| sinagoga (f) | սինագոգ | [sina'gog] |

| | | |
|---|---|---|
| mesquita (f) | մզկիթ | [mzkit] |
| capela (f) | մատուռ | [ma'tur] |
| abadia (f) | աբբայություն | [abbaju'tsyn] |
| convento (m) | վանք | [vaŋk] |
| mosteiro (m) | վանք | [vaŋk] |

| | | |
|---|---|---|
| sino (m) | զանգ | [zaŋ] |
| campanário (m) | զանգակատուն | [zaŋaka'tun] |
| repicar (vi) | զանգել | [za'ŋel] |

| | | |
|---|---|---|
| cruz (f) | խաչ | [hatʃ] |
| cúpula (f) | գմբեթ | [gmbet] |
| ícone (m) | սրբապատկեր | [srbapat'ker] |

| | | |
|---|---|---|
| alma (f) | հոգի | [o'gi] |
| destino (m) | ճակատագիր | [tʃakata'gir] |
| mal (m) | չարիք | [tʃa'rik] |
| bem (m) | բարություն | [baru'tsyn] |

| | | |
|---|---|---|
| vampiro (m) | սատակ | [sa'tak] |
| bruxa (f) | կախարդ | [ka'hard] |
| demónio (m) | դև | [dev] |
| espírito (m) | հոգի | [o'gi] |

| | | |
|---|---|---|
| redenção (f) | քավություն | [kavu'tsyn] |
| redimir (vt) | քավել | [ka'vel] |

| | | |
|---|---|---|
| missa (f) | արարողություն | [ararohu'tsyn] |
| celebrar a missa | մատուցել | [matu'tsel] |
| confissão (f) | խոստովանություն | [hostovanu'tsyn] |
| confessar-se (vr) | խոստովանել | [hostova'nel] |

| | | |
|---|---|---|
| santo (m) | սուրբ | [surb] |
| sagrado | սուրբ | [surb] |
| água (f) benta | սուրբ ջուր | [surb 'dʒur] |

| | | |
|---|---|---|
| ritual (m) | արարողություն | [ararohu'tsyn] |
| ritual | արարողական | [araroha'kan] |
| sacrifício (m) | զոհաբերություն | [zoaberu'tsyn] |

| | | |
|---|---|---|
| superstição (f) | սնապաշտություն | [snapaʃtu'tsyn] |
| supersticioso | սնապաշտ | [sna'paʃt] |
| vida (f) depois da morte | հանդերձյալ կյանք | [ander'dzʲal 'kʲaŋk] |
| vida (f) eterna | հավերժ կյանք | [a'verʒ 'kʲaŋk] |

# TEMAS DIVERSOS

## 198. Várias palavras úteis

| | | |
|---|---|---|
| ajuda (f) | oգնություն | [ognu'tsyn] |
| barreira (f) | արգելք | [ar'gelk] |
| base (f) | հիմք | [imk] |
| categoria (f) | տեսակ | [te'sak] |
| causa (f) | պատճառ | [pa'tʃar] |
| coincidência (f) | համընկնում | [amɪŋk'num] |
| coisa (f) | իր | [ir] |
| começo (m) | սկիզբ | [skizb] |
| cómodo (ex. poltrona ~a) | հարմար | [a'mar] |
| comparação (f) | համեմատություն | [amematu'tsyn] |
| compensação (f) | փոխhատուցում | [pohatu'tsum] |
| crescimento (m) | աճ | [atʃ] |
| desenvolvimento (m) | զարգացում | [zarga'tsum] |
| diferença (f) | տարբերություն | [tarberu'tsyn] |
| efeito (m) | արդյունք | [ar'dyŋk] |
| elemento (m) | տարր | [tarr] |
| equilíbrio (m) | հավասարակշռություն | [avasarakʃru'tsyn] |
| erro (m) | սխալմունք | [shal'muŋk] |
| esforço (m) | ջանք | [dʒaŋk] |
| estilo (m) | ոճ | [votʃ] |
| exemplo (m) | օրինակ | [ori'nak] |
| facto (m) | փաստ | [past] |
| fim (m) | վերջ | [verdʒ] |
| forma (f) | տեսք | [tesk] |
| frequente | խիտ | [hit] |
| fundo (ex. ~ verde) | ֆոն | [fon] |
| género (tipo) | ձև | [dzev] |
| grau (m) | աստիճան | [asti'tʃan] |
| ideal (m) | իդեալ | [ide'al] |
| labirinto (m) | լաբիրինթոս | [labirin'tos] |
| modo (m) | միջոց | [mi'dʒots] |
| momento (m) | պահ | [pah] |
| objeto (m) | առարկա | [arar'ka] |
| obstáculo (m) | խոչընդոտ | [hotʃɪn'dot] |
| original (m) | բնօրինակ | [bnori'nak] |
| padrão | ստանդարտային | [standarta'jɪn] |
| padrão (m) | ստանդարտ | [stan'dart] |
| paragem (pausa) | ընդմիջում | [ɪndmi'dʒum] |
| parte (f) | մաս | [mas] |

| | | |
|---|---|---|
| partícula (f) | մասնիկ | [mas'nik] |
| pausa (f) | դադար | [da'dar] |
| posição (f) | դիրք | [dirk] |
| princípio (m) | սկզբունք | [skz'buŋk] |

| | | |
|---|---|---|
| problema (m) | խնդիր | [hndir] |
| processo (m) | ընթացք | [ɪn'tatsk] |
| progresso (m) | առաջադիմություն | [aradʒadimu'tsyn] |
| propriedade (f) | հատկություն | [atku'tsyn] |

| | | |
|---|---|---|
| reação (f) | ռեակցիա | [re'aktsia] |
| risco (m) | ռիսկ | [risk] |
| ritmo (m) | տեմպ | [temp] |
| segredo (m) | գաղտնիք | [gaht'nik] |
| série (f) | շարք | [ʃʌrk] |

| | | |
|---|---|---|
| sistema (m) | համակարգ | [ama'karg] |
| situação (f) | իրադրություն | [iradru'tsyn] |
| solução (f) | լուծում | [lu'tsum] |
| tabela (f) | աղյուսակ | [ahy'sak] |
| termo (ex. ~ técnico) | տերմին | [ter'min] |

| | | |
|---|---|---|
| tipo (m) | տիպ | [tip] |
| urgente | շտապ | [ʃtap] |
| urgentemente | շտապ | [ʃtap] |
| utilidade (f) | օգուտ | [o'gut] |

| | | |
|---|---|---|
| variante (f) | տարբերակ | [tarbe'rak] |
| variedade (f) | ընտրություն | [ɪntru'tsyn] |
| verdade (f) | ճշմարտություն | [tʃʃmartu'tsyn] |
| vez (f) | հերթականություն | [ɛrtakanu'tsyn] |
| zona (f) | հատված | [at'vats] |

www.ingramcontent.com/pod-product-compliance
Lightning Source LLC
LaVergne TN
LVHW051342080426
835509LV00020BA/3261